U1008636

i教育

新生代语文名师·立场书系

我行我素教语文

王开东／著

教育科学出版社
·北京·

目　录

自序 | 教育，就是一场相遇

相遇，是一个美好的词。

想一想，就觉得神奇。世界够大，宇宙够浩渺，造化够弄人。怎么就遇上了呢？不早不迟，不偏不倚，就这样猝然相遇……

无数的故事，就会在相遇后产生，相遇比小说还要精彩。在无限不可知的相遇背后，小说家望洋兴叹。

生命如此蓬勃，汇聚，进而壮观。我们根本无法预知，在下一个路口，我们会和谁相遇。你从哪里来，一点也不重要。重要的是，现在，你像一只蝴蝶，停在我的窗口。我们彼此相遇，在生命的某一个时间。或交叉，或折叠，或平行，或先后，抑或左手是你，右手是我。

是眼神与眼神的瞬间碰撞擦出的爱的火花，抑或是心灵和心灵的濡洗陶冶出的浪漫情调。还有，翅膀和翅膀扇起的风。有时候，根本无需言语。很多时候，言语是脆弱的孩子。

每一次相遇，都是奇迹。尽管很多次擦肩而过，视若无睹，但这并不影响我们对相遇的期许。

张爱玲说："于千万人之中，遇见你要遇见的人。于千万年之中，时间无涯的荒野里，没有早一步，也没有迟一步，遇上了也只能轻轻地说一句：'哦，你也在这里吗？'"

这或许是一种最美的相遇。当然也是最平淡的相遇。

相遇是美丽的，但也是残忍的。紧接着相遇的，不就是分散？

顾城在《我总觉得》中曾这样写到相遇：

我总觉得，
星星曾生长在一起，
像一串绿葡萄，
因为天体的转动，
滚落到四方。

我总觉得，
人类曾聚集在一起，
像一碟小彩豆，
因为陆地的破裂，
迸溅到各方。

我总觉得，
心灵曾依恋在一起，
像一窝野蜜蜂，
因为生活的风暴，
飞散在远方。

但最重要的，是当下，我们相遇，我们相互欣赏，互相倾慕，我们知道下一刻就是分手。也许相见，也许永不再见，但那又有什么关系呢？

当我们承认了他人即地狱，实质上，也就部分地承认了自我即世界。我不只是代表了人类，我还是这个物种的全部，我代表着整个人类的心智。达到这个层面，我们或许就能超脱。原来每一次相遇，只是遇见我们自己，是对自己生命的一种照亮。

相遇中，我们倾听他人的故事，实质上，我们只有倾听，没有故事。自己就是主人公，我在故事的中心，我主宰着故事的走向。当他人成了我们自己，故事就是生活。

突然领悟到，课堂无非就是一种相遇。

与学生相遇，与文本相遇，与一种解读、一种认识、一种情感、一种思想猝然相遇。

孩子们像小彩豆一样从四面八方聚来，心灵依偎在一起。像种子一样，他们在流逝的时间中，生长出青葱的绿色。

我们在照看孩子，也是在照看自己，我们经历了我们生命的又一次长大。我们和孩子一起学习，我们重新经历，经历原初获得和发现知识的惊喜和战栗。在这样的经历中，我们和孩子彼此驯养，我们成了彼此生命中的独一无二。

作为老师，我珍爱这样的相遇，像农民对粮食的珍贵。我们种下期望，日日施肥浇水，相信种子，相信岁月许下的诺言。

我给孩子们公平。公平地给予他们阳光和雨露，而不是让他们长得一样的高，结出一样的果。

我想给孩子绝对的安全感，没有被强加的任何负担，活在完整的和谐中。而且，我必须深刻地认识到，这不是我优越感的赐予，而是孩子们的权利和教育的需要。唯有在充分的安全和自由中，孩子的心灵才会真正打开，绽放。没有心灵的绽放，就没有教育。

我想把孩子们从语言的理想主义中拔出来，让他们直面生活。语言是名词，是僵死的。没有理想的人，是可怕的。内心堆满理想的人，则是可悲的。当理想遮蔽了现实，理想就是障碍。所以，我们要引导孩子在现实中种植理想，收获新鲜的思想。

我想让孩子们听从自己心灵真实的召唤。在良好的关系中，他们不但能够学习其他，也能够学习自己。我还要时时刻刻警惕孩子们迷信榜样。事实上，孩子很难从榜样那里学到多少东西。在模仿和服从中，孩子会失去自由和舒展。孩子，应该为自己感到骄傲。在自我的完善中，体验到生命的责任和使命，决不能让孩子失去自由，哪怕是以成长的名义。

我还要让孩子敏感，像草叶上的小露珠一样清澈，知道阳光和草的味道。散落在记忆之外的，以及没有觉察到意义的事情，等于什么也没有发生。因此，孩子必须要敏感，没有敏感，就没有生命的丰富。

我还要让学生感到自然，师生关系中最美妙的就是自然，庄子说，自然而然。真正的相遇，应该如流水一样平和宁静，师生关系最大的悲剧就是恐惧。绝对的善不会在恐惧中产生。

日丹诺夫有一首描写相遇的小诗。

鸟儿死去的时候
它身上疲倦的子弹也在哭泣
那子弹和鸟儿一样
它唯一的希望也是飞翔

这首诗就是在探讨“相遇”。作为具有同一愿望的主体，师生的相遇，本应该相得益彰，互相成就，彼此温暖。但在现实中，更多的时候，师生的相遇却是糟糕的，他们互相折磨，抵消了前进的动力，犹如子弹的轨迹和小鸟的飞行。

真正的相遇绝不会是这样的。

师生的真正相遇，注定了要彼此驯养，经历磨合、碰撞、交融，进而成为各自生命河床中不可替代的独一无二。正如陶行知所说：师生相遇最大的幸福，乃是创造出值得彼此崇拜之活人。

对于理想的师生相遇，吴非老师有一段极其浪漫的描述。

“我经常憧憬这样的图景：在早晨的阳光中，孩子们哼着歌向学校走去，有时能停下来看看太阳；学生能经常地向教师提出有意思的问题，课堂上经常能有愉快的笑声；中午，他们能吃上一份由政府提供的、全国城乡同一标准的营养餐；学生能保有自己的爱好，下午4点起，他们在球场上奔跑叫喊，或者在图书馆查阅资料，在实验室研究自己感兴趣的问题；晚上，做完作业后，捧起一本诗集，轻声地读给妈妈听……”

做到了这一点，或许我们就可以说，我们理解并践行了真的教育，师生真正地相遇了，而这个时候，教育才真正发生。

第一辑

课堂现场·发现与书写

课堂，是真理呈现之处；教学，是知识散发魅力之时。

在静态的教材下面，蕴藏着人类最伟大的奥秘：发现宇宙与人类，书写宇宙与人类的整个过程。

课堂教学，既是这一发现与书写的重温，又是这一发现与书写的延续。

使人成长的，不是答案，而是问题。

因此，课堂的中心，应该是一个问题的提出、理解及解决的过程，是作为问题解决工具的知识被探索、被发现的过程。

如果没有将“问题—知识—真理”作为课堂教学的核心，没有师生完整而真实的存在，师生就没有真正地相遇，教学也就没有真正发生。

诗歌篇

经历诗人的创作
——《蝶恋花》课堂实录

时间：2011 年 5 月 26 日

地点：张家港市外国语学校文渊楼五楼会议室

教学主张：多年来，我们的诗歌鉴赏通常都是采取旁观者的视角，我们极少真正想过一首诗歌究竟是怎么来的。诗歌抒发的都是人之常情。我们为什么不能转变视角，成为一个创作者？通过还原诗歌的情境，重新经历诗人原初创作的冲动和战栗，深刻地读懂一首诗，进而根据全息理论读懂所有的诗歌。

槛菊愁烟兰泣露，罗幕轻寒，燕子双飞去。
明月不谙离恨苦，斜光到晓穿朱户。
昨夜西风凋碧树，独上高楼，望尽天涯路。
欲寄彩笺兼尺素，山长水阔知何处？

师：同学们，今天我们来上宋词《蝶恋花》。先来看看本节课的两个目标：第一是运用符码分析法①，穿越一首诗歌；第二是复活常见的几种诗歌鉴赏武器。

为什么我要说穿越，或者说是拥抱，而不说解读，这是有原因的。解读是我们作为一个旁观者，远远地看，外在地欣赏。我们从来就没有真正和一首诗歌心灵相通，用我们的灵魂，真真切切地穿越一首诗歌。我们的诗歌鉴赏的武器都是一些名词，不是动作，它们都没有真正鲜活过，因而不会成为我们真正的武器。随心所欲，这是我们当前诗歌学习的一大痼疾。鉴于此，第二个目标我把它界定为鉴赏武器的复活。

这是两大目标，现在和大家分享一个故事。明代最著名的抗倭英雄，你们知道是谁吗？

生：戚继光。

师：对，戚继光是一个了不起的英雄。当时有两句诗，说："一年三百六十日，是多横戈马上行。"对他进行高度赞扬。但就是这样一个民族英雄，在千辛万苦赶走倭寇之后，在海边修起了高高的长城，阻挡倭寇。他竟然从来没有想过要横跨海洋，看看倭寇究竟是从哪里来的，究竟是怎么回事。照理说，明代的造船业非常发达。郑和下西洋嘛。这和我们鉴赏诗歌非常相似。我们从来都在不得要领地抵挡，从来没有深入到诗歌的领域里去，看看诗歌究竟是从哪里来的，究竟是怎么回事。而今天，套用一句广告词：我们不走寻常路，我们进入到诗歌内核里去，探究诗歌究竟是怎么创作出来的。我们把问题分解成三个方面。

第一个问题：写诗的动机是从哪里来的？《毛诗序》中说："情动于中而形于言。"

第二个问题："情动于中"是怎样动的呢？为什么你心里会有那样摇荡的感动？《礼记》中说："人心之动，物使之然也。"

第三个问题：什么样的"物"会使人这样呢？钟嵘《诗品序》中说："气之动物，物之感人，故摇荡性情，形诸舞咏。"

自然间种种"物象"能引起诗人的感动，那么，人世间种种悲欢离合的

---

① 语言的符号，叫做语码。假如这个语码在这个国家、民族中有着悠久的传统，被许多人使用过了，那么这个符号在流传中就携带了大量的信息。这样的符号我们说它是一个文化符码。诗歌中，一些意象不断被使用，内涵不断被叠加，从而积淀了大量的信息，能引起读者的广泛联想，这个意象我们就称之为符码。对这些符码的分析，叫做符码分析法。

“事象”更能引起诗人的感动。孔子说：诗可以兴。就是说，诗歌能给人一种兴发感动。诗人因为兴发感动创作诗歌，读者因为兴发感动读懂诗歌。了解到诗歌的创作动机和过程，实质上对我们解诗有重要作用。

比如我们可以根据诗人兴发感动的物象和事象，体验诗人的兴发感动，品味诗人形之于言的文字之美。也可以直接从诗人形之于言的文字入手，感悟诗人的兴发感动，品味诗歌的意象和情怀之美。今天我们就直接化身为晏殊，重新经历他创作诗歌的整个过程，经历诗人本真的兴发感动，穿越《蝶恋花》。哪位同学给我们朗诵一下？

（一名男生朗诵）

师：你们觉得他朗诵得怎么样？

生：很好。

师：好在哪里？

生：感情把握得非常到位，读出了诗歌内在的东西。

师：真是行家啊。我保证，在我们真正地穿越这首诗歌之后，你们会读得更加精彩。现在，我们真正进入这首诗歌。

幻灯片展示：

一、读通一首诗歌

浪漫阶段：见山是山，见水是水

请以“一个诗人的某段时间”描述这首诗

方法：注意“时间顺序、空间顺序和逻辑顺序”

生：我来说说时间顺序。先是昨夜，再是清晨，然后是登上高楼，凝望。

师：“凝望”是什么时间状态？你可以大胆设想。

生：诗人清晨登上高楼凝望，凝望有多久，这个时间就有多长。

师：有意思。可能一直凝望到夕阳西下，灯火阑珊。有没有提到什么季节？这也是时间。

生：我觉得应该是晚秋，或者是初冬。

师：给个理由。

生：原因有几个方面，候鸟燕子开始飞走，罗幕轻寒。树叶尽管被风吹得凋落，但还是碧色。

师：很好，时间我们理清了。谁来说说空间顺序。

生：我觉得空间顺序非常简单。晚上应该是睡在床上，听着西风猛烈，看着月光，彻夜难眠。清晨在院子里的栏杆旁，看到了笼着薄烟的菊花和带着露珠的兰花。然后，登上高楼，凝望佳人。

师：嗯，很不错。这里的栏杆理解得非常好。读音上读成 jiàn。逻辑顺序，谁来挑战一下？这个难度很大，每个人说出一种就是胜利。

生：因为“罗幕轻寒”，所以“燕子双飞去”。

师：这两者有一种因果关系。

生：“独上高楼，望尽天涯路”。因为望不见佳人，所以只能邮寄书信：“欲寄彩笺兼尺素。”

师：嗯，因为望而不得，只能音书寄远。还有哪位？

生：燕子双飞去，和诗人独上高楼，也是一种照应。

师：不错，反衬，照应也是一种逻辑。

生：因为西风猛烈，所以碧树凋叶。

师：叶子落尽了，会怎么样？与下文有何关联？

生：叶子落尽了，眼前就开阔了，空旷了。下面登高，才能望得更远。

师：好，孺子可教。差不多了，谁能按照这些理顺的关系，按照“我的一段时间”的思路，粗略描述一下诗歌的内容？

生：早晨起来，我看到了烟云中的金菊，还有带着露珠的兰花，燕子双双飞去，只因为小小的寒冷。而一轮明月也照着我，根本不知道我的痛苦。想起了昨天夜里，西风猛烈，吹尽了树叶。我独自登上高楼，望不见那个人。只有寄信给那个人，可是，又不知道地址。

师：同学们说说，这段叙述中，有哪些问题。

生：时间顺序、空间顺序、逻辑顺序，都有不清楚的地方。逻辑上，昨夜的西风凋落了碧叶，晚上不可能知道，那是早晨看见的。时间上，也应该从昨夜开始说。

师：那你如何来修正？

生：昨夜西风猛烈，整整吹了一夜。清晨，栏杆外菊花笼罩着一层薄雾，看上去似乎脉脉含愁，兰花上沾有露珠，看起来又像是隐隐落泪。

罗幕微寒，燕子就双双飞去，明月哪里知道我的离别之苦呢？从晚上一直到清晨，斜斜照在我们家的朱门之上。

百无聊赖中，我一个人登上高楼，这才发现一夜之间，碧叶竟然凋尽。长时间凝望着远方。可是，梦中的人始终没有出现。

想要给她写一封书信，但是山太高，水太远，又不知道她究竟住在何方。

（生鼓掌）

师：不错，基本上还原了诗歌的场景。做到了时间有序，空间转换分明，以及逻辑顺序清晰；但这仅仅是读通一首诗歌，我们还要读透一首诗歌。

幻灯片展示：

二、读透一首诗歌

精确阶段：见山不是山，见水不是水

自主选择自己喜欢的句子，鉴赏品味诗句

方法：符码的选择、表达、质地、组合

师：西方有一个语言学家索绪尔，在《语言学概论》中指出：词语的质地、组合和表达，构成了词语的符号意义。这个有点拗口，我们不妨通过李白的一首诗，加深对符码的认识。便于我们更深地进入诗歌的内核，读透一首诗。齐读一遍。

（生齐读）

玉阶怨

李 白

玉阶生白露，夜久侵罗袜。
却下水晶帘，玲珑望秋月。

师：好了，我问一下，诗中的这个女孩子长得漂亮吗？

生（异口同声）：漂亮！

师：为什么漂亮，从哪里知道她漂亮？

生：就是一种感觉。

师：很好，你这种感觉对于理解诗歌非常重要。但是，除了直觉，我们还要有深刻的知觉。谁来说说，从意象上来说说。

生：老师，我觉得非同一般。台阶是“玉阶”，露水是“白露”，袜子是“罗袜”，帘子是“水晶帘”，月亮是“秋月”，而且还是“玲珑秋月”。所有的意象质地都是统一的。

师：意象的质地统一，怎么说？

生：意象的质地都是寒冷的、晶莹的、明亮的、剔透的。

师：这些意象自然而然地投影在女主人公的身上，因而我们感觉到了她的美，是这个意思吧？好的，这是意象的选择和质地，谁来说说这里意象的表达和组合？

生："玉阶生白露"，"生"用得真好，"白露"慢慢地渗出来。这里写出了时间的流逝。"夜久侵罗袜"，这里的"侵"用得妙，白露慢慢"生"出来，也慢慢"侵"入女孩子的罗袜，因为缓慢，也因为痴迷，女孩子竟然浑然不觉，依然在那里苦苦等待。

师：问两个问题。第一，"生白露"，能否改为"有白露"？第二，女孩子浑然不觉，是否说明"白露"冷得不够？

生：不能改为"有"，"有"仅仅是一种状态，不能写出那个时间流逝的过程。第二个，一方面是女孩子的浑然不觉，但实际上又是"侵"，这不仅是身体上的寒冷，还有心理上因长久等待却无人而产生的寒冷。

师：说得好。还有人说吗？

生："却下"二字，太精彩了。"却下"，看似无意下帘，其中却有无限幽怨。本已夜久、怨深，无可奈何而入室；入室之后，担心明月不谙离恨苦，因而下帘。帘既下矣，却又"独自怎生得黑"？于无可奈何之中，又去隔帘望月。

师：有意思。玲珑之人，望玲珑秋月。盼望是望，期望是望，失望也是望，绝望还是望。一个"望"字，意味深长。秋月，是明亮的、皎洁的、光明的，女子所思念的那个人，因此也染上了这样的色彩显得光彩熠熠。这就是意象的选择、质地、表达、组合产生的奇效。而一个意象不断使用，就会产生很多叠加的联想义，这个意象就会成为符码。符码最大的特点就是"联想轴"的作用。

每一个符码，都有和它相近似的一系列词语，并与之形成一种谱系。你创造诗歌的时候如何选择？它们在诗歌之中表情达意的时候，那种很细微感觉的质地是不同的。在你选择的时候，就已经有作用了。而在你选择以后，每一个不同的符号，都引起人们不同的联想。你可以有很丰富的联想，而读者都可以由这种联想，把种种的意思加到诗歌里面去。这就是我们今天说的符码分析方法。下面请同学们各显神通。

生：诗人因为“离恨苦”这种事项，所以他看到的菊花是笼着薄烟，好像哀愁；兰花上带着露水，好像哭泣。菊花和兰花未必是诗人所见，诗人运用这两个符码，是因为菊和兰的质地，优雅高洁的象征。

师：解读得很有意蕴，哪些东西可以在这句中复活？

生：诗人“以我观物，故物皆著我之色彩”。这句是有我之境。诗人移情于景，以哀景写哀情。

师：同时，似乎“哀愁”，貌似“落泪”，也让人有诗人“黯然至于泣下”之感，这就是诗歌的联想。

生：燕子双双飞去。燕子常常是爱情的象征。燕子双飞，恰恰反衬出诗人的孤寂。

师：分析得在理。还有，轻寒就要飞走。这个轻寒，也许只是诗人的一种感觉。这里面有没有怨？

生：有怨。而且这个怨和下面对明月的怨正好形成一种照应。

师：明月是什么月？

生：应该是圆月。一轮圆月。月圆人不圆，因此作者对它发出抱怨：明月不谙离恨苦。

师：就是说，诗人既责怪明月，又抱怨燕子。明月燕子何时了？我独栖，燕子偏偏要双飞；我残缺，月亮却“何事长向别时圆”？这不是欺负人吗？也难怪。这种写法有什么特点？

生：燕子双飞去，明月穿朱户。温暖的景致，表达的却是伤感之情，这是乐景写哀情。作者责怪燕子和明月，毫不讲理，但是恰恰表达了作者极端的情感。这是无理而妙。

师：无理而妙。凡是不讲理的地方，往往就是关节点。这要引起我们高度注意。

生：我说“西风”这个符码。西风，永远肃杀，永远摧折一切。给人心境凄怆之感。“凋”、“碧”两个字非常矛盾，对照鲜明。突出了西风之猛烈，之摧残。

师：仅仅是西风之猛烈，之摧残？

生：这里还有以树喻人。那个人走了，一夜西风就凋落了碧树。你走了，一夜之间，我也憔悴不堪。

师：嗯，木尚如此，人何以堪。“以树喻人”，宋词中屡见不鲜。李后主有词云：“寂寞梧桐深院锁清秋。剪不断，理还乱，是离愁。别是一番滋味在心头。”

生：我觉得凋碧树未必是实写。或许只是诗人的主观感受。正如微寒，燕子就飞走，也许天已经很寒冷了，只是诗人主观感受不一样。

师：有道理，这就是个性化的解读。关键是符合诗人“离恨苦”的心理状态。

生：当然，也可以理解为客观的描写。好处就是碧树凋尽，既可以写西风之猛烈，让人寒意顿生，又因为碧叶凋尽，让人眼前一片空旷。如此，天涯路就可以望尽。

师：想起了古龙的名言：天涯在哪里，天涯在每个人的心里。天涯怎么可能望尽？继续。

生：我说，独上高楼。一个“独”字，无限凄苦。因为“独”，所以要“望”。因为远，所以要登高，登高是为了望远。

师：怎么望的呢？

生：是望尽。“尽”写得彻底。空间上望得之远，之广；时间上望得之久，之深。

师：这两个角度分析得非常好。望，盼望是望，期望是望，失望是望，绝望还是望。所以，古人最喜欢望，望穿秋水，望眼欲穿……

生：因为望而不得，故而只有写信寄情了。

师：有人认为诗人写了两封信。一封是彩笺，一封信是尺素。也有人认为这句应该理解成“欲寄彩笺无尺素”。你们的理解如何？说来听听。

生：我觉得不是的。“彩笺兼尺素”是表示信中的情感。“彩笺”是说我的情感是绚烂的，热烈的，浪漫的，但又是“尺素”的，洁白的，质朴的，毫无雕琢的。我觉得应该这样理解。这是最热烈的表白。

生：我的感觉，如果是“欲寄彩笺无尺素”，既然无尺素，当然就没有寄信，那么，“山长水阔知何处”就失去了依托。这个理解不好。

生：我觉得把“彩笺兼尺素”，理解成我给你写了无数的信，热烈的、质朴的、浪漫的、抒情的都有，都在叠加，不断地叠加。这是我的深情，但是这些信一封也未能寄出，因为“山长水阔知何处”。

师：同学们理解得真好。就是说，“彩笺兼尺素”，是“我”双重的情感，双重的寄托。而山长，水阔，知何处，则是你三重的隔阻。这就是“离别”最大的痛苦所在，这种痛苦没有观众，没有听众，只能够独自承受，因而更加痛彻心扉。

怅惘在此，迷惘在此，深情在此，执著也在此。这也是宋词的魅力所在。

幻灯片展示：

三、读活一首诗歌

综合阶段：见山还是山，见水还是水

模拟这首词的下半阕，写半阕词，不求工整，但求把自己的兴发感动形之于言

目的：以己证诗，重新经历和创造；借诗人之酒杯，浇自己之块垒

师：同学们，今天我们穿越了一首诗歌，重新经历了一个“离别之苦”的诗人生命中的一个清晨，感受了他独上高楼的眺望，他的迷惘和挣扎。这样的情感，我们也都曾有过，现在，你拿起笔，把你的兴发感动付之于诗。

生：第一时间，想起了《红楼梦》，对于宝黛的生离死别，我有很多兴发感动。

花谢花飞花满天，红消香断有谁怜。
一朝春尽红颜老，花落人亡两不知。
来年花前立新坟，盈盈相思何处闻。
忽而惊从梦中醒，泪已沾湿几重巾。
诗在帕在人不在，孤灯残影至天明。
无奈尘缘容易绝，相逢只为续前缘。

师：前面是林黛玉的感动，后面是你的兴发，两者融为一体，水乳交融。我们是在读诗，本质上都是在读自己，读我们的人生感喟。

生：我是这样写的：

西风引雨徒生妒，红翠低垂，却把残魂护。
香径留得屐声驻，吹花嚼蕊到迟暮。

师：情景交融，“香径留得屐声驻”，非常有意境。

生：我也作了一首诗。

君别已作阶前雨，朝气散漠黄昏来。
谈笑殷殷花满楼，凝眸切切颜色衰。
晓理云鬓镜非台，暮闻晨钟染尘埃。
自此不作君已陌，素袍青灯锦年白。

师：呵呵，这首律诗，诗味是有的。但是，诗歌的格律还是有一些问题的。比如颔联和颈联必须对仗，还有平仄的问题，等等。

生：我写了一首词。

细雨霏微玉笙寒，午夜梦回，芳草碧连天。幽香缕缕碎缠绵，低语盈盈荡秋千。　冉冉秋光晓月坠，愁倚阑干，寂寞虫声寒，庭院深深红叶暮，云淡风轻近午天。

师：结尾突然一转，以景结情，韵味深长。

生：我也作了一首词。

谁念秋风独自凉？萧萧黄叶，落幕闭疏窗。寒塘鹤影渡残阳，冷月诗魂忆潇湘。而今无人感秋伤，凄凄茫茫，枯竹无楼高。欲将心事付瑶琴，曲终弦断无人听。

师：嗯，借鉴了岳飞和林黛玉等人诗词的一些意象，写出了离别之后，一个人没有知音的凄寒和孤独。

生：我写的是——

凄凄冷雨湿罗幕，
忆往昔，红颜笑。
烟花红尘人易老，
君趋何处，沧海遗孤，
深闺雨如诉。

师：好一个“深闺雨如诉”，在对比中写出了人生离别的无奈和愁苦。记得我第一次读到这首词，那个时候，我的妻子正好和我隔江相望。我被触动了，兴发感动，流下了眼泪。我马上写了一首词。

独上高楼兮望故乡
故乡不能见兮我心惆怅
云飘飘兮愁予
兰舟欲发兮人欲断肠

唯春草兮碧色
独黄天兮何苍苍
人不寐兮小楼晚栖
星汉皎皎兮明月光

黄金白璧兮粪土
浮云富贵兮愁伤
有愁伤兮无人顾我
想佳人兮何恃要处
天南海北方

目眇眇兮轻裘罗裳
皓腕赛雪兮杏眼微扬
杏眼微扬兮我欲归去
我欲归去兮人在水中央

（生给予热烈的掌声）

师：同学们，你们有没有想过，读了一首诗歌之后，我们究竟因何感动？

所有的故事都曾经发生过。所有的故事都是同一个故事。所有的故事都是我的故事。读诗是敏感的艺术。我们都有类似的情感，我们被诗歌照亮，我们触景生情，感同身受。诗人因为兴发感动创作诗歌，读者因为兴发感动读懂诗歌。当我们兴发感动了，忍不住诗兴大发了，我们就真正地读懂了诗歌。更重要的是，根据全息理论，一首诗歌，包含了所有诗歌的信息，穿越一首诗歌，我们就读懂了所有的诗歌。让我们热爱诗歌，诗意地栖居在这个星球之上。

本课拓展：诗歌解读兵器谱

关于符码分析

要理解符码，需要先搞清楚符码与意象及典故之间的关系。所有能传达诗人的意思的“物象”都是意象，凡暗含典籍和掌故的词语都是典故，只要能引起普遍联想的词语都是符码。意象和典故若被反复使用，使其所产生的联想固化下来，就成为符码。

符码最大的特点就是“联想轴”的作用。

每一个词语，都有和它相近似的一系列的词语，比如，美人、佳人、红粉、娥眉，这都是说一个美丽的女子。这就形成了一种语谱，一系列的，好像一个谱系一样。你创造诗歌的时候如何选择？它们在诗歌之中表情达意的时候，那种很细微的质地是不同的。“美人”给你什么感觉？“红粉”给你什么感觉？在你选择的时候，就已经有作用了。而在你选择以后，每一个不同的符号，都引起人们不同的联想。如果我们选择“美人”，可以联想到《楚辞·离骚》说的“惟草木之零落兮，恐美人之迟暮”。各种不同的联想有一个轴——联想轴。你可以有很丰富的联想，而读者都可以由这种联想，把种种的意思加到诗歌里面去。

不过，符码也只是一种工具。因为可以运用符码分析解读的诗歌往往表达曲折含蓄，这不同于直接的兴发感动，所以我们要掌握符码，通过符码再来还原诗歌的本来意思，或者说去除遮蔽回到诗歌本身，直接拥抱诗歌，以海德格尔的话来说，就是伟大的诗歌，都是一种存在。“去蔽”之后，存在就会“涌现”。

关于“兴发感动”

叶嘉莹谈“兴发感动”

“兴发感动”，说的是“人心与四季，人心与自然外物，人心与事件之间的奇妙关系”。“人生天地之间，心物相接，感受频繁，真情激动于中，而言词表达于外，又借助于辞采、意象以兴发读者，使其能得相同之感受，如饮醇酒，不觉自醉，是之谓诗。故诗之最重要之质素即在其兴发感动之作用。”

王富仁谈“兴发感动”

读诗，大概每个人都要首先把握它的主旨，即我们常称之为“主题思想”者。只有感到它的主旨被自己发现了、掌握住了，我们才感到真的懂了它，心里有了一点踏实感。但在这时，它的诗的活力也在不知不觉间衰微下去，不如初读它时强烈和鲜活了，而像安安稳稳躺在自己掌心里的一条鱼，失去了生命力。

当我们一提到岳飞的《满江红》便想到它是一首爱国主义诗词，一提到杜甫的《石壕吏》便想到它反映了战乱给人民造成的痛苦生活，一提到白居易的《长恨歌》便想到它表现了唐玄宗和杨贵妃的爱情悲剧的时候，它们的诗意特征便淡漠了。我们的心灵再也难以与诗的本身实现直接的拥抱。其原因何在呢？因为对诗的任何一种主题思想的确定，都把诗的各种丰富的内涵简化了，而诗意恰恰只有使心灵主要活动在直感的、情绪的、审美的，亦即难以言说的境地的时候，才能最有效地被表现出来。

在这时，我们必须重新激活它，而激活的方式，就是要动摇我们对它已经形成的确定不移的观念，重新使我们回到无确定性的状态中去，去和无限丰富的诗的本体建立直接的联系。

关于王国维的“有我之境”与“无我之境”

有有我之境，有无我之境。“泪眼问花花不语，乱红飞过秋千去”、“可堪孤馆闭春寒，杜鹃声里斜阳暮”，有我之境也。“采菊东篱下，悠然见南山”、“寒波澹澹起，白鸟悠悠下”，无我之境也。有我之境，以我观物，故物皆著我之色彩。无我之境，以物观物，故不知何者为我，何者为物。古人为词，写有我之境者为多，然未始不能写无我之境，此在豪杰之士能自树立耳。无我之境，人惟于静中得之。有我之境，于由动之静时得之。故一优美，一宏壮也。

关于古典诗歌的表达技巧

修辞手法：比喻、拟人、对比、借代、夸张、排比、用典、设问、反问、互文、双关等。

表达方式：描写（正面和侧面、动景和静景、实景和虚景、乐景和哀景、绘形绘声绘色、细节描写、白描和渲染）；抒情（直接抒情、间接抒情、借景抒情、托物言志、借古讽今等）；议论；记叙。

表现手法：象征、衬托、虚实相生、先抑后扬、借形象说理（寓道理于形象之中）。

结构形式：常见的术语有首尾照应、开门见山、层层深入、先总后分、先景后情、卒章显志、承上启下、过渡照应、伏笔铺垫、画龙点睛等。

关于怀特海“浪漫—精确—综合”学习三阶段

怀特海过程哲学认为，人的智力发展由浪漫、精确与综合三个阶段在不同时期的循环而构成了节奏性特点。其实，我们认识任何事物，包括对知识的汲取，都首先会“整体地泛泛地感受”，这可以视为“认知的浪漫阶段”。然后，我们会对事物或知识的某一局部进行聚集，对此一点深入地认知、理解，这就是“认知的精确阶段”。最后，我们终会自觉地把认知焦点放回到整体，这就是认知的“整体阶段”。

寻找诗歌的张力

——《错误》课堂实录

教学主张： 诗歌创作中，充满着跳脱和互补。诗歌需要这样构建起诗歌文本的张力。抓住诗歌的特点，让学生寻找出具有张力的两个关键词，以此为骨架，建构对诗歌的整体把握和深入理解。这是诗歌鉴赏的一条探索之路。

师：读诗，知人论世永远是一个好方法。进入《错误》之前，我们先来熟悉一下诗人，谁来说说郑愁予？

生：我只知道他是一个台湾诗人，印象中好像和余光中有点相似。

师：说得不错。郑愁予确实和余光中有点相似：他们都有深厚的古典诗词功底，在风格上含蓄蕴藉，而且都洇漫着浅浅的乡愁。从郑愁予的得名由来就可窥见一斑，“愁予”来自屈原的《湘夫人》，其中有这样一句，“帝子降兮北渚，目眇眇兮愁予”。中国很多作家的得名都有类似的一段故事，同学们千万不要轻视这些琐事，它们对我们理解作家的作品，常常有意想不到的价值。

生：我知道“鸳鸯蝴蝶派”的代表作家张恨水笔名的来历。因为张先生很喜欢李煜的诗词，特别钟爱的一句是“自是人生长恨水长东”，故取名“恨水”。由此看来，了解了李煜的诗词特点，就大致把握了“鸳鸯蝴蝶派”的风格特色。

生：著名作家冰心的笔名，蕴涵着玉洁冰清、自然童心、不含杂质等特点，这和她的创作主题大有关系。冰心的文学创作的主题就是“童心、母爱、自然”，她有一首很著名的小诗：“我在母亲的怀里，母亲在小舟里，小舟在月明的大海里。”在这里，童心、母爱、自然和谐地交融在一起。

师：说得很好，现在，我们共同进入文本，希望同学们就像刚才一样，不放过任何一个小小的细节，深入到诗歌的骨子里去。下面，请同学们自由地把诗歌吟咏几遍。

（生读诗歌）

错　误

郑愁予

我打江南走过
那等在季节里的容颜如莲花的开落

东风不来，三月的柳絮不飞
你底心如小小寂寞的城
恰若青石的街道向晚
跫音不响，三月的春帷不揭
你底心是小小的窗扉紧掩

我达达的马蹄是美丽的错误
我不是归人，是个过客……

师：同学们读得很投入，也很有感情。但能否真正读懂它，深入到诗歌的内核里去，还需要一些必要的鉴赏技巧。我当然相信我们同学们有这个能力，所以，老师今天就提供给同学们一个展示的机会，让同学们都来把自己读这首诗的原初感受说出来，共同欣赏，共同玩味，共同提高。为了帮助同学们梳理原初感受的思路，我提一个要求，在你谈话之前，先给自己的阅读感受提炼出两个相关的关键词，并且拟好发言提纲，让你的发言，思路更清晰，逻辑性更强。

（生整理发言提纲）

师：谁做第一个吃螃蟹的人？

生：我的关键词是“常式”和“变式”。这首诗歌结构和语句多采用变式，从结构上来看，顺序应该先是：“我打江南走过”，然后是第二段游子对思妇心理的揣摩，然后是“我不是归人，是个过客……”最后才是“那等在季节里的容颜如莲花的开落”。可是作者却把事情的结局做了倒装。

师：你觉得这样安排有什么好处？

生：我觉得这种倒装首先给读者一个巨大的悬念，其次，它把游子和思妇连接起来，尽管他们在错误地点相逢，但像徐志摩的《偶然》中所说，毕竟是“在交会时互放的光亮”。最后，短句和长句交错，短句暗示过客之匆匆，长句暗示思妇等待之漫长。

师：说得很好。尤其是长短句内蕴的分析，十分精彩。就此我想到，古人在词句方面的修饰非常精心。比如李白写愁，“抽刀断水水更流，举杯消愁愁更愁”。前句两个“水”字连在一起，暗含“抽刀断水水更流”之意；后句三个“愁”字造成一种“愁”绪绵绵不尽，滚滚而来之态，在艺术上独具一格；而李清照的“寻寻觅觅，冷冷清清，凄凄惨惨戚戚”，在字音上全用轻声字，而且都是齿间音，十分巧妙地呈现了幽怨女子缠绵悱恻的内心世界。

师：从语句方面，谁来说说？

生：从语句方面来看，单个的句子也多采用变式句。譬如“那等在季节里的容颜如莲花的开落”，应该是“那等在季节里的容颜如开落的莲花”；“恰若青石的街道向晚”应该是“恰若向晚的青石街道”；“你底心是小小的窗扉紧掩”应该是“你底心是紧掩的小小窗扉”。

师：你对变式句的整体把握十分到位。那么，这几句的顺序为什么要这样变化？这样变化的好处又在哪里？

生：把“向晚”、“紧掩”这些动态的词语倒装后，不仅加强了语言的变化，化呆板为灵动，而且曲折委婉地表现了思妇的心理。

师：为什么变化一下语言，就能化呆板为灵动呢？这个只能意会，不好言传。我不妨举一个例子，如果我把“轻轻的我走了，正如我轻轻的来”这个变式句，换成“我轻轻的走了，正如我轻轻的来”这个常式句，感觉会有什么不同？同学们自己读一读，体会一下。

（生比较读这两句）

师：感觉怎么样？

生：（笑）如果换成常式句，像小学生造句，一点诗味也没有了。

师：所以说，读诗时的语言感悟特别重要。好的，请继续！

生：我提两个词——错误、美丽。我首先要问自己，为什么说是错误？错误为什么是美丽的？

师：很好，你采用了追问法，这是一种很好的阅读方法。为什么要提炼这两个关键词，说说理由。

生：我觉得“错误”和“美丽”这两个关键词，有点矛盾，特别不和谐，但将它们放在一起，却能很好地揭示出人物复杂的心理。

师：什么复杂心理，能否结合这首诗，说得具体一点。

生：对这两个人而言，不管是游子错误的经过也好，还是思妇错误的“错觉”也好，因为故事的美好，情感的美好，所以“错误”也成为一种美丽。比如我们有时候认错了人，纵然当时可能会尴尬，但事后回想却常常回味无穷。

师：类似的词句，同学们能否找出一些，来共同体味一下其中的奥妙。

生：奥斯卡有一部获奖影片《真实的谎言》。“谎言”怎么可能“真实”？但这恰好印证了片中主人公的心理。联邦间谍深深爱着自己的妻子和孩子，但却永远只能用谎言对亲人掩饰自己的真实身份，他古怪的行为，引起了妻子的怀疑和猜忌，但他只能默默承受。然而事实上他襟怀坦荡，忠诚于家庭，献身于祖国，他所有的谎言恰恰表现了他的真诚，因而“谎言”又显得“真实”。

生：徐志摩的诗中有“道一声珍重，道一声珍重，那一声珍重里，有甜蜜的忧愁”。“甜蜜的忧愁”也是这种用法，少女因朦胧羞涩的爱情而甜蜜，又因长久的离别而忧愁。总之，这种矛盾的写法常常能够揭示人物矛盾复杂的心理。

师：分析得很到位，请同学们继续。

生：我提出的关键词是“游子”和“思妇”。但如何分析，我说不上来。

师：没关系，你说得很好，游子思乡、思妇闺怨确是传统诗词经典不衰的主题。同学们不妨先来列举一下这类诗歌，看看它们的共同特点，然后再慢慢展开。

生：李白有：“暝色入高楼，有人楼上愁。”

生：白居易有《长相思》：“汴水流，泗水流，流到瓜洲古渡头。吴山点点愁。思悠悠，恨悠悠，恨到归时方始休。月明人倚楼。”

生：温庭筠有《望江南》：“梳洗罢，独倚望江楼。过尽千帆皆不是，斜晖脉脉水悠悠。肠断白蘋洲。”

生：金昌绪有：“打起黄莺儿，莫叫枝上啼。啼时惊妾梦，不得到辽西。”

生：姚燧的：“欲寄征衣君不还，不寄征衣君又寒。寄与不寄间，妾身难上难。”

师：现代有没有类似的诗歌？

生：比如台湾作家席慕蓉《一棵开花的树》。

师：很美的一首诗，请你给我们朗诵一下，好不好？

（生朗诵）

一棵开花的树

如何让你遇见我
在我最美丽的时刻

为这
我已在佛前求了五百年
求佛让我们结一段尘缘
佛于是把我化做一棵树
长在你必经的路旁

阳光下
慎重地开满了花
朵朵都是我前世的盼望

当你走近
请你细听
那颤抖的叶
是我等待的热情

而当你终于无视地走过
在你身后落了一地的
朋友啊
那不是花瓣
那是我凋零的心

师：朗诵得很美，同学们都沉醉了。这足以证明等待的女子的情怀有多么动人！难怪《错误》这首诗中，那个不是归人的过客，充满了歉疚之情！著名的诗评家杨牧评价此诗：“站在中国诗传统的高处。”原因何在？谁来挑战？

生：传统的思妇闺怨诗歌，大多是男子以己度人，体恤女子情怀；或者托物言志，抒发自己的失意和惆怅，上述诗歌大抵如此。但本诗却不从思妇的视角出发，状写女子寂寞等待的内心世界，而从“过客”的视角出发，去猜想思妇的希冀和幽怨。因为是猜想，所以更有一种迷离惶惑的美。

师：分析得很精彩，继续下去。

生：因为是从“过客”的角度出发，这就有了两个世界——过客的现实世界和思妇的想象世界。诗歌开始是“我打江南走过”，这是过客的现实世界，接着是过客想象中清丽的思妇世界，最后，再跌回到过客的现实世界。我觉得这里“达达的马蹄”写得真好，它既是女子错觉的根源，又是游子清醒的依据。

师：妙解！谁来谈谈这里的思妇形象。

生：思妇的形象是和江南、莲花交融在一起的，所以，我选择的关键词是“江南”、“莲花”。小家碧玉的江南，总让我想起唐朝诗人韦庄的《菩萨蛮》：“人人尽说江南好，游人只合江南老。春水碧于天，画船听雨眠。垆边人似月，皓腕凝霜雪。未老莫还乡，还乡须断肠。”江南实在是一个多情的地方，也是一个生长故事的地方，所以才会有过客的遐想。第二个是莲花，莲花“出淤泥而不染”，是不是暗含着女子品行的高洁，只要不是归人，她就会把小小的窗扉紧掩？更有意思的是，下文还有“东风不来，三月的柳絮不飞”，是不是把游子比做了行踪不定的漂泊无依的“柳絮”？当然，最重要的还是江南和莲自古以来就血脉相连。古乐府《江南》就有“江南可采莲，莲叶何田田”的妙句。我觉得写思妇写得好，就在于江南、莲花既是背景，又是想象中的人物；既是人物外形的羞涩的娇美，又是人物内心品格的写照。

生：我觉得他刚才的莲花和柳絮的分析，很有意思。我也想补充一点，就漂泊而言，我觉得游子和思妇都在漂泊，游子是肉体的漂泊，思妇是心灵的漂泊，本质上他们都在流浪，都在寻找精神上、感情上的一个安静的依靠。

师：感觉同学们已经进入诗歌的内核里去了，谁来继续给我们挖掘思妇的内心世界？

生：传统闺怨思妇诗，最大的特点是思妇总是呈凝望的姿势，凝视着滔滔的江水的流逝，也凝视着自己容颜的老去，甚至化成了望夫石，也还要永远地等待。而这个思妇形象最大的特点不是“望”，而是“听”。

师：为什么只能是“听”，不能是“望”呢？换言之，“听”之前呢？

生：我觉得一方面是视角不同，从过客的视角出发，特别是过客的想象出发，不可能直接写思妇的凝望。而思妇又确实盼望着归人的归来，怎么办？当然是要把视觉转化成听觉了。而且这种处理，把女子刻画得含蓄内敛、情深而又自持，从而为全诗平添哀婉和惆怅，这正是郑愁予先生高明的地方。

生：视角转化，并非郑先生的独创，古典诗歌常常有这种写法。

师：请举例说明。

生：王维《九月九日忆山东兄弟》：“独在异乡为异客，每逢佳节倍思亲。遥知兄弟登高处，遍插茱萸少一人。”前两句写自己在异乡客居，佳节思亲，突出“独”和“倍”字；但下面诗人突然转换视角，写自己的兄弟登高如何思念自己，这样借石打鸟，“倍思亲”的“倍”字就一览无余。

师：说得很经典，我也想补充杜甫的《月夜》：“今夜鄜州月，闺中只独看。遥怜小儿女，未解忆长安。香雾云鬟湿，清辉玉臂寒。何时倚虚幌，双照泪痕干。”此诗写于安史叛军攻进潼关，杜甫从鄜州赶往延州，企图为平叛效力，结果被叛军俘获，押送到沦陷后的长安。杜甫望月怀远，写下这首诗。诗人一开始就转换视角，不写自己失掉自由，生死未卜的困境，反而以妻子的眼光来写对自己的处境的忧虑，并以小儿女的“未解忆”，反衬妻子的“忆”，突出了一个“独”字，这“忆”中充满了辛酸，交织着惊恐……而杜甫自己对妻子的“忆念”和“牵挂”，不着一字，尽得风流。

生：思妇的化“望”为“听”，让我想起了王维的“竹喧归浣女，莲动下渔舟”。这两句以动写静，句式为“浣女归竹林里喧哗起来，渔舟下莲花摇动起来”，那么，在浣女归之前，浣女归之后，竹林里应该是寂静的；在渔舟下之前，渔舟下之后，莲花也应该是静止不动的。我由此得到启发，在女子的“听”之前，肯定也会有无数次“望”，然而，“过尽千帆皆不是”、“误几回天际识归舟”，每次望穿秋水，结果都是失望、绝望。于是，后来女人连“望”的勇气都没有了，只好选择了胆怯的“听”。“听”既有外在的苦苦等待，也有心灵的接通和交融，更能表达女子坚守的执著和坚定。

师：女子的执著和坚定，除了莲花意象的暗含，还有哪些地方可以看出来？

生：二段中“不来”、“不飞”、“不响”和“不揭”，都是一种内敛限定的关系，它们很好地揭示了思妇在倾听过程中的忠贞情怀，“任凭弱水三千，我只取一瓢饮”。

生：说得好，很受启发。从女子的变“望”为“听”出发，我能不能大胆地推断开去，那个过客的身份其实也不确定，他既是“过客”，但未尝不也是一个“归人”。也就是说，在这个游子和思妇之外，还有两个没有出现的人物。一位是女子等待的“归人”，而在漂泊无依的过客身后，必定也有一个或将有一个注定要承受相思之苦的未知女子。那个女子的所思所想，又淡淡投影在这个思妇的身上，华美而惆怅。那个“归人”也会像这个“过客”一样，行走在路上，“达达”地经过，美丽地错过，而不肯短暂地停留。

师：还有哪些见解，请同学们畅所欲言。

生：我提炼的两个关键词是“意象的聚焦”和“意象的放大”。就像电影中的镜头运用，本诗中对思妇的想象，就采用了意象聚焦的办法，从大景到小景，层次分明。开头两句先以广阔的江南为背景，再将镜头推移至小城，再转到街道，然后到帷幕，再然后到窗扉，最后我们甚至可以聚焦到窗扉后思妇眼角的一滴大大的泪。如此处理，由过去关注女子的外在，转而关注女子的内心，她们坚定执著，把自己包裹在层层帷幕之中，怅然地面对容颜的凋谢，痴情地守候归人的不确定。同时，意象由大到小的落差，也给人情感和视觉的冲撞。

师：这是思妇的想象世界，那么，过客呢？

生：我觉得过客意象应该和思妇呈“错误”的组合，“达达的马蹄”过后，“过客”的意象一定是逐渐放大，先窗扉，然后帷幕，然后街道小城，再是广阔的江南，以至塞北，以至天涯海角。这样意象逐渐放大，能够表明过客的漂泊而无依，混沌而无靠。

师：说得很好，古人选择意象很有讲究，象征主义大师瓦雷里曾说：“赤裸裸的思想情绪像赤裸裸的人一样应该给他穿上衣服，这衣服就是意象。”也就是说，意象精心组合，其实是诗人情感的精心流露。

生：老师的分析非常有道理。记得柳宗元的《江雪》，先是广阔无边的宏大意象“千山鸟飞绝”，“万径人踪灭”，然后是一叶孤舟，最后再聚焦在渔翁独钓的小景上，这种意象处理独具匠心。这种意象的狭窄、逼仄，让人气闷压抑。它有“大道如青天，我独不得出”之叹，又有举世浑浊唯我独清之感，诗人孤傲冷峭、忧愤不平之气扑面而来。

师：谁来举一首现代诗说明一下。

生：我来举余光中的《乡愁》说明，诗人把“乡愁”比做“邮票”，比做“船票”，比做“坟墓”，比做“海峡”，这里意象逐渐放大，无非是要表达诗人的“乡愁”，越来越浓，越来越深，越来越重。

师：说得好。刚才通过同学们的努力，我们在诗歌语言、形象方面有所领悟，有所收获，但这还不够。有人说，“隔壁的诗人是疯子，远方的诗人是风景”。就是说，诗人常常异想天开，因而一首诗的思想内容也常常是多元的，不确定的。刚才我们解读的游子思妇说，只是一种最普通的解读，其实我们对这首诗的思想内容，还可作哪些多元的解读？

生：我可以把这里的女子理解成“归人”的母亲，“慈母手中线，游子身上衣”，儿行千里母担忧，儿子尚未出发，母亲就盼着归来！

生：也有人认为此诗是对大陆生活的一段追忆，抒写与亲人久别后的惆怅心情。我觉得结尾的省略号用得特好，有“雪上空留马行处”的怅惘，还有余音袅袅之感，它既是思妇的无言，也是征人的无言。

生：还可以把“过客”就理解成“归人”，可是“归人”却不愿意为痴情的思妇而“归”，而选择继续流浪。多情女子无情郎，纵然女子是“一棵开花的树”，男子却不肯有片刻的栖息。

师：同学们的发散思维很好，一下子找出这么多的思想主题。我也想补充一点，凑个热闹。如果我们从思妇等待的主题延伸，是不是可以说，人们也许永远也等不到他们所钟爱、所期待的东西，任凭你望穿秋水，望眼欲穿，却只能遗憾地错过，也许这就是命中注定。

（生鼓掌）

师：今天我们走进《错误》的内核，作了种种大胆的，可能也是错误的解读，但是同学们读出了真实的自己，读出了心灵的悸动，读出了生命的丰美，哪怕就是真的错误，我想，那也应该是一个——美丽的错误！感谢同学们赋予的精彩！

追究典故的意象之美

——《永遇乐·京口北固亭怀古》课堂实录

时间：2011 年 12 月 13 日

地点：江苏省震泽高级中学

教学主张：中国文学具有意象之美。叙述类文本中富有情感的“物象”，诗歌中的意象，包括议论类文本中的材料，都具有意象的某种特征。那么，何妨把典故也看成意象。把握典故涉及的人物及其关系，理解典故背后的情感和潜台词。再根据对比和类比，找出它们和现实中的对应物与情，有助于我们更深入地把握诗歌。

师：看到同学们的青春年华，我突然想起了我的高中时代。同学们，你们有没有干过什么傻事？我反正干过，那就是帮人家写情书。（学生笑）不要笑，告诉你们，写情书对写作文帮助很大。（学生大笑）事情是这样的，高中时，我的同桌很喜欢一个女生，但那个女生骄傲得一塌糊涂，文学才华极高。同桌于是向我求救，让我帮助他写情书，而且还有写作要求，一要表达出爱慕之心，二要不被人家抓住把柄。

我花了一个晚上写了一封情书。因为典故用得太多，过于含蓄，怕那个女生看不出。于是，在最后，我别出心裁地留了陶渊明的一句诗：此中有真意。

当天晚上，女生就把信退回来了。只在后面加了一句——欲辩已忘言。

我们看了，气不打一处来。更加想难倒她。于是我又撰写了一个谜语："×……，÷……。（唐诗）"，意为"曾经沧海难为水，除却巫山不是云"。

可爱的女生很快又回信了，也是一个谜语："人……，月……。（宋词）"同桌看了欣喜若狂，以为是"人约黄昏后，月上柳梢头"。我忍不住狂笑，因为她写的是："人有悲欢离合，月有阴晴圆缺。"隐含意思为下一句——此事古难全。

我们从此不敢再追她，只把她看成天空里的星星。很多年之后，老同学聚会，说起这样的往事，女生说："你们为什么就不写了，我之所以拒绝，是因为这样玩典故的游戏很好玩，我喜欢。"

（学生欢呼）

同学们，刚才这段往事，之所以好玩，是因为它用了很多好玩的典故，今天我们上的这首《永遇乐·京口北固亭怀古》，也是以典故出名。那么，古人写词，还有我写情书，为什么要用典故？谁来说说看。

生：我觉得用典故，非常典雅，有文化味。

师：真好，典故，来源于很久之前，被时间长久蕴藉和淘洗，具有一种浓厚的文化味。还有吗？

生：我觉得用典故，可以含蓄一点，意在言外。比如：此中有真意。至于什么"真意"，就让女孩子去意会了。

师：嗯，有道理。

生：典故意在言外，甚至可以说在形式之外。比如说"人有悲欢离合，月有阴晴圆缺"，这句话本身含义不大，关键隐含下一句——此事古难全。

师：就是说典故还有一种隐含性的意思。

生：是的，用典还能运用它的多义性，一语双关，甚至一语多关。

师：说得不错。综合起来，差不多就是典故运用的所有妙处了。我们看看前人是怎么说的。

清人赵翼在《瓯北诗话》中指出："诗写性情，原不专恃数典，然古事已成典故，则一典已自有一意，作诗者借彼之意，写我之情，自然倍觉深厚，此后代诗人不得不用书卷也。”

就是说用典有很多好处，可以丰富诗歌内容，扩大诗歌意境，使诗句辞约意丰，含蓄蕴藉。和同学们说的差不多。但是用典也有要求。张炎在《词源》中指出：“用事不为事所使。”如果不恰当地滥用典故，一味逞学炫才，以堆砌典故来掩饰内容的贫瘠，常常会造成诗歌语言的艰涩晦暗，令人生厌。

关于《永遇乐》的用典，究竟是否“为事所使”，争吵了上千年，甚至有两个老教授因为观点相左，老死不相往来。

褒者认为“运典虽多，却一片感慨，故不嫌堆垛”。明代杨慎甚至誉之为“《稼轩词》第一首”。贬者则认为它是“时时掉书袋，要是一癖”。岳飞的孙子岳珂，更是直言不讳地批评：《永遇乐》一词“觉用事多”。更奇怪的是，稼轩还因此大喜，酌酒而谓坐中曰：“夫君实中余痼。”

于是，辛弃疾想方设法修改，每天都修改几十遍，几个月下来，最终——一个字都没有改。（学生惊讶）

以辛弃疾之如椽巨笔，竟至于累月而不能动一语，最终一字不易拿出来，这里面究竟蕴涵着什么。辛弃疾在这首词中的用典到底如何，请同学们和我一同走进这首词，细细探究，今天我们想给它一个结论，给它画一个句号。请同学们自由吟诵，同时思考第一个问题。岳珂说“觉用事多”，《永遇乐》用了几个“事”（典故）？对象分别是谁？

生：用了六个典故。对象分别是孙权、寄奴、刘义隆、霍去病、佛狸和廉颇。

师：啊，六个典故。典故中套用典故的不算在内，有几个典故？

生：那就有五个，霍去病套用在刘义隆的典故中。上阕用了两个典故，下阕用了三个典故。

师：太好了。可是我们班的同学说，填词太简单了。字不够，典故凑。于是，三分钟不到，就帮辛弃疾把《永遇乐·京口北固亭怀古》给改了，还自鸣得意。

永遇乐·京口北固亭怀古

千古江山，英雄无觅赵子龙处。长坂坡前，风流已被雨打风吹去。斜阳草树，隆中茅屋，人道诸葛曾住。想当年，东风巧借，烧毁樯橹无数。

玄德草草，弟仇心切，赢得仓皇北顾。九百多年，望中犹记，烽火夷陵路。可堪回首，白帝城下，到处群鸦乱舞！凭谁问：黄忠老矣，尚能战否？

他说难道赵子龙不比孙权厉害？诸葛亮不比刘裕有智慧？还有一大堆歪理，你们觉得他写得怎么样？

生：写得好，又不好。

师：什么意思，具体说说。

生：说写得好，就是它很有创意，用的全是三国中的人物，而且既符合历史史实，又符合人物性格。说它不好是因为这些与京口北固亭无关，与辛弃疾当时的北伐大业无关，不符合怀古诗的特点。

师：嗯，不符合怀古诗的特点。这位同学说得很到位。他帮我们解决了两个问题。第一，这是首怀古诗，而且是在京口北固亭的怀古。所以，必须要和京口北固亭相关。第二，典故的运用一定要契合诗人眼前的形势。所谓言为心声，诗以言志。怀古诗，更应该借古讽今。关于怀古诗的一些特点，我们也来看看前人是怎么说的。沈德潜在《说诗晬语》中说："怀古必切时地。"清人袁枚在《随园诗话》说："怀古诗乃一时兴会所触。"元代方若虚说："怀古者，见古迹，思古人。其事无他，兴亡贤愚而已。"

这就有了第二个问题：怀古"必切时地"，这些典故与京口何关？"一时兴会所触"，触发点是什么？"一片感慨、兴亡贤愚"，作者用典的意图何在？

我们先看上阕。谁先来把上阕的内容串联一下，我们再深入研讨。

生：大好江山永久地存在着，（但是）无处去找孙权那样的英雄了。当年的歌舞楼台，繁华景象，英雄业绩都被历史的风雨吹打得烟消云散了。（如今）夕阳照着那草木杂乱、偏僻荒凉的普通街巷，人们说这里就是当年寄奴居住过的地方。回想当时，刘裕率兵北伐，气势如同猛虎一样，一下子就收复了洛阳和长安。

师：串联得不错，要关注一个要点。就是"当年的歌舞楼台，繁华景象，英雄业绩都被历史的风雨吹打得烟消云散了"，既是孙权英雄不再的烘托，也是寄奴居处变为"草木杂乱、偏僻荒凉的普通街巷"的一种映衬。

很多人都说，辛弃疾有孙权情结。比如在差不多同一时间的《南乡子·登京口北固亭有怀》中，他也写到孙权：

何处望神州？满眼风光北固楼。千古兴亡多少事，悠悠，不尽长江滚滚流。

年少万兜鍪，坐断东南战未休。天下英雄谁敌手？曹刘。生子当如孙仲谋。

不妨结合词作，探究一下辛弃疾为何有孙权情结？请同学们畅所欲言。

生：我从地点来看，辛弃疾当时担任京口知府，也就是镇江知府，而当年孙权也是在京口起家。

生：都面临来自北方的入侵。孙权是最坚定的主战派，辛弃疾也是南宋历史上的主战派。自然对孙权产生好感。

师：这一点我有感触。孙权不容易啊。我记得《资治通鉴》上记载了孙权的一段话："吾不能举全吴十万之众，受制于人。"也就是说，东吴加上妇孺老幼在内，不过十万人罢了。而曹操却号称八十三万大军。孙权确实是以卵击石，但他依然奋力抗曹。这不能不让辛弃疾钦佩。

生：孙权赤壁之战之所以取得胜利，还在于他重视人才。

师：你太厉害了。这一点你都看出来啊。当时孙权正是因为重用了周瑜和鲁肃等人才，尤其重用了这些主战派的人才，才让他取得了最终的胜利。想想看，孙权对周瑜重用到了什么地步。孙权娶了大乔，周瑜娶了小乔。孙权还常说，外托君臣之义，内有骨肉之亲。这一点连苏轼也是钦慕不已。

生：从结果来看，孙权最终击退强敌，建功立业。这对作者是一个极大的鼓励。

师：嗯，探究得不错，深入到文本的内核中去了。但是，辛弃疾既有孙权情结，为何又把刘裕放在后面重点来写？这两人究竟有什么异同？

生：两人的共同点不难看出。第一，他们都是主战派。第二，他们的事业都在京口起步。第三，他们都是建功立业的英雄。

生：不同点则在于，尽管都建功立业，青史留名，但功业不同。孙权仅仅击退强敌而已，而刘裕却挥师北伐，收复故土。

生：当然，形势也不同。辛弃疾担任镇江知府期间，已经不是主战和主和的矛盾冲突，而是如何贯彻北伐大业的问题。

师：也就是说，作者这个时候的时事，已经不是主战主和的问题，而是如何北伐有成、大业可就的问题。另外，还有两大原因。从两人的出身来看，孙权是孙坚之子，小霸王孙策之弟。承继父兄基业，外事不决问周瑜，内事不决问张昭。而刘裕却出身贫贱，卖过草鞋，假称是刘邦弟弟刘成之后。但一样能建功立业，更表现了"事在人为"的道理。这与辛弃疾"归正人"的身份相近，更能给辛弃疾激励。

还有一个原因就是侧重点不同。孙权重用人才。刘裕精于战略。辛弃疾对刘裕的歌颂，在于不仅向往他的英雄业绩，还隐含有“如果碰到刘裕这样的国君，他的正确战略意图就能被采用”的意思。上阕的两个典故中“一片感慨、兴亡贤愚”，作者用典的意图何在？请同学们根据对象分析法，结合孙权和刘裕的隐含信息说一说。

生：可以从对比和类比两个角度分析。对自己，力主抗金和北伐中原的宏大抱负，建功立业的人生理想。渴望得到国君的重用，渴望自己的战略意图得到采纳。

生：对主战派，则是一种激励、一种期望、一种呼吁。

生：对国君，则借孙权、刘裕来影射南宋统治者昏庸无能，屈辱求和，偏安一隅。表达了作者对当权者安于现状、不思雪耻的深切不满。还有前人事业后继无人的惋惜。

师：辛弃疾有没有骂人？（学生惊讶）我提供信息，大家推断。“天下英雄谁敌手？曹刘。生子当如孙仲谋。”这里也运用了典故，曹操在赤壁之战前，看到孙权勇敢抗击自己，并且军容威武。曹操感叹一声说：“生子当如孙仲谋，如刘景升之子如豚犬耳！”那么，现在，作者说“英雄无觅孙仲谋处”，是什么意思呢？

生：那就是说，再也找不到孙仲谋那样的英雄了，只剩下刘景升之子如豚犬一样的人。这里有对当权将领昏庸无能的讽刺，有对前人事业后继无人的惋惜。确实是骂人了。

师：非常棒。上阕再简化一下，那就是抗击北方侵略和挥师北伐取得成功的两大牛人。原因在于两点：第一重用人才，第二是精于战略。只有如此才能北伐成功。

下阕就从反面写北伐不成功的原因，以历史为鉴。词中涉及北伐的有几次？

生：有四次，包含上阕中的刘裕北伐，下阕中的刘义隆北伐，还有南宋的两次北伐：一次是张浚北伐；一次是韩侂胄北伐，即开禧北伐。

师：《随园诗话》说“怀古诗乃一时兴会所触”。就是说，既然是怀古诗，诗人的抒怀的情感必须有一个触发点。怀古诗中一般都会出现一处让诗人产生联想的“点”。这些“点”既可以是某处遗迹，也可以是遗迹旁的景或物，还可以是由遗迹联想起的历史事件，还可以是某个历史人物。这样看来，在京口地点谋划北伐大业，就成了这首诗的“触发点”。

为何先写刘义隆北伐？

生：刘义隆是刘裕的儿子，也是在京口，而且父子相承，结果迥异，正好作对比。

宋文帝元嘉年间，刘义隆听信王玄谟的话，产生了霍去病一样的“封狼居胥意”，于是草草北伐，结果遭到惨败。比照刘裕和孙权的成功经验，刘义隆所犯的错误在于用人不当，谋略不当，准备不足。

师：书上说，引用刘义隆北伐失败的惨重教训，是对韩侂胄为建功立业而轻率北伐的中肯批评，反映了辛弃疾对韩侂胄轻敌冒进行动的忡忡忧心。准备不足，那就要准备充足，而准备充足是需要时间的，那是否表明北伐要从长计议。这个观点先存疑。再看下阕的第二个典故。谁来说说？

生：第二个典故是佛狸。佛狸，即北魏太武帝拓跋焘的小名。这个典故承刘义隆北伐失败而来。刘义隆“赢得仓皇北顾”之后，北魏拓跋焘追击王玄谟的军队，一直追到长江边。在长江北岸瓜步山建造了一座行宫。这座行宫后来叫做佛狸祠。

师：我插问一下。这个佛狸祠是刘义隆北伐失败的结果，但与京口何干呢？

生：第一，刘义隆北伐的起点是在京口；第二，佛狸追赶王玄谟正好追到了京口的对岸。

师：你怎么知道的？

生：下面“望中犹记”的“望”字，将眼前之景与隔江之景连接起来，将历史的回顾与现实的沉思融合在一起。还有，就是王安石所写的“京口瓜洲一水间”，可作一个例证。

师：太好了。你继续说。这个典故还有哪些含义？刘义隆北伐和南宋北伐有何关系？

生：注释上有这样的内容：张浚北伐，出师不利，导致金主完颜亮大举南侵，他一直打到长江边，也曾在瓜步山的行宫休憩。这样，将一千多年前的元魏入侵者和当前金人的入侵联系起来。

师：就是说，一切近代史都是当代史。所有的故事都是同一个故事。在诗词中辛弃疾多次把金主完颜亮比做佛狸，这样的联想简直一气呵成，天衣无缝。那么，写佛狸祠，一片神鸦社鼓的场景，作者的心情是怎样的？

生：作者的心情是沉重的，非常忧虑。人民才不管祭奠的是谁，供奉的是谁，反正有庙，他们就祭祀，就祈福。江北沦陷已久，人民已经逐步被同化。如果不迅速谋求恢复，人民就安于异族统治，忘记了自己是宋室臣民，忘记了国仇家恨。

师：就是说，“人民不知亡国恨，隔江犹唱社日歌”。就是说，北伐不能一拖再拖，时不我待。是这个意思吧？

生：对，就是这个意思。

师：那么，问题来了。前面的存疑说的是，北伐准备不足，应该从长计议。现在，又说北伐时不我待，这不是自相矛盾吗？辛弃疾到底想表达什么？

生：我觉得不是从长计议，而是北伐时不我待。作为主战派的辛弃疾不大可能反对北伐，就算是轻率北伐，他也不大可能反对。

生：辛弃疾说准备不足，不能草率从事。所谓的准备不足，就是人才准备不足，实质上是自我推荐。

师：也就是说，辛弃疾不是反对立即用兵，而是重用什么样的人才来用兵。辛弃疾主张要重用老臣，实质上就是要求重用自己。站在这样的角度上来看，我们就恍然明白了唯一与京口无关的典故——廉颇。谁来说说？

生：廉颇年老，忠诚，有万夫不当之勇，但被人排挤，与辛弃疾同病相怜。

师：作者和廉颇相比如何？

生：还不如廉颇，廉颇壮志难酬，尚且还有人询问，自己却连询问之人都没有。自己比廉颇还要凄苦。辛弃疾满腔悲愤，一涌而出，自己虽有远大抱负，却始终得不到朝廷重用，以致壮志未酬，年岁老去。

师：说得真好。你看看，历史就是这样荒唐。刘义隆傻乎乎的，笨呆呆的，重用王玄谟，难怪事情就“玄”了。用人不当是刘义隆失败的主要原因。人家汉武帝大胆重用奴隶之子霍去病。结果，21 岁的霍去病挥师北伐，封狼居胥，一直打到俄国的贝加尔湖。使得匈奴哀叹：“失我祁连山，使我六畜不蕃息；失我焉支山，使我嫁妇无颜色。”汉武大帝多年来的匈奴心“病”，一下子就“去”了。现在统治者倒好，放着一个辛弃疾，却生生不用。女真之“疾”，如何能“弃”啊？

一个是霍去病，一个是辛弃疾，两者构成了绝对。一个被重用，匈奴之“病”，骤然可“去”；一个不被重用，女真之“疾”，依然难“弃”。

我这样说，并非空穴来风。辛弃疾的人生偶像就是北伐建功立业的霍去病。霍去病小时候多病，家里给他取名霍去病，字幼安。有趣的是辛弃疾立志北伐，收复故土之后，也把自己坦夫之字改为幼安。就是向霍去病致敬，表达自己封狼居胥、收复失地的理想。

我们总结一下。《永遇乐·京口北固亭怀古》是一首登临怀古词。怀古就是缅怀历史人物、历史事件，就免不了要用典。词所引人物孙权、刘裕是与京口密切相关的古人；元嘉北伐既与刘裕北伐相承，又与南宋北伐（张浚北伐、韩侂胄北伐）相类；“佛狸祠”则是元嘉北伐失败的标志。既影射南宋张浚北伐失败，也是对韩侂胄北伐的警醒。典故紧扣所处之地、所见之景、所思之事，围绕题旨，联想自然。表现了作者抗金救国、恢复失地的抱负，对英雄业绩的无限向往和理想不能实现的苦闷；也表现了对南宋统治者屈辱求和、苟且偏安的讽刺和不满，以及对韩侂胄的不能重用人才的愤懑，最后借廉颇将词人报国无门、壮志难酬的悲愤推向高潮。

同学们，还记得我们起初的问题吗？辛弃疾知道典故太多不好，为何最终一字不动？

生：怀古词的特点，决定了辛弃疾要用典。

生：辛弃疾“归正人”的身份，不便直抒胸臆，也要用典。

师：辛弃疾是从北方起义过来的人，他在金国统治区内出生、长大，这个尴尬的身份就是归正人。这也是他不得重用的一个原因。

生：辛弃疾个人风格，喜欢用典。

师：可能因为归正人，一开始不得不含蓄，但时间长了，就成了习惯，进而形成了辛氏的风格。

生：典故太精当，不刊之论。

师：我非常赞成。尽管典故确实用得太多，但确实每一个典故又太恰当了。以致浑然一体，无法去除。这就叫做“文章本天成，妙手偶得之”。辛弃疾确实也去除不了。

最后，老师昨晚用辛弃疾词中的典故，模拟辛弃疾掉书袋的毛病，也掉了一把书袋，向辛弃疾致敬。请同学们集体吟诵。

满江红·咏辛弃疾

王开东

千古江山，北固楼，最难将息。几人念，孙权寄奴，旧时英烈？
坐断东南赤壁火，马作的卢焉支血。仰天啸，往事堪回首，山河缺！

栏杆拍，情何切？壮士心，犹未灭！曾记否，挑灯看剑，几多激烈？
可怜万字平戎策，东家种树音尘绝。平生憾，君王事未了，发如雪。

小说篇

把意料之外变为情理之中

——《一个人的遭遇》课堂实录

时间：2011 年 5 月 18 日

地点：山东省洪家楼高级中学

教学主张： 写作对小说家来说是一次冒险，阅读对读者来说是一次探险。小说家总想出人意料，故不断冒险；读者总要把小说家的意料之外转变为情理之中，故不断探险。作家和读者之间的对抗应运而生。因而真正的小说阅读过程是找出自己的意料之外，再深入文本，把这个意料之外逻辑化为情理之中。

一、激情导入

1956 年 12 月 31 日，苏联《真理报》破天荒全文刊载一篇小说，一时洛阳纸贵，报纸被市民抢购一空……

莫斯科广播电台很快跟进，全文广播这部小说，无数市民不顾寒风凛冽，驻足街头，泪飞顿作倾盆雨……

苏联总统赫鲁晓夫高度评价这部小说：“战争除了带来眼泪，带来破坏和毁灭，不会带来任何东西。”

伟大的高傲的全世界大作家共同的偶像——美国作家海明威给作者写信，表示要脱帽致敬……

这部伟大的作品就是《一个人的遭遇》，这个伟大的作家就是苏联小说家肖洛霍夫，1965 年诺贝尔文学奖获得者。

二、对抗作品

师：有人说，作品是作家和读者的一种对抗。写作对小说家来说是一种冒险；对读者来说是一次探险。小说家总想出人意料，不断冒险；读者总要把小说家的意料之外转变为情理之中，是为探险。作家和读者之间的对抗应运而生。如何和作家对抗？就是要学会向作品提问。如何向作品提问？就是对作家苦心经营的超出读者意料的地方提问，对感觉到“自相矛盾处、反常处”提问。

现在，我把同学们的问题和我的问题归一下类。这节课就解决我们从反常中提出的问题。

第一类问题：

1. 标题是《一个人的遭遇》，但文章中却不止写了一个人的遭遇。

第二类问题：

2. 第 2 段说自己像小孩子那样好吹牛，第 7 段又说自己常常做着老头儿的梦。

3. 自己的妻子儿女死了，没有流泪；可是和万尼亚对话后，眼泪却怎么也忍不住了。

4. 索科洛夫有了新儿子，应该是新的精神转机。可是此前常做美梦的他，反而常常做起了噩梦。

5. 躺在里面的的确是我的儿子，但又不是我的儿子。

6. 索科洛夫如此爱万尼亚。可是给他买衣服为什么如此马虎？

第三类问题：

7. 在你的脸颊上怎样滚动着吝啬而伤心的眼泪。

8. 万尼亚在文章中有很多称呼，脏小鬼、小雏儿、小草、小麻雀、沙子、太平鸟、小山羊……这样比喻有何用意？

9. 索科洛夫有着怎样的矛盾性格？

三、学生的问题

1. 标题是《一个人的遭遇》，但文章中却不止写了一个人的遭遇。

师：先看第一类问题，标题是《一个人的遭遇》。谁的遭遇？

生：索科洛夫的遭遇。

师：仅仅是索科洛夫的遭遇吗？

生：还有万尼亚的遭遇，索科洛夫妻子的遭遇及儿子的遭遇。

师：还有吗？

生：没有了。

师：真的没有了？那个德国的少校军官，好端端地被自己的俘虏司机俘虏了。他的命运可想而知。一个人的遭遇，包括不包括他？

生：（犹豫）不包括。

师：为什么？

生：他是敌对方，侵略者。

师：有没有想过，这个少校军官，有可能他的名字叫做索科洛夫，他的妻子叫做伊林娜，儿子叫做万尼亚。

生：我认为也包括这名军官。他也是战争的受害者。

师：说得好，他也是战争的受害者。我想起了看过的一部电影《铁皮鼓》。当苏联军队打到德国本土，挨家挨户搜查。一名普通的德国人，拼命想把纳粹的一枚标志藏起来，放在马桶里冲不走，赶紧抢出来，避着苏联士兵，偷偷吞了下去，结果在喉咙里卡住了。当他向卫生间跑去，苏联人的枪响了，这个德国人被打成了马蜂窝……

可以说，这篇文章所写不只是一个人的遭遇，也是战争中千千万万苏联人的遭遇，更是战争中所有人的遭遇。

（师板书：战争对所有的普通人都构成伤害）

肖洛霍夫说："任何战争都不能创造任何东西，战争就是破坏者。我的作品中没有反面人物，唯一的一个反面形象就是战争。"

2. 第 2 段说自己像小孩子那样好吹牛，第 7 段又说自己常常做着老头儿的梦。

师：像小孩子那样吹牛，却又做着老年人的梦？

生：两个阶段不同。索科洛夫先是比较年轻，后来老了。

师：好好看看，索科洛夫逃回来的时候，很快发现妻子死了。三个月之后，找到了自己的儿子。索科洛夫很快就做起了老头儿的梦。想想看，我们会经常跟谁吹牛？

生：跟最亲近的人。经历了俘虏虐待的索科洛夫逃回来了，非常兴奋，以致忍不住在最亲密的人面前吹起牛来。但是后来，最亲密的人死了，索科洛夫一下子苍老了。战争让人一下子就苍老了。

师：说得不错。战争让人忽地苍老了，亲人的逝去让索科洛夫柔软的心一下子苍老了。

生：索科洛夫开始做起了老人的梦。因为妻子死了，女儿死了，自己苍老了。儿子成了自己活下去的最后支撑，成了延续自己香火的唯一希望。

3. **自己的妻子儿女死了，没有流泪；可是和万尼亚对话后，眼泪却怎么也忍不住了。**

生：妻女死了，索科洛夫并非不痛苦，而是流血不流泪。"我的眼前一片漆黑，心缩成一团……等到心松开了，血在耳朵里冲击……"

生：索科洛夫没有流泪，还有一个原因，就是仇恨。

师：有道理。看了炸死妻女的弹坑之后，索科洛夫当天就回到师里。索科洛夫的儿子也是这样，晚上赶回来瞧瞧弹坑，连夜又回城里去了，然后请求志愿上战场。

但是，儿子死了之后，索科洛夫为什么也没有流泪？

生：眼泪在心里枯竭了。心变得像石头一样了。

师：那为什么看到万尼亚，眼泪却怎么也忍不住了？

生：是因为同情孩子，而且两个人身世相同。

师：身世相同，很好。也许正是这个身世相同，唤醒了索科洛夫的父性，让他下决心收养这个孩子。看看这段对话。"万尼亚，你的爸爸在哪儿啊？"作为父亲的索科洛夫也在自问："索科洛夫，你的儿子在哪儿啊？"万尼亚喃喃地说："爸爸在前线牺牲了。"索科洛夫心里也在喃喃地说："儿子在前线牺牲了，在胜利前夕牺牲了。"索科洛夫又问："那么妈妈呢？"万尼亚回答道："妈妈当我们来的时候在火车里给炸死了。"

潜意识里，索科洛夫也许也在问自己："那么你的妻子女儿呢？""妻子女儿也在家里被炸死了，被炸了一个很大的坑……"

"你在这儿一个亲人也没有吗？""一个也没有。"

索科洛夫也在自问："你一个亲人也没有了吗？""是的，一个也没有。"

我们可以说，孩子是孤儿，索科洛夫也是“孤儿”。两个战争的孤儿，走到一起，万尼亚需要一个父亲，而索科洛夫需要一个儿子，他们互相取暖。于是，索科洛夫禁不住热泪横流。

4. 索科洛夫有了新儿子，应该是新的转机。可是此前常做美梦的他，反而常常做起了噩梦。

师：应该说，遇见万尼亚之后，索科洛夫精神有了转机。文章中说：“我的心轻松了，变软了，要不它简直给忧伤压得像一块石头一样了……”但是，为什么此前常做美梦的他，竟然做起了噩梦？

生：文章中三次写梦。第一次是战俘营梦见妻儿团圆。第二次是梦见照看孙子的天伦之乐。第三次是梦见妻儿隔着铁丝网。

第三次噩梦是在收养了万尼亚之后。我觉得前面写美梦是为了和现实构成强烈反差，突出反战主题。而且从情节上来说，也显得跌宕起伏。后面的噩梦，则是对妻儿的想念无法遏制。

师：有了万尼亚之后，还是要在睡梦里想念自己的妻儿。就是说，索科洛夫努力想弥补战争的创伤；但依然不可能完成。对于万尼亚来说，他什么都不记得了。他能不能完成对战争的遗忘呢？

生：我觉得也很难忘记。孩子的精神转机也未能完成。他不是突然反问：“爸爸，你把你那件皮大衣放到哪儿去了？”这就是孩子的疑虑。

（师板书：战争构成的心灵伤害，永远无法愈合）

小姑娘安妮说：“要在混乱、苦难和死亡做成的基础上建设人生，是完全不可能的。”

现在，大家有理由对第 5 个问题和第 6 个问题作出自己的解读了吧。

5. 躺在里面的的确是我的儿子，但又不是我的儿子。

6. 索科洛夫如此爱万尼亚，可是给他买衣服为什么如此马虎？

生：我明白了。躺在里面的是“我”的儿子，因为他的确是我的儿子。但又不是“我”的儿子。因为“我”的儿子是一个小男孩。这个小男孩和万尼亚一样大。所以，当“我”给万尼亚买衣服的时候，潜意识里，“我”也是在给儿子买衣服。所以衣服才买得那么错乱。

师：这段心理分析太精彩了。建议给他来点掌声。同学们还要注意一个细节，呢子衣服，却搭配着草帽。这是一个父亲的错乱。尽管有了新儿子，但是对儿子的思念一点也没有少，会在睡梦里显现出来。由此看来，战争对人的伤害，不仅仅是现实层面的伤害。比如，索科洛夫受伤被俘，饱受虐待；侥幸逃回之后，又惊闻妻女被炸死；好容易找到了唯一的支撑——儿子，儿子却又在胜利前夕被狙击手杀死……还有意识层面的伤害，表现为从美梦到噩梦的变化。即使精神有了转机，依然要在噩梦中挣扎，战争让人永远失去了安宁。最后，就是无意识层面的遭遇。“当我和首长谈话的时候，我的头好一阵习惯成自然地缩在肩膀里，仿佛怕挨打一样。”战俘营使得索科洛夫形成了条件反射，一听到谈话，就缩着脖子，等着挨打。这是无意识层面的伤害，如影随形。

7. **在你的脸颊上怎样滚动着吝啬而伤心的眼泪。**

生：吝啬是说男人吝啬眼泪。面对敌人，面对战争，面对太多的死亡，男人吝啬自己的眼泪。

师：既然吝啬自己的眼泪，为什么又流下了眼泪？

生：吝啬是男人的坚强。妻子死了，女儿死了，儿子死了，索科洛夫没有流泪；但是万尼亚却让索科洛夫怎么也忍不住流泪；最后一段，作者也忍不住流下了眼泪。这个眼泪是为孩子而流，伤心是为孩子的遭遇伤心。这依然是男人的坚强。

师：说得好。无情未必真豪杰，怜子如何不丈夫。这里的眼泪是作者的眼泪，也是索科洛夫的眼泪。两种眼泪混合在一起，都是真正的俄罗斯男人的眼泪。

文章还说：“不，在战争中白了头发、上了年纪的男人，不仅仅是在梦中流泪，他们在清醒的时候也流泪。”清醒时候的泪，比如索科洛夫听到万尼亚的那段话，眼泪怎么也忍不住了。比如作者看到万尼亚挥动嫩红的小手，慌忙转过身去，眼泪怎么也忍不住了。这些都是男人在清醒时流泪。梦中的泪，则是索科洛夫夜里醒来，整个枕头都被泪水湿透了……

这个眼泪中有坚强，白天绝不当着孩子流泪；眼泪里也有追悔，分别时为什么推了伊林娜一把，那是和至亲的人最后的一个动作啊；眼泪中还有担忧，怕自己死去，吓坏了儿子，怕孩子的将来没有保障；但最重要的是眼泪中的痛苦。战争给人的创伤很难愈合。

四、我的问题

8. **万尼亚在文章中有很多称呼，脏小鬼、小雏儿、小草、小麻雀、沙子、太平鸟、小山羊……这样比喻有何用意？**

生：脏小鬼是万尼亚的处境，孩子太可怜了。小雏儿那么小，就学会叹气了。可怜的万尼亚就像风中的小草。这些称呼都体现出索科洛夫对孩子的怜爱。

生：太平鸟是孩子找到“爸爸”惊喜的尖叫，而小山羊则是万尼亚在索科洛夫的呵护下快快乐乐的样子。

生：是索科洛夫让孩子有了一个家，有了一个真实的父亲，改变了孩子的命运。

师：说得真好。这就是俄罗斯男人，为了让“脏小鬼”变得干干净净，让“小雏儿”不再叹气，让风中的“小草”有一个遮风挡雨的地方，让“小麻雀”有一个栖息的屋檐……让这个可怜的小孩子像“太平鸟”一样的太平，发出欢乐的尖利地叫声，像“小山羊”一样快乐地在身边蹦蹦跳跳，索科洛夫毅然决然承担起一个父亲的责任。

但是，大家有没有想过，这两个人还有一个同样的称呼？就是：“两个失去亲人的人，两颗被空前强烈的战争风暴抛到异乡的‘沙子’……”一颗在战争的风暴中被抛到异乡的沙子，却要给另一颗风暴中的小沙子安宁幸福，这是一种什么样的精神？

生：一种舍己为人的精神。

师：舍己为人，充满一种人性的光辉，对吧？

生：还有一种人道主义精神。包括什么时候流泪，什么时候不流泪，都是这样。

师：非常棒。索科洛夫这个坚毅的男人，这个温情的父亲，他知道自己没有力量改变自己的“被摧残的命运”，不能使自己“死气沉沉的眼睛”获得新的生命。但是，他却有力量改变这孩子的命运，能够让孩子得到家庭的温暖。黑夜给了他一双黑色的眼睛，他却用它去寻找光明，并且给孩子带去光明。

（师板书：尽管伤痕累累，却依然要给战争中的孩子筑起人道主义的大厦）

师：罗素说，真正的英雄主义只有一种，那就是在认清生活的真相后依然热爱生活。

肖洛霍夫1965年获诺贝尔文学奖，在瑞典的颁奖仪式上他说：“我希望我的书，能够帮助人们变得更完美，心灵更纯洁，能够唤起对人的爱，唤起人们积极地为人道主义和人类的进步理想而斗争。”

五、我们的问题

9. **索科洛夫有着怎样的矛盾性格？**

生：绝望中有希望。

师：对，陷入绝境，产生绝望，但永远有希望，永远打不倒。我们就用这样的句式来总结索科诺夫的矛盾性格。

生：眼泪中有坚强。

师：眼泪看上去脆弱，但却折射出索科诺夫的坚强。一次次梦醒，一次次梦碎，但却依然坚强，只在梦中流泪，转过头去流泪。

生：谎言中有大爱。

师：尽管索科诺夫骗万尼亚，说是他的爸爸，但这是美丽的谎言，充满着大爱。

生：苦难中有人道主义光辉。

师：说得好。索科诺夫没有被苦难打倒，反而在苦难中升华出一种人道主义精神。他没有成为苦难的被动承受者，反而成为拯救者。

六、问题在深入

师：一个人的遭遇，也是一个群体的遭遇，一个民族的遭遇。一个人的性格，也是一个群体的性格，一个民族的性格。我们不妨研究下俄罗斯这个民族的性格。

莫斯科阅兵：1941年11月7日，苏联举行红场阅兵。没有任何通知，从西伯利亚赶来参战的苏联红军从列宁墓前经过，直接开赴前线。英国《新闻纪事报》说："通往莫斯科的要冲鏖战正酣，而莫斯科却组织了一年一度的传统阅兵，这是英勇和无畏的榜样。"

斯大林格勒保卫战：德军包围斯大林格勒300多天，市民冻死饿死78万人。但他们宁肯冻死也不砍掉一棵树，剧院照常灯火通明，学校照常上课……在这场意志的较量中，德军完败。

生：看了这两则材料，深入理解了索科洛夫，他的性格，完全打上了这个民族性格的烙印，尽管他们经历了天灾人祸，一次次成为孤儿，但他们不屈不挠的民族血性，以及悲悯情怀，让人感动。

生：这就是北极熊。既充满着血性，经历着寒冷，但也在寒冷中保留着一丝温情。

师：让我最感动的，就是这种温情，这种人道主义的光芒。我们回首战争，是因为我们珍爱和平。我们珍爱和平，是因为我们热爱生命。我们还必须学会文化的比较，在比较中反思。战争也曾给我们这个民族带来了深重的灾难。"二战"中，我们失去了3000多万优秀儿女，付出了巨大的民族牺牲。但是，我们却从来没有认真反思过战争。我们没有一部堪称伟大的战争作品，没有塑造出一个堪称典型的战争形象。但是，最让我失望的是，我们的战争作品中少了一些人性的光辉，少了一些人道主义关怀，尤其是对待孩子。

《瓦尔特保卫萨拉热窝》中，那个钟表匠收拾好摊子，回家拿起了武器，穿好风衣，准备去战斗。他10岁的儿子喊道："爸爸，我也要去。"钟表匠告诉自己的儿子："孩子，有人要战斗，有人要等待。"这就是一个男人、一个爸爸的立场。

然而，我们呢?

我们让13岁的少年英雄王二小掩护乡亲们撤退，并且把敌人引进包围圈，结果王二小被敌人刺刀刺死，摔死在巨石上。王二小，哪里是王二小，简直就是王小二。

我们的儿童，不叫儿童，叫儿童团，他们都拿起了红缨枪，承担最危险的任务。

海娃的爸爸则让海娃送鸡毛信，如果被鬼子发现了，就说是放羊的。海娃九死一生。

人家的战争是让女人和孩子走开，我们则是让儿童冲在最前方，一旦被发现，遭罪的就是儿童，让儿童面对世界上最穷凶极恶的侵略者，这是怎样的惨痛和悲哀?

如今，我们又在重拍《小兵张嘎》，极力渲染张嘎的英气和嘎气，而敌人自然又是愚蠢的、荒诞的、不堪一击的。但我们却被这样愚蠢的敌人侵略了八年。我们总是把屠夫的凶残化为一笑，这是我们真正的悲哀。

七、问题在延续

关于战争，我推荐两部伟大的作品，有助于我们对战争的深入认识。一部是苏联经典小说《第四十一个》，一部是奥斯卡获奖影片《英国病人》。

《英国病人》中有这样一段反战的话，石破天惊，震撼人心。

我们都将死去，我们将与爱的人和不同种族的人一起充实而热烈地死去。我们咽下彼此的味道，交换彼此的身躯，浮游于爱河之上；恐惧时我们躲藏起来，正如这凄凉的洞穴。我要所有这些都镌刻在我的身体上。我们才是真实的国家，并非画在地图上的边界所示的，以掌权者命名的国家。我知道你定会回来抱着我，屹立风中。那就是我所要的——与你漫步在如此的土地上，与朋友们，在一个没有地图的地球上。

关键是要能用问题串联

——《一个人的遭遇》课堂实录

时间：2011 年 10 月 9 日

地点：张家港市外国语学校

教学主张：阅读教学的重点是先抓住一个核心问题，为了解决核心问题，不断牵扯出其他问题。一个问题套着一个问题，不断串联成为一个问题链。这些问题牵一发而动全身，往往一个问题得到解决，其他问题就豁然开朗，柳暗花明。

师：这是我眼前经常要呈现的一个场景，一场惨烈的战争过后，一个男人和自己的属下驾着马车，落荒而逃。在路上，男人看见了自己的一对小儿女。男人命令下属，来不及，别管他们了，快跑！属下却停下车，把孩子抱上马车。敌人的追兵越来越近。车速也越来越慢。男人一脚把自己的一双儿女踹下车去。属下赶紧下车，又把这两个孩子弄上车。男人怒了，又把这两个孩子踹下车去……如是多次。

这不是小说，这是一个真实的故事。这场战争叫楚汉战争。这个男人的名字叫刘邦，后来有了一个新名字叫汉高祖。这对小儿女，一个是汉惠帝，一个是鲁元公主。可能很多同学都觉得难以接受；但我告诉你们，这就是战争。很多时候，战争能够扭曲人性，毁灭人性；但战争中也不乏感人肺腑的人生。

今天我们一同走进诺贝尔奖获得者肖洛霍夫的经典作品《一个人的遭遇》。大家都预习得差不多了吧。我们从最简单的问题开始。

师："一个人的遭遇"，主要指谁的遭遇？

生：索科洛夫的遭遇。

师：好的，第二个问题。索科洛夫到底遭遇了什么？请同学们认真思考，简要概括。

生：受伤被俘——俘酋逃回——家毁妻亡——儿有出息——儿死沙场——又得新儿——日思亲人。

师：我先评价一下，概括得很好。好在两个方面，第一是句式比较整齐，第二是角度相对统一。统一在索科洛夫一个人身上。但我有一个疑问。"俘酋逃回、儿有出息、又得新儿"，应该是索科洛夫人生的乐事，能够看成是他的遭遇吗？

生：不能看成是遭遇。但这些人生中暂时的快乐，正好反衬出索科洛夫遭遇之凄惨。所以，我还是加进来了。

师：嗯，有道理。那就保留。第三个问题就来了。在索科洛夫的上述遭遇中，他做了哪些梦？为什么会做这些梦？"梦"在文中有什么作用？

生：三次写梦。

师：好的，请列出来。

生：第一次。"我想，'我这悲惨的生活会不会是一场梦呢？'在战俘营里，我差不多夜夜——当然是在梦中——跟伊林娜，跟孩子们谈话，鼓励他们说：'我会回来的，我的亲人，不要为我悲伤吧，我很坚强，我能活下去的，我们又会在一块儿的……'原来，两年来我是一直在跟死人谈话啊?!"

第二次。"夜里醒来，我常常做着老头儿的梦：等到战争一结束，我就给儿子娶个媳妇，自己就住在小夫妻那儿，干干木匠活儿，抱抱孙子。"

第三次。"梦见得最多的是：我站在带刺的铁丝网里面，他们却在外边，在另外一边……我跟伊林娜，跟孩子们谈着一切，可是刚想拉开铁丝网，他们就离开我，仿佛在跟前消失了……"

师：第三次写的梦应该不是一个梦，是常常出现的同一个梦境。能不能像刚才概括索科洛夫的遭遇一样，概括索科洛夫的几个梦境？比如按照地点和梦里的内容。

生：俘虏营里，常常梦见和妻儿团聚；军营里，常常梦想祖孙之乐；乌留平斯克，常常梦见铁丝网阻隔亲人。

师：这样问题又来了，“索科洛夫为什么会做这些梦”？我们不妨一起来解解梦。谁来说说第一个梦。

生：第一个梦：“日有所思，夜有所梦”。战俘营中不堪虐待，妻儿成了索科洛夫活下去的精神支柱。所以，他常常梦见妻儿，实际上是用精神支柱暗示自己要支撑下去。

师：第一个梦既是期待，又是支撑，没有这个梦，索科洛夫就活不下去。但是没想到支撑自己活下去的却是死人，这是作品最震撼人心的地方。“可怜无定河边骨，犹是春闺梦里人”。

生：第二个梦，战争夺去了索科洛夫的妻女，儿子成了他最后的欢乐和希望。

师：既然儿子是他最后的欢乐和希望。那么，为什么没有梦见和儿子在一起，反而是梦见和孙子在一起？干干木匠活儿，抱抱孙子。而这个时候，索科洛夫还没有孙子呢。

生：是不是这样的。家里人都死了，儿子成了这个家族唯一的血脉了。所以，很自然地就想到香火，想到传宗接代。于是梦见给儿子娶妻子，再带孙子。这也是一个父亲为儿子所尽的责任。

生：我也赞成这种说法，但我补充一点。“干干木匠活儿”，很有意思。索科洛夫战前就是一个木匠，一个手艺人。现在，又回到了日常的生活中，干干木匠活儿，还是重建家园的一种动作。我觉得这个梦很美好。

师：就是说索科洛夫给国家尽完责任之后，他还要给自己的儿子尽责任。这种责任充满着温馨和美好，充满着天伦之乐。

生：第三个梦，战争结束了，妻儿全没了，战争留下的心灵创伤，在睡梦中绵绵不绝。

师：隔着“铁丝网”，我觉得也要分析。首先，经过战俘营的索科洛夫，一定对铁丝网有深刻的心灵印记；其次，是铁丝网使得自己和妻儿阴阳隔阻；最后，是无情的铁丝网，无情的战争夺去了自己的妻儿。

于是，问题又来了。这些“梦”在文中有什么作用？

生：前两个是美梦，我觉得梦越是美好，越能和现实的残酷构成对比，给人震撼，更加突出人物的不幸遭遇。

师：很好，你这个是从小说表达技巧的角度分析出来的。角度找准了，就好把握了。想想看，根据小说的要素来看，还有哪些角度？

生：索科洛夫在不幸的遭遇中，不断用梦安慰自己。在不断的打击面前，索科洛夫没有垮。有伤，有泪，他虽然普通，但却是一个真正的战士，一个平凡的英雄。

师：这是从人物形象的角度。其他同学补充，人物形象总是在什么当中表现出来的。

生：我觉得是情节。人物形象总在情节中丰满起来的。从情节结构角度，好梦，碎了；好梦，又碎了；最后做起了噩梦。情节波澜起伏，引人入胜。梦，是故事的组成部分，也推动了故事情节的发展。

师：写了这么多的梦，作者想表达什么？

生：从主题的表现角度来看，“梦”和现实构成的反差，突出了反战主题。

师：嗯，突出反战主题。你们觉得这个故事很真实吗？为什么？

生：是的，非常真实。

师：原因何在？

生：明白了，小说是以第一视角“我”来叙说，“我”亲耳倾听了索科洛夫的梦。拉近了读者的距离，使得故事真实可信。

生：从作者情感倾向角度看，作者憎恨战争，呼唤和平，同情遭遇战争的人们。

师：非常完美。索科洛夫的三次梦境价值很大。梦碎在现实的风云中。在“做梦→梦碎→再梦→再梦碎→再梦”的情节推进中，我们感受到了这“一个人”的不屈不挠、善良和悲悯，感受到了作家肖洛霍夫对于战争的态度和对深受战争之苦的同胞的同情。

于是，下一个问题又来了，索科洛夫的“三次梦”醒后，他有几次流泪，他为何而哭？

生：三次梦醒后，只有最后一次在梦中打湿了枕头。前两次都没有流泪。

师：认真分析前两次梦醒之后的无泪，对理解索科洛夫这个人物形象非常重要。第一次梦醒之后，获悉家园被毁，妻女被炸死，家成了“一个很深的坑”，索科洛夫为什么没有流泪？

生：索科洛夫尽管没有流泪，但我们可以感受到他的心在哭泣，在流血。文章中这样写道：“我的眼前一片黑，心缩成一团，怎么也松不开来”、“血在耳朵里冲击”、“感到穿心的悲痛”，这是第一个原因。

没有流泪的第二个原因可以参读他的儿子。他儿子看到母亲死了，也没有流泪，马上就参军去了。也就是说，索科洛夫和他的儿子一样，把悲痛化为了仇恨，要给亲人复仇。所以，当晚就回到部队去了。

师：回答得很好。“我的眼前一片黑，心缩成一团，怎么也松不开来”、“血在耳朵里冲击”、“感到穿心的悲痛”，在这里索科洛夫尽管没有流泪，但我们可以感受到他更深的痛苦。战争毁灭了家园，满怀团聚的希望随即落空，眼见荒凉的实景，证实了邻居来信的消息，家成了一个浑浊的大坑，温暖的妻子变成了荒凉的白骨，索科洛夫陷入了绝望和仇恨之中。

当儿子成了索科洛夫治疗丧妻失女的良药，眼看战争快要结束，眼看梦想快要实现，却传来儿子阿拿多里牺牲的噩耗。阿拿多里的同志们、朋友们都“擦着眼泪”，“但是我没有哭”，这又是为什么？

生：原因很复杂，第一，“我的眼泪在心里干枯了”。后文还说，“心变成了石头一样沉重”。极限的悲痛，使得索科洛夫变得麻木，甚至迟钝。第二，战争毁灭了家园，如果说没有了家，还有亲人的存在，那还有重建家园的希望。可亲人又一次被夺走生命，则夺走了索科洛夫全部的希望，他最后一点小小的愿望也随之破灭，他被抛进了彻底绝望的低谷。第三，战争在他心里划开了一道深深的伤痕，流走了眼泪，留下了苦痛和悲伤，留下了对敌人对战争的痛恨。

生：我不赞成索科洛夫眼泪的“干枯”，是因为他变得麻木和迟钝。因为他明白“你既然是个男人，既然是个军人，就得忍受一切，应付一切”，在他看来，也是在苏联人民看来，战争是男人和军人的事情，女人和孩子应该避开。索科洛夫完全懂得失去的一切对他具有的意义，他凭着顽强的意志经受住了这一系列打击。眼泪的干枯，恰恰是这一男子汉坚毅品格的体现。

师：我也赞成是坚毅，外在显得有点麻木的样子。第三次梦醒后，“夜里醒来，整个枕头总是给泪水浸透了”，为什么又会在他不知不觉的时候流泪呢？而且“浸透了”？

生：战争给索科洛夫带来了不幸的遭遇，尽管白天他表现得很坚强，但战争给他造成了永远无法弥补的心灵创伤，这一心灵创伤时时在隐隐作痛，也就难免“夜里醒来，整个枕头总是给泪水浸透了”。尽管他收留了万尼亚，心也柔软起来了，但在心灵的深处，战争对他的创伤永远得不到愈合。

生：这个眼泪与前面收养万尼亚的时候“我的眼泪怎么也忍不住了”，构成一种照应关系。战争给索科洛夫带来不幸，使他更能理解和同情别人的不幸；自己失去了家，他更能理解和同情那些无家可归的人的艰难。索科洛夫尽管没有力量改变自己的“被摧残的命运”，不能使自己“死气沉沉的眼睛”获得新的生命，但是他却能够改变这个孩子的生活和命运。为了使孩子亮得像雨后黑夜的星光的眼睛不再被蒙蒙的雨水浇灭，为了这个孩子不再去做一个孩子不应该做的事情，索科洛夫决定收养万尼亚，并决定与他再也不分开。

师：这很好地控诉了战争的罪恶。作为一个坚强的俄罗斯男人，索科洛夫虽然不能凭借万尼亚走出过去的阴影和痛苦，但他却能给孩子一个温暖的家。白天，他决不想让孩子知道战争带给人的痛苦，不让孩子知道战争的真相，而是为了让不幸的孩子保住一颗童心，不流一滴眼泪。但在睡梦之中，这个俄罗斯男人流下了伤心的眼泪。

战争并未使他的心灵枯竭，相反地陶冶了他的心灵，使其焕发出了温暖的光辉。他眼泪忍不住流出来，以及收养万尼亚，恰是索科洛夫温情的显现。另外，索科洛夫还在孩子身上又一次看到了“家”的希望，他可以使孩子确实像一个孩子那样生活下去，而且这孩子也可以使他这个男人“刚强起来”。

肖洛霍夫正是抓住“吝啬而伤心的男人的眼泪”刻画了索科洛夫这一普通苏联人的形象，从他个人的遭遇，折射出战争带给所有苏联人的遭遇和创伤，从而用这种心灵创伤谴责了法西斯主义的罪恶。

在肖洛霍夫获得诺贝尔文学奖的演讲词中，他这样说：“我希望我的书，能够唤起对人的爱，唤起人们积极地为人道主义和人类的进步理想而斗争。如果我多少能够做到这一点，我就是幸福的。”

他以一个艺术家的良知，对战争进行了反思，让我们也做一个他那样幸福的人，为人道主义和人类的进步理想而斗争，让我们远离战争，永保和平。

本课拓展

德军剩下来的东西

哈巴特·霍利

战争结束了。他回到了从德军手里夺回来的故乡。他匆匆忙忙地在路灯昏黄的街上走着。一个女人捉住他的手，用吃醉了酒似的口气和他讲：“到哪儿去？是不是上我那里？”

他笑笑，说：“不。不上你那里——我找我的情人。”他回看了女人一下。他们两人走到路灯下。

女人突然嚷了起来：“啊！”

他也不由抓住了女人的肩头，迎着灯光。他的手指嵌进了女人的肉里。他们的眼睛闪着光，他喊着“约安！”把女人抱起来了。

阅读小说，写一篇赏析的文章，分析战争给人造成了哪些心灵的伤害。

何妨用互文性文本围魏救赵

——《药》课堂实录

教学主张： 对于难度较大的小说，可以尝试把对单一文本解读的课堂转变为“超链型课堂”，利用教材文本的“互文性”特点，把复述式阅读、理解性阅读，演变为阐释式阅读和批判性阅读。学生找到了互文性的结构特点、文学追求，并且在与互文性文本的交互参照、交互影射中，发掘出原文本真的意义。再回过头去，一切都不一样了。

师：据说鲁迅写《药》的时候，受到了俄国作家屠格涅夫《干活的人和双手白净的人》的深刻影响。下面请同学们阅读这篇文章。

（生看文章）

干活的人和双手白净的人

（俄）屠格涅夫

[对话]

做脏活的工人：你干吗来纠缠我们？你想要什么？你不是我们的人……走开！

白手的人：我是你们的人，兄弟们！

做脏活的工人：但愿如此！我们的人！你想得真美！你就瞧瞧我这双手吧，看它们有多脏！又是大粪味儿，又是柏油味儿，可瞧你那双手，白白净净的，它们有什么味儿吗？

白手的人：（伸出自己的手）你闻。

做脏活的工人：（闻手）真奇怪！好像是一股子铁腥味儿。

白手的人：正是铁腥味，整整六年了，我手上戴着手铐。

做脏活的工人：这又是为什么？

白手的人：这是因为，我关心你们的福利，想要解放你们这些庸碌的、愚昧的人，我起来反对压迫你们的人，我造了反……人家就把我关在牢里。

做脏活的工人：关在牢里？你何苦去造反呢？

[两年后]

同一个做脏活的工人：（对另一个）彼得！……你记得吗，前年有那么一个白手的人跟我们谈过话？

另一个做脏活的工人：记得呀……怎么？

第一个做脏活的工人：你听着，今天要把他绞死呢，命令下来了。

第二个做脏活的工人：他还造反？

第一个做脏活的工人：还造反。

第二个做脏活的工人：啊……我说，是这么回事儿，米特莱兄弟，我们能不能把那根绳子搞到手，就是绞死他的那根；人家说，这玩意儿能给家里带来大大的好运呢！

第一个做脏活的工人：你说得对，应该搞到手，彼得兄弟。

师：下面请同学们随便谈谈，你对这篇文章中的“做脏活的人”和“双手白净的人”怎么看？

生：双手白净的人，是一个革命者。

师：请你用文中的语句具体说说，好吗？

生：因为他对“做脏活的人”说，“我是你们的人”，称他们为“兄弟们”；而且为了“做脏活人”的福利，解放这些“做脏活的人”，而造了反。

师：好的，“做脏活的人”是些什么人？他们有何特点？

生：“做脏活的人”是底层民众，他们特点是“庸碌、愚昧”，对革命不理解。

师：除了对革命不理解，他们还做了些什么？你如何评价他们这些行为？

生：他们还要想方设法地弄到那根绞死“双手白净的人”的绳子，因为那根绳子据说能给他们带来好运。

师：“做脏活的人”他们这样做的原因有哪些？谁来说说？

生：一方面是因为他们愚昧、迷信，另一方面是因为他们麻木，以为革命者的死能给他们带来好处。

师：请你站在革命者的立场上，你觉得他们泉下有知，会有什么样的感触？

生：我觉得革命者泉下有知，会感到很悲哀。

师：为什么是悲哀，而不是悲壮？

生：因为革命者进行革命，本来就有死的打算，为革命而死，死得其所，他们可以无所畏惧。可是革命者为了民众的解放而死，民众不仅不理解，反而幸灾乐祸地要从中谋取一根绞绳。这就使得革命者感到悲哀，甚至死不瞑目。

师：鲁迅说，悲剧是把人生有价值的东西毁灭给人看。这就是一个典型的悲剧。革命者为民众死了，愚昧的民众反而以为这个牺牲可以享用，这正是革命者的悲哀之所在。如果要拍一部电影，你觉得最重要的道具是什么？

生（齐声）：绳子。

师：说得好！这根绳子给同学们留下了深刻印象。下面我还将给同学们补充一个例证，也是一个跟绳子有关的故事。这就是台湾经典影片《五个女人和一根绳子》，请看大屏幕。

剧情概述：

许久许久以前，中国女人的社会地位极低，嫁不嫁人由不得自己决定，吃饭不能上桌，白天由着丈夫打，晚上由着丈夫欺，万一与别的男人偷情，还必须面临被活埋的命运。于是，在未出嫁的女孩子心中，都存在一个愿望——逛花园（到天堂里去），在“花园”里，女孩子们吃得好，穿得好，活得好，生孩子不痛苦，不喜欢的男人可以不要，女人的地位远远高于男人。于是，五个情同姐妹的女子，就这么约定了！这个电影讲的便是五个相约去“逛花园”的女子身上发生的事。

（播放《五个女人和一根绳子》的片段）

师：五个女人相约到山上废弃的仓库里去自杀，清清的泉水，从她们脚上流过；碧绿的田野，远远地舒展开去，野花像生命一样蓬勃着清香；悠悠的云，倒映在水田里，鸟儿在自由地歌唱——然而这五个少女却要去结束自己如花的生命。在去自杀的途中，她们遇见了一个同村的弱智人，原来他一直偷偷地爱着她们中的一个，他哭着阻止她们。她们中的大姐，把他带了出去，为他擦干眼泪，然后深深地吻了他，跟他说，“乖，回去喊人来”。

影片的最后，最为惊心动魄。大姐的妈妈听说女儿自杀了，很恼火，也很淡漠，开始决定不闻不问。后来，她猛然想起了她们自杀可能用的是自己家的绳子，这才把饭倒进锅里，急匆匆地向山上跑去……

师：我知道看过之后，同学们一定很有感触，谁先发表一下自己的观点？

生：我觉得最后的那个弱智人，设置得很巧妙。

师：巧妙在什么地方？能和我们说说吗？

生：真正欣赏女孩子美的，不是所谓的健康人，而是一个傻子。这就是那个时代的荒谬性。

生：绳子也是一个重要的道具，不仅是女孩们死的凭借，还是女孩们死后的参照，她们的青春和价值竟然不值一根绳子！

师：能比较一下这两根“绳子”吗？

生：好的，其实这两部作品非常相似。五个女孩认识到女性的悲剧，她们相约去自杀。因为就那个时代而言，“花园”只有在天上。在某种程度上，这五个女人是勇敢的先驱者，她们不自觉地用生命控诉这个社会的不平等。然而，愚昧的亲人不思考生命的陨落，却记挂着那根绳子。

师：也就是说，这五个女孩泉下有知，肯定也十分悲哀。下面，哪个同学来总结一下。

生：这两部作品主要都揭示了民众的愚昧和先驱者的悲哀。

师：一部伟大的作品除了有一个深刻的主题，还要有巧妙的构思，才能意到笔随、意蕴隽永。下面我们休息一下，听听刘欢一首动听的歌。

（播放《草帽歌》）

妈妈你可曾记得
你送给我那草帽
很久以前失落了
它飘向浓雾的山坳

耶哎妈妈那顶草帽
它在何方你可知道
掉落在那山坳
它就像你的心儿
我再也得不到

忽然间狂风呼啸
夺去我的草帽耶哎
高高卷走了草帽啊
飘向那天外云霄

妈妈只有那草帽
是我珍爱的无价之宝

但我们已经失去
没有人再能找到
就像是你给我的生命
失去了找不到

忽然间狂风呼啸
夺去我的草帽耶哎
高高卷走了草帽啊
飘向那天外云霄

妈妈只有那草帽
是我珍爱的无价之宝
但我们已经失去
没有人再能找到
就像是你给我的生命
就像是你给我的生命

师：同学们都沉迷在这优美的乐曲中了，其实这个插曲的故事要远远比这首乐曲更能打动人。这就是日本最经典的电影《人证》，它在整个20世纪都闪烁着耀眼的光芒。

（大屏幕投影剧情介绍）

贫女八杉恭子为了谋生与美国黑人大兵威尔夏同居，生下黑孩子焦尼。后来威尔夏带焦尼回到美国。十几年之后，儿子焦尼思念母亲，万里寻母。然而，此时的八杉恭子，已成了著名的时装设计师，而且是市议会的议员。为了保护自己来之不易的荣誉和地位，八杉恭子残忍地将焦尼杀死了。当八杉恭子正在服装设计授奖大会上获得大奖时，警察到会场逮捕凶手。八杉恭子仓皇出逃，怀着难以克制的痛苦和复杂的感情，她来到焦尼死去的断崖前自杀。

师：在整部电影里，让人永远忘不了的是那顶草帽。焦尼为了寻找母爱，带着母亲当年留下的草帽，来到日本。在这个可怜的黑人孩子千辛万苦找到自己的母亲之后，母亲却早已不是过去的妈妈了。身居高位的母亲为了掩盖那段不光彩的历史，把儿子引到了过去母子玩闹的断崖旁，趁焦尼和自己动情拥抱时，把匕首捅进了儿子的胸膛。沉浸在幸福里的焦尼，满身是血，他不知道为什么亲爱的妈妈不要他了。当焦尼听到母亲丑恶的表白时，他含着热泪原谅了亲爱的妈妈，并且把匕首深深地扎进了自己的心脏。然后，那顶草帽随风——飘进了断崖。经典的《草帽歌》也随之而起，把悲剧推向高潮。

师：刚才给同学们介绍了日本电影《人证》，经典的《草帽歌》也听了。现在，谁来和我们聊聊剧中的“草帽”？

生：我觉得“草帽”是《人证》中最动人心弦的地方，可以说，没有“草帽”，就没有《人证》的巨大成功。

师：哪个同学说得更具体一点，比如，“草帽”在作品结构上所起的作用。

生：草帽作为一条线索贯穿了整部作品，而且具有深刻的象征意义。它不仅是焦尼贫穷时生活的见证，而且“草帽”上还有纯真、亲情，还有很多质朴的东西，所以是焦尼的无价之宝。结尾，当焦尼把匕首补进自己的胸膛时，那顶草帽随风而逝，是不是也在象征着一种美好的失去，一种价值的失落和不在？

师：说得好！这种用某种事物作为全文的线索的方法，叫做“物线”法，而且这种“物”由于染上了浓烈的情感，还常常成为作品的动情点、意蕴点，具有很深刻的象征意义。“草帽”作为寻常物象，正是因为成为了情感的载体，所以具有激动人心的力量。

为了帮助同学们深入解读这种手法，我找到了青年作家余述平的《为什么把草帽戴在我的头上》，请同学们赏读他的构思。

（教师叙述）

师：故事大致是这样的：有两个无耻的男女，他们偷偷地去约会。来到了城外一个大山深处。在两座大山之间，是一条湍急的河流，河上是一座铁桥。正当他们拥抱的时候，突然远处传来了咳嗽声，像野狼在嚎叫。一个黑影一会儿站起来，一会儿又蹲下去。开始他们很害怕，女人说，我们还是回吧！男人忍住害怕，要在女人面前显示英雄本色，说，我们偏偏不回去，看他闹出什么花样。

后来，一块大石头投进了他们面前的河里，他们吃了一惊，但是铁了心，就是不离开。再后来，感觉有东西向他们移了过来，到了他们面前，似乎还停了下来，大声咳嗽，两个人吓得半死，紧紧地搂在一处。就这样这个人来来回回地走了很多趟，到最后，突然把一顶草帽戴到了男主人公的头上。正当男主人公生气的时候，那个疯老人给他们讲述了一个美丽动人的故事。故事与这顶草帽有关。

那是一个荒谬的时代，老人那时很年轻，也和他们一样为爱痴狂，老人和一个美丽的姑娘相爱了，可是造反派的头头看中了她，最后，为了自己一家人的性命，姑娘不得已嫁给了造反派头头。可是爱情的火焰不但没有熄灭，反而熊熊燃烧，他们约会的地点就是这个地方，当时这里还是一个破旧不堪的木桥——风雨飘摇的木桥。为了掩人耳目，每次约会的时候，他们都要戴着一顶草帽。有一次他们在桥上约会，那天的雨下得很大，正当老人如痴如醉的时候，突然手中一空，女孩脚下的木板断了，老人的手里只抓住一顶草帽。什么叫撕心裂肺？什么叫万念俱灰？老人都体会到了。为了赎罪，老人去找造反派头头，陈述了一切，结果被打断了腿，判了二十多年劳改。

出来以后，老人每天都守护在这里，可是这里的一切都变化了，木桥变成了铁桥，人们自由地恋爱，随意地亲热，老人真心为他们祝福。但不久之后，老人发现事情并不那么简单，因为很多人不是真爱，而是到这里来寻求刺激，有的还做肮脏的交易。于是，老人发怒了，这一块爱情的圣地，他不容许任何人践踏，于是，老人装神弄鬼，把那些心怀鬼胎的人赶走。一晃又是将近二十年过去了，但就在昨天，老人做了一个梦，女友悠悠地说，为了我也够你受的了，你不要再到河边去，不要再吓唬那些年轻人了。老人听了她的话，决定把这顶草帽送给一对最纯洁相爱的人，祝愿他们美好的爱情，让他们继续守卫着这一块爱情的圣地……

师：好，故事的主体构思就是这样，下面请同学们小组交流一下，等会请同学们谈谈自己的认识。

（学生们认真热烈地讨论交流）

师：好吧，下面哪个同学先来谈谈？

生：我觉得这篇小说写得很好。木桥和铁桥形成鲜明的对照。木桥时代的爱情和铁桥时代的爱情形成强烈的反差，随着物质生活的极大提高，伴随的却是美好情感、真挚爱情的消亡。而美好的爱情都消亡了，现代人还剩下什么？

师：这个反问非常有力，刚才他谈了木桥和铁桥这两个意象，现在谁来谈谈文章标题中的草帽？

生：我觉得这里的草帽，和《人证》中的草帽十分相似，作为老人爱情的保护物，作为全文的一条主线，它见证了木桥时代和铁桥时代的爱情。最后，象征着纯洁、高尚、执著的草帽，却戴在了一对最厚颜无耻的人的头上，又具有强烈的反讽意味，深化了作品的主题。

师：同学们认识得很到位，下面我们把这两篇作品从构思方面总结一下，谁先来？

生：两顶草帽的作用，可以从这几个方面来看：第一，概括情节，它贯穿全文，串联起故事情节；第二，草帽还具有象征意义，意蕴丰富，启人深思；第三，草帽作为全篇的动情点、着力点、细节点，给作品笼上了巨大魅力。

生：我觉得草帽在作品中，还有连接线索的作用，通过草帽把木桥时代和铁桥时代两条线联系起来；通过草帽把焦尼和他母亲两条线联系起来。然后，聚焦在“草帽”上，揭示作品重大的主题。

师：通过同学们的努力，这节课我们展开了和中外文明的经典对话，阅读就要有这种视野，这种眼光，这种境界。唯有高起点，才有大收获。当然，阅读中的融会贯通、参照阅读是小说阅读的不二法门。为了验证我们的阅读成果，下面，我们共同探究鲁迅的作品《药》。

师：同学们，先从大处着眼。关于《药》的主题，课后列举了很多，你们怎么看？

生：我的观点很清楚，那就是表达“群众的愚昧和革命者的悲哀”。从鲁迅的创作意图，到鲁迅在朋友面前的直接阐释，都可以作为证明。

师：还有不同观点吗？我希望百花齐放。

（没有学生有不同观点）

师：同学们都倾向于这个观点，那么，具体来说，革命者的悲哀是什么？

生：刑场上麻木不仁的看客。

生：茶客的不理解，甚至幸灾乐祸。

生：华老栓买人血馒头，革命者为民众洒下的鲜血，成了民众治病的药引。

生：“伯父”的出卖和“母亲”的羞愧。

师：刚才同学们说文章的主题是“群众的愚昧和革命者的悲哀”，谁来说说，老师为什么没有让同学们直接找出群众的愚昧？

生：因为从某种程度上来说，群众的愚昧就是革命者的悲哀，或者说，是因为群众愚昧而导致革命者的悲哀。

师：建议同学们为她鼓掌，因为刚才她的回答，就是当年鲁迅对自己作品的阐释。

（学生热烈地鼓掌）

师："药"即人血馒头在构思上的作用，谁来说一说？

生：第一是概括情节。从华家的角度来看，情节是"老栓买药——小栓吃药——茶客谈药——（华大妈上坟）吃药结果"。从夏家的角度，情节就是"夏瑜牺牲——夏瑜血被吃——茶客谈夏瑜——夏四奶奶上坟"。

生："药"的第二个作用是"连接线索"。华家是明线，夏家是暗线，这两条线索，即华家和夏家的悲剧是通过"药"，也就是人血馒头联系在一起的。

师：好，我来插一句话，为什么作者把华家作为明线，而把夏家作为暗线来安排？

生：因为作者重点是要写群众的愚昧，而且前面说了，革命者的悲哀是因群众的愚昧而来；还有鲁迅的创作，甚至鲁迅弃医从文的根本原因，就是要唤醒民众。鲁迅说"我的第一要义是要改变他们的精神"。改变什么精神？我以为就是要唤醒愚昧的民众。

师：说得很好，同学们能够联系到过去的《〈呐喊〉自序》，老师很高兴。"药"作为文章标题，还有什么妙处？谁来说一说？

生：还能揭示主题。落后麻木的群众享用革命者的鲜血，不是医治病苦的良药，而革命者脱离群众、为民众不解的革命，也不是疗救华夏的良药。

师：那么，解救中国的良药究竟在哪里？谁来谈谈？

生：只有团结民众，唤醒民众，只有党的领导，才能取得革命的真正胜利。

生：我觉得先生并没有告诉我们道路怎么走。因为先生主要的创作目的还是"揭示病苦，以引起疗救的注意"。

师：同学们，你们的看法呢？

生：我比较倾向后一种观点，作者未必然，读者未必不然。可能第一种观点仅仅是我们读者的感受。

师：我也比较同意后一个同学的观点，就是当我们分析任何一个问题时，一定要知人论世，切不可架空分析；特别是要结合当时的背景，把握作者的创作意图；同时，还要大胆地参照各类经典作品，融会贯通，以此达到对作品主题的精确理解。在"物线"的采用上，要有意识地把诗歌的意象融入其中，使文章脉络清晰，意味隽永，主题深化。记住，不是棰的敲打，而是水的轻歌曼舞使鹅卵石获得了完美！感谢鲁迅，感谢《药》，也感谢同学们的精彩参与！

散文篇

用鱼骨法梳理文本

——《寒风吹彻》课堂实录

教学主张：结构主义告诉我们，世界不是由物组成的，而是由物与物之间的关系组成的。任何事物都不能够孤立存在，总和其他的事物发生这样或那样的联系。因此，抓住文本中人、事、物之间的联系，用鱼骨法梳理文本，设计教学活动，常常能够纲举目张，提要钩玄。

一、导入文本

师：他的出现是当代中国文坛的一个奇迹。更为神奇的是，他的出现一改几千年来中国文人相轻的陋习。无数的大作家，都争先恐后地称赞他。

幻灯片展示：

李锐先生认为他“获得了与天地万物的深情独处、对自己内心自由高远的开阔舒展”的体验。

林贤治先生说他“活得太久了。才过而立之年，却经历了中国农村几千年的世事沧桑。多少庄稼人、牲畜、田野、小麦和树木，在他的眼中化入化出，生死衰荣”。

李陀则说：“他能把文字放到清亮透明的小河里淘洗一番，洗得每个字都干干净净。但洗尽铅华的文字里又有一种厚重，捧在手里掂一掂，每个字都重得要脱手。”

而他自己却这样说：“有时候我都觉得自己用了那么漫长的岁月，去经历的那么一点点东西，怎么忍心写出来，写出一句话都觉得心疼。”

师：他珍惜自己的文字，他用生命写作，用审慎的态度和灵魂写作。比如他写《先父》。

幻灯片展示：

他说：“我好些年前就想为父亲写一篇东西，一直没写。一直在等待。写作就是这样一场等待。从 30 岁，等到 40 岁，等到 42 岁，那些文字终于到来了。”

师：他就是 20 世纪最后的一个散文家——刘亮程。而我们今天要学习的《寒风吹彻》，就是他等候了 20 多年之后才姗姗而来的一部伟大作品。

二、梳理文本

师：对于复杂的文本，有一种很好的梳理办法，叫做“鱼骨图分析法”。

幻灯片展示：

鱼骨图分析法是由日本管理大师石川馨先生所发展出来的，又名石川法。它是一种发现问题“根本原因”的分析法。

这种分析法来源于一种假想。问题的特性总是会受到一些因素的影响，当我们找出这些因素，就能按照它们的相互关联性整理出一种特性要因图。因其图形状如鱼骨，所以又叫鱼骨图。它是一种透过现象看本质的分析方法。

鱼骨图的鱼头和鱼尾总是有所呼应的，其余的则由鱼骨组成，鱼骨即为特性要因。

师：下面，我们不妨师生合作梳理《寒风吹彻》的鱼骨图。

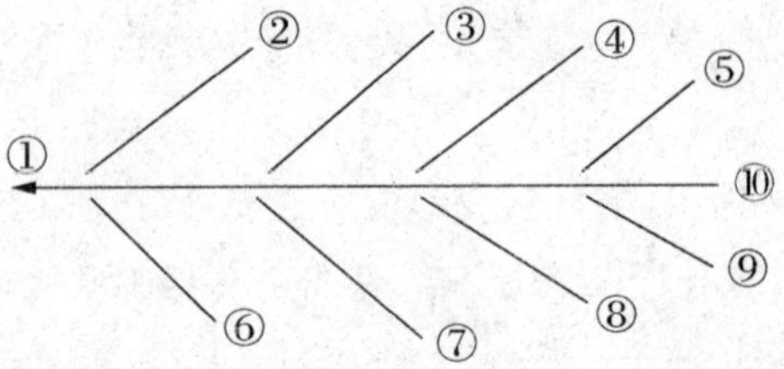

师：看上图，①是鱼头，“鱼头”是文章的重要描写对象，可以看成是“寒风”。根据首尾呼应的结果，⑩则是“吹彻”。那么，整个文章无非就是写“寒风吹彻”，以及因“寒风吹彻”所产生的生命感悟。

那么，我们就可以发问，寒风吹彻了“谁”?

生：②可以看成是“我”，寒风吹彻了“我”。

生：③可以看成是“路人”，寒风吹彻了“路人”。

生：④可以看成是“姑妈”，寒风吹彻了“姑妈”。

生：⑤可以看成是“母亲”，寒风吹彻了“母亲”。

师：界定得非常清楚。这些就是散文中的形象，也就是作者在第二段中所说的“人和事情”：

“许久以后我还记起我在这样的一个雪天，围抱火炉，吃咸菜啃馍馍想着一些人和事情，想得深远而入神。”

师：鱼骨的上半方，我们解决了“寒风”的问题，下半方要解决的就是“吹彻”的问题。那首先要解决怎么理解“吹彻”的“彻”的问题。

生：我觉得是“彻骨”。

师：你侧重从人的感受角度。

生：我觉得可以理解为“彻底”。

师：你从寒风的角度。彻底，不仅指范围，也指程度。

生：我把它理解为“透彻”，所谓透彻，就是在寒风面前，一切都无处遁身，寒风无所不至。

师：嗯，也是从寒风的角度，有拟人的色彩，也算一家之言。

这时候，我们就不妨梳理，“寒风吹彻”了“谁”？“寒风吹彻”了“我”、“路人”、“姑妈”和“母亲”。再往下追问：寒风吹得他们怎么样？寒风吹得他们彻底、透彻、彻骨，让他们无处藏身。下面我们把“彻”具体化，即把⑥⑦⑧⑨具体化，注意与鱼骨上面对应，注意句式的照应。

生：⑥寒风吹彻了“我”，使得我的一块骨头被彻底冻坏。

生：⑦寒风吹彻了“路人”，使得这个为生计奔波的路人活活冻死。

生：⑧寒风吹彻了“姑妈”，使得姑妈终于没有等到春天。

生：⑨寒风吹彻了“母亲”，使得母亲双鬓斑白，透心寒冷。

师：同学们看看句式，漂亮不漂亮？

生：漂亮。

师：告诉你们，这不仅是同学们的锤炼，本质上，还是作者构思的精致。当然，我们所说的，只是鱼骨图分析法中的一条途径，并非只有唯一的一种。当我们换一个新的视角，那么又会有新的因素互相编织，伟大的作品都具备这样的特质。

三、探究文本

师：刚才的鱼骨图，只是初步梳理文章的框架。深入探究，还需要敲骨吸髓。请结合文本，探究“鱼头”——“寒风”，“鱼尾”——“吹彻”有哪些深刻的内涵？先看鱼头——“寒风”。

生：寒风，就是“冷”，我在文章中找出了与寒风有关的词语是：大雪、冷飕飕的、冬天、冰手、寒冷、很冷、冷漠、阴冷、腿冻坏、冰窟窿、浑身是冰、冻僵、弄冷、结满冰霜、寒气、冻硬、寒冷的心境、平淡、透心寒冷……

师：嗯，基本上被你一网打尽了。你有没有发现，你所列出的这些词的类别不一样？

生：发现了，两个层面，有的是身体的冷，有的是心理的冷和苍凉。

师：学会辨析层次和角度，是非常重要的语文素养。（继续追问）仅仅这些和寒风有关吗？

生：明白了，与寒风有关的还有：火炉、棉袄、热茶、太阳、春天、孝心和温暖。这些词语作为对抗“寒风”的存在物，也与寒风密切相关。

师：不错，请同学们对这些词语认真分类，或许能从不同的侧面揭示

“寒风”的丰富内涵，最好能举文本中的句子说明。

生：实指北方自然环境的寒冷恶劣，这是自然的冬天。比如：“那是我多年前冻坏的一根骨头，我再不能像捡一根牛骨头一样，把它捡回到火炉旁烤热。它永远地冻坏在那段天亮前的雪路上了。”

生：虚指人生旅途中的贫困磨难，这是心境的冬天。比如：“他的烂了几个洞、棉花露在外面的旧棉衣？底磨得快透了一边帮已经脱落的那双鞋？还有他的比多少个冬天加起来还要寒冷的心境……”

生：指因生活的困苦而产生的亲情的冷漠，这是人情的冬天。比如：“父亲一见就问我：‘怎么拉了这点柴，不够两天烧的。’我没吭声，也没向家里说腿冻坏的事。”母亲在那段路上告诉我姑妈去世的事。她说：“你姑妈死掉了。”“母亲说得那么平淡，像在说一件跟死亡无关的事情。”

生：还指面对生老病死人的脆弱和无奈，这是生命的冬天。比如：“许多年后有一股寒风，从我自以为火热温暖的从未被寒冷浸入的内心深处阵阵袭来时，我才发现穿再厚的棉衣也没用了。生命本身有一个冬天，它已经来临。”

师：不妨认真探究这些分层之间的逻辑关系，可以触摸到作者构思的匠心。

生：从自然的冬天寒冷，身体寒冷，再到心理的寒冷，心境的寒冷，是一层递进；再到因自然贫穷寒冷、心境寒冷而产生的亲情淡漠冷漠，又是一层递进；最后，人的生命冬天，则是所有人最后的归宿。

师：生命的冬天，是最后的归宿，也就是小时候看电影的时候，最后的两个字“剧终”。鲁迅在《阿Q正传》中把它写成是“大团圆”。

在这个大团圆中，有着作者彻骨的凄凉。每个人都被寒风吹彻，因为这些“寒风”的侵袭：“棉袄”和“火炉”不能烤热我那一天冻坏的那一块骨头；“热茶”也温暖不了那一个注定要为生计奔波的路人；姑妈的“太阳和春天”终于没有等到，或许姑妈等的并非是自然的“太阳和春天”，还有就算姑妈等到了“春天”，那又怎么样？下一个冬天姑妈照旧会被寒风吹彻；子女的“孝心和温暖”照样不能融化母亲满头的白雪。母亲注定要一个人面对生命的冬天。

继续研究鱼尾——“吹彻”，它的含义也极其丰富，注意角度和层次。

生：空间上，“但我知道雪在落，漫天地落。落在房顶和柴垛上，落在扫干净的院子里，落在远远近近的路上。”

师：每一个地方都在落雪，每一个角落都被寒风吹遍，我们无法逃避。就像作者“没顾上割回来的一地葵花秆，将在大雪中站一个冬天”，所不同的是，我们是要站一辈子。

生：时间上：“我才渐渐明白自己再躲不过雪，无论我蜷缩在屋子里，还是远在冬天的另一个地方，纷纷扬扬的雪，都会落在我正经历的一段岁月里。”

师：人的一生，每个阶段都将被“寒风吹彻”，作者说他过去被“寒风吹彻”，现在被“寒风吹彻”，预示自己余下的岁月也将被“寒风吹彻”。

生：程度上：“我腿上的一块骨头却生疼起来，是我从未体验过的一种疼，像一根根针刺在骨头上又狠命往骨髓里钻。”“当他坐在我的火炉旁时，炉火须臾间变得苍白。”“我想他的话肯定全冻硬了。”“他彻底地冻僵了。”

师：寒风吹得人痛彻骨髓，寒风使得炉火变得苍白，寒风冻硬了人的话，寒风冻僵了人。这是从程度上对“吹彻”的具体化。

生：广度上：“雪越下越大。天彻底黑透了。我围抱着火炉，烤热漫长一生的一个时刻。我知道这一时刻之外，我其余的岁月，我的亲人们的岁月，远在屋外的大雪中，被寒风吹彻。”

师：从“我”扩展开去，不仅是“我”，所有的人将被寒风吹彻。这是人生而为人的一种宿命。

四、追究主旨

师：主旨所在，往往是作者的纠结所在，情感的聚焦所在，常常出现在高频率句和反常的句子中。下面我们来寻找反常的地方。

幻灯片展示：

反常一：“冬天，有多少人放下一年的事情，像我一样用自己那只冰手，从头到尾地抚摸自己的一生。”作者只有30岁，怎么可能在冬天用自己的手抚摸自己的一生？

师：对啊，作者只有30岁，何以能够抚摸自己的一生？

生：可以抚摸过去，文章写了十四岁出门打柴的“我”，还有“每逢第一场雪，都会怀着莫名的兴奋，站在屋檐下观看好一阵，或光着头钻进大雪中，好像有意要让雪知道世上有我这样一个人”的幼小的“我”。这是对过去的

"我"的追念。

生：第二个是抚摸现在的"我"。如果说抚摸过去的"我"，是追忆。抚摸现在的"我"，就是体悟。30 岁的"我"，现在的"我"，已经不再注意"雪落在那些年雪落过的地方……"而更加关注"比落雪更重要的开始降临到生活中"的事情。我已经习惯了自然界的冬天，我还认识到人生中也有冬天。我虽人到中年，可我分明感到生命的冬天已经悄然来临，我必须要储备好温暖来对付生命的冬天。这就是更重要的事情。

师：过去、现在冬天的我，都抚摸了。将来的冬天看不见，怎么能够抚摸？

生：也许在其他人身上，看见了自己的影子吧。

师：他人就是我的镜像，对吧。作者在《冯四》中这样写道："一个人一出世，他的全部未来便明明白白摆在村里。当你十五岁或二十岁的时候，那些三十岁、五十岁、七十岁的人便展示了你的全部未来；而当你八十岁时，那些四十岁、二十岁、十七岁的人们又演绎着你的全部过去。你不可能活出另一种样子——比他们更好或更差劲。"

那么，母亲现在的苍老憔悴，姑妈的等不到春天，她们的今天就是"我"的明天。"我"逃也逃不掉。甚至"我"也可能如同那个路人，在将来的生命的旅途中猝然跌倒，再也不能爬起来。

就是说，作者早已抚摸并预言未来："每个人都在自己的生命中，孤独地过冬。我们帮不了谁。"

曾经在访谈中，有个女孩子问刘亮程："读着您的《一个人的村庄》，心里老有个强烈的愿望。如果我是和您同村的一个小女孩，能够和您共同读遍村庄的角角落落，让太阳把我们一起晒老，该多好。不过，那就不是一个人的村庄了。"

刘亮程的回答是："和我同村同龄的好多小女孩，都和我一起被太阳晒老了。村庄还是一个人的。人的孤独是不被拯救的。在我们的内心中，每个人都孤单地活了一生。《一个人的村庄》是一个人为了挣脱孤单而无限敞开的内心。"

幻灯片展示：

反常二：我渴望寒冷被别人分担一点："那种夜晚天再冷也不觉得。因为寒风在吹好几个人，同村的、邻村的、认识和不认识的好几架牛车在这条夜路上抵挡着寒冷。而这次，一野的寒风吹着我一个人。似乎寒冷把其他一切都收拾掉了，现在全部地对付我。”姑妈渴望春天到来，哪怕她不能分享：“尽管春天来了她没有一片要抽芽的叶子，没有半瓣要开放的花朵。春天只是来到大地上，来到别人的生命中。但她还是渴望春天，她害怕寒冷。”这两者是否矛盾？

生：应该不矛盾。我渴望寒冷被人分担一些。这是荒诞的。寒冷，并不会因为别人分担了，就会减少。姑妈渴望春天到来，哪怕她不能分享。这也是荒谬的。既然春天到来，姑妈就能享受春天，谁也不能自己活在春天里，而把姑妈排除在外。

师：两个荒诞的想法，作者想要表达什么，他的深刻内涵是什么？

生：我觉得这是无理而妙。两个荒诞的想法，无理可说，但好就好在都突出了人物彻骨的孤独。所有的人都注定要一个人面对寒风吹彻的痛苦和无奈，这应该就是刘亮程对生命的彻悟。

幻灯片展示：

反常三：刘亮程是一个温暖的作家，为什么要写这种寒冷的文字？他意欲何为？

生：这应该是刘亮程在一个寒冷的地方，多年来他对生命的独特感悟。

生：他写这些寒冷的文字，只是他觉得寒冷，他就写下来了。我手写我心，并没有太多的意味。

生：我看过对刘亮程的一个访谈，他对自己的这篇作品入选教材，是持反对意见的，认为让孩子们感到消极。证明了这是刘亮程写给自己的文字。

师：有意思了。中国人写诗，写文，都有一个假想的阅读者。有的人是写给朋友的，比如诗歌中随处可见的《赠友人》；有的是写给领导看的，比如《资治通鉴》；还有的是写给后世人看的，比如司马迁的《史记》；还有的是写给自己看的。刘亮程这篇就是写给自己看的，是自己多年来对生命的体悟。但马上就有一个问题产生了，写给自己看，为什么写了四个人？

生：这四个人都是精心挑选出来的。一个是路人，其他的是我和姑妈，还有母亲，即亲人。路人、姑妈、母亲，既是按照关系的亲疏；从寒风吹彻上，又是按照程度递进。从自然贫穷，再到亲情淡薄，再到生命的严冬。

师：其实，在人生的路途之上，我们也只有两种人，一种是亲人，还有一种是路人，但从本质上来说，亲人也是我们的路人。

在生命的冬季到来之时，每个人都孤独地在路上，至亲的人也无法帮助我们，我们只能独自面对。棉袄再厚，也不能御寒；炉火再旺，也显得苍白；热茶再热，也无法持久；春天来了，照样会走；就算儿孙满堂，子女孝敬，该衰老的还是要衰老，该飘零的还是要飘零。自己生命的冬天，还是要自己一个人面对。

生：这就是刘亮程的哲学。每个人都被抛在这个路上，所有的痛苦都需要我们一个人承担。

师：说得好，刘亮程的哲学是存在主义哲学。每个人都是独立的存在，我们需要积攒温暖，不仅是为了资助爱人，也是为了资助自己。比寒冷贫穷更可怕的是人的自私与冷漠，比自然之冬更严酷的是精神之冬和生命之冬。

五、课堂总结

师：《寒风吹彻》是一篇极富张力的散文，也是一篇独具审美体验的散文。作者在寒冷的冬天，在光线暗淡的屋内围抱火炉，散漫地回想一些人和事，传递了关于生命的抽象体验。文章反复在双重含义上使用“雪”、“冬天”和“寒冷”这些字眼，既是对真实情境的描绘，也蕴涵了作者对生命孤独、冷漠、脆弱、绝望的哀鸣。面对这样的困顿与孤独无助，也许我们需要一点温暖，只是，这温暖必须来自我们自己。任何人都走不出生命的冬天，任何人的双脚都将踏踏实实地走向虚无之途，但每个人都可以走出精神的冬天！

读者可以让文本更进一步

——《今生今世的证据》课堂实录

教学主张：作品诞生，作家就死了。阅读是读者的事情，读者可以在文本中写入自己的观点，把“只读性文本”转变为“可写性文本”。一切阅读史都是误读史，读者完全可以让文本更进一步。

一、课堂导入

关于刘亮程，我比较喜欢林贤治在《五十年：散文与自由的一种观察》中对他作出的评价："刘亮程是中国20世纪的最后一位散文家……他的作品，阳光充沛，令人想起高更笔下的塔希提岛，但是又没有那种原始的浪漫情调，在那里夹杂地生长着的，是一种困苦，一种危机，一种天命中的无助，快乐和幸福。"

应该说，刘亮程的散文离不开他的村庄，他的成功更离不开故乡和村庄，那么，故乡和村庄对他而言，意味着什么？

在《对一个村庄的认识》中，刘亮程认为："故乡对中国汉民族来说具有特殊意义。我们没有宗教，故乡便成为心灵最后的归宿。从古到今，回乡一直是中国人心灵史上的一大风景。"

在《村庄的事情》中，他又说："我有时觉得自己是一个生活在时间之外的人，看着一个村庄、一代人一代人在流逝，我就站在时光之处看着他们。故乡对于我，它不仅是个出生地，还是一个人的生存和精神居所。"今天，我们一起走进刘亮程的精神居所，走进刘亮程的心灵史上的回乡，走进《今生今世的证据》。

二、脉络梳理

师：同学们来说说读完文章之后的初步印象。

生：觉得非常美，美好到极致。

生：觉得很奇怪，很多句子，让人感觉到别致，但又无法理解。

生：感到作者骨子里的苍凉。

生：很难，把握不住作者。包括他的语言和思想，都把握不住。

师：嗯，看来这篇文章的难度很大。但文章读不懂，我认为是有原因的。很多时候，是因为我们没有从文章整体出发，没有把握住文章的脉络。因此，整体把握，读出文章脉络，是读懂文章的关键。那么，这篇文章的脉络是什么？

生：我觉得先从标题中来。《今生今世的证据》，先肯定得谈证据，找到文章中的关键句是："这些都是我今生今世的证据啊。"

师：嗯，这句找得好，它是一个总结句，又能紧扣证据。我们接着就可以发问，为什么要寻找这些证据呢？

生：这样的发问，有助于我们找出第二个脉络句："我走的时候，我还不知道曾经的生活有一天，会需要证明。”

师：原来，证据可以证明我曾经存在过。人如同其他事物一样，自己并不能证明自己，需要外在对象来证明自己。人的生活需要物来证明，物又因为人才具有意义，这非常有意思。

我们还可以继续发问，“曾经的生活”，外在的痕迹可以证明。那么，外在的物，能够证明人的一切吗？

生：人毕竟是丰富的，于是，就有了下一个层次。“即使有它们，一个人内心的生存谁又能见证？”

师：就是说，我们肉体的存在，能够被证明，我们精神的存在，我们内心的生存，谁能够见证？这样，一步步把我们逼向无路可走的境地。

生：最后是：“当家园废失，我知道所有回家的脚步都已踏踏实实地迈上了虚无之途。”

师：现在，我们把这些关键句，合并到一起，“证据—证明—见证—虚无”，文章的脉络就出来了。文章的脉络出来了，文章想要表达什么，也就差不多清晰了。

幻灯片展示：

1. 这些都是我今生今世的证据啊。
2. 我走的时候，我还不知道曾经的生活有一天，会需要证明。
3. 即使有它们，一个人内心的生存谁又能见证？
4. 当家园废失，我知道所有回家的脚步都已踏踏实实地迈上了虚无之途。

三、细节辨析

师：脉络出来了，现在我们就抓住脉络中的关键词，深入到文本的内核中去。第一句是：这些都是我今生今世的证据啊。那么，问题就来了。我们可以这样发问：文章中列举了哪些今生今世的证据？

生：“今生今世的证据”有草、土墙、房子、大风……

生：还有破墙圈、门洞和窗口、烟道和锅头、破瓦片、泥皮、烟垢和灰、划痕、木镬和铁钉……

生：还有一只大鸟在夜晚的叫声。

生：自己亲身的一段经历，被一个瘸腿男人追赶，在村巷中仓皇地逃跑……

师：注意描写证据的角度。这些证据，有的是视觉形象，有的是听觉形象，还有自己的亲身经历，注重写自己的心理感受。那么，问题又来了。作者对这些证据的态度和情感是怎样的？从哪些地方可以看出来？

生：“我走的时候，我还不懂得怜惜曾经拥有的事物，我们随便把一堵院墙推倒，砍掉那些树，拆毁圈棚和炉灶，我们想它没用处了。”之所以不懂得怜惜，是因为它没有用了。

师：在世俗之中，东西是否珍贵，主要是从实用角度考虑的。因为“它没有用处了”，就不怜惜。这是对故乡的轻慢，现在当然是后悔。

生：我不知道告别。“我走的时候还不知道向那些熟悉的东西去告别。不知道回过头说一句：草，你要一年年地长下去啊。土墙，你站稳了，千万不能倒啊。”作者将说话的对象定在家园最细小的事物上，足见他对自己曾经不懂得珍惜家园的懊悔和自责。

师：好，采取平视视角，和家园的一草一木平等对话，把怜惜和自责表现得淋漓尽致。

生：不知道曾经的生活，有一天会需要证明。

师：不懂得怜惜，不知道告别，不知道需要证明，是三个层面。只是，现在懂得怜惜了，知道珍惜了，但证据却不在了。作者流露出了一种什么样的感情？

生：作者和各种事物对话，请求他们谅解。表达了作者对以往生活深深的眷恋、懊悔和伤感。

师：证据找不到了，所以，作者开始怀疑。怎么怀疑的？

生：“我真看见过……我真听见过……我真的沿着那条黑寂的村巷仓皇奔逃……我真的沐浴过那样恒久明亮的月光？”这些都是对过去的猜疑。现在，谁也不能说出一棵草、一根木头的全部真实。这里又有对过往生活的怀疑和虚无感。产生怀疑的原因是失去了自己生活在这里的证据。

师：这些都是作者亲身经历的事情啊，可是作者却如此怀疑，原因在于：第一，村庄已经面目全非；第二，作者对家园废失的痛心疾首。

师：如此需要证据，证据能够证明什么？

生：“证实以往的生活”。“我”真的有过一棵大榆树，有一根拴牛的榆木桩……尽管证据越来越微弱，但只要有它们，“我”便找到了回家的路。

生：证明我“在它们中间悄无声息地度过了童年、少年、青年时光”。

师：证据能否“证明我的快乐、孤独、惊恐与激动”？

生：不能。因为这些属于“内心的生存”，属于人丰富的精神世界。

师：一个人“内心的生存”，如果找不到依据，人就会产生空虚感和漂泊感。为什么很多人喜欢怀旧？因为只有人是有时间感的动物，其他的动物只是活在一个“点”上，活在现在。而人是活在“线”上或者是“面”上，人既可以回忆过去，又可以展望未来。曾经经历的物，之所以成为人怀念的对象，说穿了，人怀念的并不是物，而是附在物上自己过去的生活和生命，凝聚在时间和历史中生命的意义和价值。这其中，故乡对人具有特别的分量。否定了或忽视了这曾经之物，必然意味着对自己生命的怀疑。按照我们所说的概念对应原则，我们不妨对这两个层次梳理一下。既然有内心的生存，那么，就该有外在的生存。既然有精神，那么，就该有物质，既然有家园，那么，也就该有村庄。

生：外在的生存，物质的东西，就可以证明，比如作为物的村庄。当然，包括村庄里的一切含有物存在过的痕迹。

生：内心的生存，则需要精神上的抚慰，比如作为心灵归宿的家园。

师：这样，脉络的内涵就更清晰了。

（板书：外在的生存——物质——村庄；内心的生存——精神——家园）

最后挑战一下，文章最后一句：“当家园废失，我知道所有回家的脚步都已踏踏实实地迈上了虚无之途。”这句话有哪些潜台词？

生：当家园废失，我们就要迈上虚无之途，意味着我们决不能废失我们的家园，要珍惜呵护好自己的家园。这既是善意的提醒，也是温和的警告。

生：我看出了刘亮程的绝望。家园一定会废失，因为我们的双脚都已踏踏实实地迈上了虚无之途。不但“已经”迈上，还“踏踏实实地迈上”。

生：我看出这样的两个层面。当村庄废失，我知道肉体回家的脚步，就开始迈上了虚无之途。当家园废失，我知道所有回家的脚步都已踏踏实实地迈上了虚无之途。

师：先是村庄的沦陷，再是家园的废失。解读得非常精妙。村庄，证明了我们物质上的存在，失去了物质上的村庄，我们就会肉体漂泊；家园，证明了我们精神上的存在，失去了精神上的家园，我们就会精神流浪。当村庄和家园，也就是一个人生命的印记不复存在时，他的生命、他的历史也就成了一片虚空，他没有“根”，也就没有了寄托与归宿，没有了通向未来的方向，只能走向“虚无”。

四、难句鉴赏

师：在把握了主旨的情况下，我们来鉴赏一下本文的一些难句。要知道难句之难，往往就难在它巧妙地暗示了主旨。

幻灯片展示：

第一句："谁会看见一场一场的风吹旧墙、刮破院门，穿过一个人慢慢松开的骨缝，把所有所有的风声留在他的一生中。"

生：我觉得是夸张，恶劣环境下的风声之大，影响人一生。

生："风穿过一个人慢慢松开的骨缝"，我觉得是有意识拉长了风的时间。长年累月的风，把人吹老了，人老了，骨缝就慢慢松开了。

师：有意思，"骨缝慢慢松开"，就是一个人慢慢地长大变老。但这种松开我们是看不见的，虽然看不见，变化却是真实存在的。物和人都在变化，都有一个慢慢消亡的过程，没有办法改变。这是任何人必然走向的旅途。

幻灯片展示：

第二句："墙打好后每堵墙边都留下一个坑，墙打得越高坑便越大越深。他们也不填它，顶多在坑里栽几棵树，那些坑便一直在墙边等着，一年又一年，那时我就知道一个土坑漫长等待的是什么。"土坑漫长等待的是什么？

生：我觉得它是等待土墙回到它的坑里去。土从土坑里出来变成了墙，但随着时间的推移，土墙在慢慢地磨蚀，终有一天它不再风光，还要回归到土坑里，土坑就这样默默地等待它的回归。

师：同学们，这个土墙像不像我们人？生起于毫末，慢慢地垒起来，成长为一堵高大的墙。但终究也会被风吹松了骨缝，然后，再回到土坑里去。土坑在那里漫长地等待着。这是万物的归宿。从哪里来，还要回到哪里去。中间的这一段，既叫做寿，也叫做命。

第三个难句："它一夜一夜地已经照透墙、树木和道路，把银白的月辉渗浸到事物的背面。"月光怎么能把银白的月辉渗透到事物的背面？

生：我觉得是作者的想象。

生：我觉得是突出作者对村庄和家园的熟稔。

师：这是对村庄熟稔而产生的想象。作者对故乡太熟稔了。看到了正面，就看到了反面，正面和反面叠加在一起，一切似乎都在眼前。这既是时间无情的流逝，也是生命快速的流淌。这不仅是月光的照透，也是人的看透。物和人融合在一起了。

物会慢慢回到土坑里去，人的骨缝会慢慢松开，会被太阳晒老，被风吹旧。无论物还是人，都会踏踏实实地迈上虚无之途，而且无法救赎，这就是刘亮程最深的绝望。

五、更进一步

师：刘亮程表达出的的确是虚无的，是绝望的，他看到了人与物的有限性。但我要问一个问题。一千年之后，世上早已没有了我，自然也没有了你们，更没有了刘亮程。那么，有没有《今生今世的证据》这篇文章？

生（集体回答）：会有这篇文章的。

师：所以，你们的老师——我，觉得刘亮程的虚无是伟大的虚无。物会消失，证据会消失，村庄会消失，家园会消失，记忆会消失，拥有记忆的人有一天也会消失，连存在本身也会消失。但当刘亮程窥见美与痛，并把这种痛苦、反思、眼泪、绝望都真实流淌出来的时候，当刘亮程经历“思”，最终抵达“诗”的时候，从血管里流淌成《今生今世的证据》的时候，这种虚无反而成就了另一种永恒，这，才是刘亮程今生今世的证据。

这是这篇作品最华丽之处，最伟大之处，连刘亮程自己也没有意识到的最伟大之处。

六、总结全文

《今生今世的证据》是一篇有关故乡的散文，但是它跟一般思乡作品有明显的不同。一般作品会反复吟咏人与故乡的依恋之情，《今生今世的证据》则越过这种感情进一步追问，这种感情何以会产生，人与村庄的关系到底是什么，村庄对一个人来说意味着什么，人在家乡，人离开家乡，村庄成为家园，这其间都发生了什么事情，有什么变化深藏其中？其实，作者寻找的就是存在的意义、生命的意义。所以，他痛苦寻找的，不是“我”活在村庄的证据，而是“我”今生今世的证据。

重要的还是要知人论世

——《老王》课堂实录

时间：2011 年 8 月 26 日

地点：山东省淄博市张店七中

教学主张：散文教学，有时候可用逆向突破的方式。所谓逆向突破的方式，即抓住结尾点题的词语或句子，引导学生一下子“沉底”，然后围绕中心，反顾全文，逐渐“浮”上来。在一“沉”一“浮”之间，寻根溯源。源头的石头会改变河流的走向，知人论世，永远是探究的根底所在，本源所在。

师：同学们好。今天我们共同学习一篇很伟大的文章——杨绛的《老王》。先来明确一下文章的教学目标。第一，要能读懂杨绛的隐语；第二是把握文章的忏悔主题。难度都很大，但是，请相信我们的力量，合作的力量，一切皆有可能。

同学们已经预习过了，我提一个小问题。很多年之后，杨绛写这篇文章，她想对老王表达一种什么情感？

生：她想表达一种愧怍之情。

师：愧怍之情，你从什么地方看出来的？

生：最后一段，文章卒章显志：“那是一个幸运者对不幸者的愧怍。”

师：很好。散文常常卒章显志，能不能分析一下这一句话？

生：这句话中有三个关键词。“幸运者”指的是作者自己；“不幸者”指的是“老王”。“愧怍”就是“愧疚”。

师：很不错。对于句子的理解，我提醒一下同学们，有两大注意事项。一是注意句子用了什么样的手法，尽量把它还原。二是句子中有哪些核心词语，需要我们明确。

这就自然转入下一个话题：老王是怎么样的不幸？谁来说说。

生：老王是一个年老的车夫，生活困苦。

师：再细致一点，老王的车有什么特点？老王除了年老之外，还有什么标志性的特征？

生：嗯，老王的车非常破旧，还有老王的眼睛也不好。

生：老王居住在一个破破落落的大院子里。

师：这就对了。分析文章的时候，我们要牢牢抓住细节，认真厘清细节之间的关联，才能明了作者写作的匠心。老王的车破旧，不美观；老王又老又瞎，气力小，不安全。这就决定了他的生意不可能好。生意不好，收入就少，自然就没钱翻新车子，住处自然就破破落落。世界不是由物构成的，而是由物与物之间的关系构成的。阅读时，一定要注意逻辑上的关系。谁来说说，这是从什么层面来说老王的不幸？

生：我觉得主要是从物质层面来说的。

师：很好。老师要告诉大家一个奥秘。一旦我们确信界定了一个层面，很自然就能获得一个视角。沿着这个视角往下分析，这是破译文章的一条捷径。同学们说说看，与物质层面相对应的是什么层面？

生：与物质上的艰苦相对应的是精神上的凄苦。老王没有什么亲人，孤苦伶仃。更要命的是，他还常常遭受侮辱。他已经是一个瞎子了，还要被人们认为是干了什么坏事，才得了恶病。

师：我们再来想一想，这篇文章主要是写“我们家”和老王的交往，为什么要突出老王没有亲人，突出别人对老王的歧视呢？

生：老王没有亲人，常常遭到侮辱，饱受歧视。所以，当杨绛仅仅把他当成了一个正常人对待时，给了他一点温暖，老王就把他们当做亲人，感恩戴德，临死还要登门道谢。

师：这是精神上的凄苦，有没有了？

生：还有思想上的恐惧。文中还说老王是单干户，没有组织。所以，常常失魂落魄。

师：也就是说，组织就是老王的魂，老王的魄。只有把握了“单干户”、“组织”这些词语的时代意义，才能深刻领悟老王内心的恐惧。老王的“进不去”，我想，不仅仅是他“脑袋慢，没转过来”，而极有可能是被组织排除在外。从物质上，到精神上，再到思想上，这是老王的不能承受的不幸。于是，又转入下一层。如此不幸的老王是如何对待作者一家的？

生：老王给作者一家送冰块，送默存去医院，最后就是弥留之际送好香油和大鸡蛋。

师：概括来说，就是写老王“三送”。送冰，送医，送油和蛋。有没有发现这“三送”中，有什么不同？

生：“三送”中，情感逐渐增加。送冰只是减半收费；送医就不想收费；送油和蛋只是感恩，决不要钱。

师：嗯，回答极为出彩。还有没有了？从老王的职业上来看。

生：前两次“送”是老王作为车夫这个身份的“送”，是生意上的往来。而后一次“送”，是人情上的往来，是最后的告别。

师：最后一次还可以理解成是亲人之间的往来，是老王临终的感恩。用一句话总结一下老王，谁来试试看？

生：老王如此不幸，但又如此善良。

师：不幸的老王如此对待杨绛一家，仅仅因为老王善良吗？

生：除了老王的本性善良，还因为杨绛一家非常善良。

师：杨绛一家的善良表现在哪些方面？每个人只允许说一点，接龙说。

生：“我”照顾老王的生意，坐他的车。

生：“我”不愿减半收费，付给他应得的报酬。

生：默存关心老王的生计，把自己降格为货。

生：与老王平等交往，平日里的记挂。

生：还有散步时，看见老王，后来关心老王的住处。

生：“我女儿”送大瓶的鱼肝油给老王。

生：自己挤公交车，害怕老王拉不动。

生：老王死后，杨绛非常愧疚，这也是善良的表现。

师：差不多了，你们比我总结得还丰富。杨绛的愧疚也是善良的表现，这一点特别不容易。也就是说，老王和杨绛的故事，是一个不幸年代里，两个不幸的善良的人之间互相取暖的故事。但我就觉得特别奇怪。杨绛一家对老王也算仁至义尽，为什么老王死后，她要愧怍不已呢？同学们好好探究一下。

生：可能是老王死了之后，杨绛感觉对老王的关爱还不够。

生：我觉得可能杨绛故意说自己愧疚，实质上影射那些歧视侮辱老王的人，他们才真正应该愧疚。

师：同学们作了一些解读。这是全文难以解决的一个点。我想创造性地提出一个视角，解决这个问题。我们刚才总结出的杨绛一家的善良，这是我们的读者意识，是我们从文章中看出来的。作者未必然，读者却未必不然，这就是读者意识。但杨绛的作者意识却未必是这么回事。下面我们重点研读送好香油、大鸡蛋。看看杨绛的作者意识，从而深入探究杨绛愧怍什么。

生：前面说了，送好香油、大鸡蛋，老王不是作为一个车夫的身份，而是作为亲人之间的来往，至少是作为一个朋友。老王大限将至，所以，一定要亲自来感恩。然而，杨绛还是未能领悟这一层含义。马上进屋取钱。问题就在这里，老王明白，一旦取钱，就是交易；一旦交易完成，自己就得离开。于是赶忙止住，说："我不是要钱。"

师：老王的"不是要钱"，潜台词就是"我是来感恩的"。杨绛说的却是"我知道我知道"，事实上，"我什么也不知道"。既不知道老王来作最后的告别，也不知道老王内心的孤苦，更不知道老王这次来的深层含义。于是，老王走了，没有坐一坐，也没有喝一口茶。老王这一路的心情究竟是怎么样的？老王人生谢幕时的心情究竟是怎么样的？没有人知道，也不会有人去关心。为什么没请老王喝一口茶对作者那么重要？

生：因为喝了一口茶，就不再是一种交易，而是亲人关系的一种确认。这就表明作者理解了老王的心思，这是对老王最大的尊重。

师：作者在很多年，经历了很多事之后，才慢慢悟出这一点，感到深切的愧怍。谁来总结作者的愧怍是什么？

生：对老王只有物质上的帮助，没有精神上的抚慰。这是作者愧怍的第一层原因。

师：还有哪些也使得作者愧怍？深入到文本的细节中去，深入到文本的关联中去寻找。从作者意识，从作者的漠然上辨析。

生：关于老王的身世、遭遇和处境。我不是"听老王自己讲"，就是听"有人说"，很少直接询问老王；我们夫妇散步，偶然看见老王蹬车进院子，只是后来和他闲聊时才问起；老王病了，我的印象却是"不知什么病，花钱吃了什么药"；老王扶病来送香油和鸡蛋，我却是"记不得他是怎么说的"；我给老王钱，说的是："不过，既然你来了，就免得托人捎了。"理由很充分，省得麻烦。我知道老王病得不轻，直到过了十多天，碰见同屋的老李，我才问"老王怎么了"；听老李说老王的后事，我的反应却是"我也不懂，没多问"，更没有想到去老王的坟上看一看。就算写这一篇《老王》的文章，也是在老王去世很多年之后。

师：嗯，很好。完全是作者意识，作者心理的剖析。那么，在这样的剖析中，我们可以寻觅出作者的愧怍是什么。

生：第二大愧怍是，作者对老王仅仅是礼节性的关心，没有真正放在心上。作者深入反思了知识分子的清高。

师：除了清高之外，还有冷漠和隔膜。不错，我们继续分析。观点一定要从材料中来。我们不妨把杨绛和老王作一个比对。

生：杨绛，只是付出应该付出的。老王，却是付出超过应该付出的。

杨绛是你蹬车，我坐车，我自然应该给你钱；你送了我东西，我当然也应该把钱给你。诚实交易，两不亏欠。而老王则是，我送朋友看病，不该拿钱；我送东西给看得起我的人，不是想要钱。

杨绛是已知对方已经病得快成了僵尸，却没有主动去打听或看望一下。而老王，明知自己已经不久于人世，却硬是支撑着病体，送好香油和大鸡蛋来表达感恩。

杨绛，因为金钱和劳力已经做了平等的交易，心里不会觉得有什么不安，也就没有一直把对方放在心上。而老王，在常年的冷眼和歧视中，突然感觉到杨绛一家把自己当人看待，这样的大文化人竟然不嫌弃自己，平等对待自己，这是何种恩德，于是耿耿于怀，死前，一定要把心愿还了才能瞑目。

这样看来，第三层愧怍就出来了。作者的愧怍来自情感付出的不平衡，自己仅仅把和老王的关系定位于诚实的交易，而老王则是付出全部的情感和所有。作者深入反思了知识分子在那个时代里所应该承担却没有承担起来的责任。

师：作者的愧怍来自多个方面，情感收支的不平衡，对老王局限于公平的交易、礼节性的关心，而没有精神的抚慰。尽管这种抚慰并不是所有人的义务，但作为知识分子却很显然需要有这样的担当。这就是作者对老王的愧怍。但有意思的是，杨绛为什么把“我”对“老王”的愧怍，说成是一个幸运者对不幸者的愧怍？这是本文的一大难题。老王是一个不幸者，我们已经分析过了，杨绛为什么是一个幸运者，她愧怍的真正缘由是什么，值得探究。我们不妨分解一下。

杨绛是幸运者吗？我们可以从读者意识入手。

生：从读者意识入手，杨绛不是一个幸运者，反而是一个非常不幸者。

师：从什么地方看出来的，我需要确凿的证据。

生：比如，“默存不知怎么一条腿走不得路了”。这个应该是隐语，说不定就是批斗所致。这是肉体上的不幸。

师：很好。还记得我们说过，一个层次出来了，意味着你找到了一个视角。这个是肉体上的折磨，还有呢？

生：“老王从没看透我们是好欺负的主顾。”老王本来就是一个被损害被侮辱、被践踏、被歧视的一个小人物。他也可以欺负我们这样的老主顾。那么，知识分子当年的实际地位，可想而知。这是从政治层面来看的。

生：还有老王送医之后，“老王哑着嗓子问，你还有钱吗?”作为天天“他蹬，我坐，一路上聊着天”的老王，应该对杨绛家有所了解，连老王都怀疑杨绛家没有钱了，这是从经济层面来看的。

师：没有了吗？有没有人格上的？

生：“还有一个老先生自愿把自己降格为‘货’。”这是人格上的。

师：我补充一则材料，“文革”伊始，杨绛的专职是扫女厕，钱锺书被剃成“十字头”，杨绛则被剃成“阴阳头”，杨绛痛苦万分，连夜做假发套，夏天满头是汗。夫妻俩挂牌游街，女婿自杀，夫妻下放…… 这就是杨绛一家在“文革”中所经受的灾难。可以说，在杨绛和老王的身上，没有幸运者和不幸者之分，只有不幸者和更不幸者之别。那么，杨绛为什么认为自己是一个幸运者呢？我们从作者意识入手，谁来说说？

生：这个幸运是相对而言的。与老王这样的人相比，“我”是一个幸运者。老王死了，但“我们”却幸运地活了下来，自己的不幸已经是幸运。

生：我觉得，在“文革”这样的民族灾难面前，作为一名知识分子，个人的不幸，实在称不上不幸。

师：很好，这就是作者认为自己是一个幸运者的原因。那么，为什么把“我”对“老王”的愧怍，说成是一个幸运者对不幸者的愧怍呢，这背后的缘由究竟是什么？

生：如果写“我”对老王的愧怍，那仅仅是一个人对另一个人的愧怍，仅此而已。现实的意义和价值就不大。而把它上升为一个幸运者对不幸者的愧怍，特别是一个知识分子对一个劳动人民的愧怍，就具有了普遍意义。愧怍的第一个缘由是：作为一个相对的幸运者，杨绛为自己知识分子的清高和冷漠愧疚，这是忏悔的开始。

师：幸运者的范围一下子就扩大了。同为“文革”中受难的知识分子，杨绛看到“文革”后有同伴们摇身一变，批斗身边的“文革”得势者，整个民族，尤其是知识分子，缺少一种忏悔精神，只想到自己的经历和伤痛，却无视身边那些更孤苦者。而事实上，自己从与老王的交往中，也深切地感受到自己的清高与冷漠，感受到悲悯与忏悔的稀缺。正如李存光对巴金的评价：“主要在于它是一个受害者的严肃的反思，一个正直心灵的痛苦自审，一个最无责任者对自己责任的拷问。”

那么，为什么在老王死去多年之后，杨绛会写这样的一篇文章呢？也是有原因的。杨绛在写了《干校六记》之后，钱锺书在《干校六记·小引》中写道：

杨绛写完《干校六记》，把稿子给我看了一遍。我觉得她漏写了一篇，篇名不妨暂定为《运动记愧》……也有一种人，他们明知道这是一团乱蓬蓬的葛藤帐，但依然充当旗手、鼓手、打手，去大判"葫芦案"。按道理说，这类人最应当"记愧"。不过，他们很可能既不记忆在心，也无愧怍于心。他们的忘记也许正由于他们感到惭愧，也许更由于他们不觉惭愧。惭愧常使人健忘，亏心和丢脸的事总是不愿记起的事，因此也很容易在记忆的筛眼里走漏得一干二净。

所以，肯定是这一段话，让杨绛产生了补写"运动记愧"的动机。《老王》可以看成是"运动记愧"之作。那么这篇作品的意图肯定就有钱锺书批判的影子。所以，愧怍的第二个缘由是通过自己的愧怍，提醒"文革"中的忏悔健忘者。

生：第三个缘由是：从更广的社会层面上，关注幸运者对不幸者的所作所为。

文章到了最后，针对具体的谁已经没有了意义，被凸显的是幸运者和不幸者的对照。人生总有幸与不幸的区别，在一个正常的合理的社会中，作为幸运者，应该为不幸者做些什么，才不会心存愧怍？这是把具体的"我"对"老王"的愧怍，上升为"幸运者"对"不幸者"愧怍的最主要原因。

师：第四个缘由是：唯有用民主思想、平等意识、人道主义精神，不仅从物质上，更要从精神上对待不幸者，关爱弱势群体，将来的我们才不会心存愧怍。

因为任何一个时代，都有幸者和不幸者，幸和不幸是相对而言的。我们每个人都既是幸运者，又是不幸者。那么，作为幸运者该如何对待不幸者？我们如何对待不幸者，就是别的幸运者如何对待我们。

比如当"我"能够冷漠清高地对待老王，那么，比我们更加强势的人不是也有理由冷漠清高地对待我们吗？这就是杨绛的《老王》，这篇文章，真正的主人公与其说是老王，不如说是作者自己，杨绛借着老王来写那个时代，写那个时代的人与事，然后以知识分子的身份进行反思。也就是说，这篇文章的核心不在于来自底层的人性光芒，而在于来自知识分子灵魂深处的反思和忏悔。

文言文篇

文字抚摸、文学欣赏和文化传承

——《鸿门宴》课堂实录

教学主张：当前文言文教学走入两大误区，一个是有言无文，把文言课堂变成了文言知识学习的课堂；一个是有文无言，把文言文课堂等同于白话课堂，脱离文字，凌空蹈虚。文言文教学要注重——文字的理解和积累，文学的欣赏和审美，文化的传承和渗透。这三者一个都不能少。《鸿门宴》就是这样的一次尝试。

师：可能在很多人的眼里，霸王是一个绕不过去的人，无论是膜拜，还是诋毁；无论是敬为天人，还是目为下尘，霸王都已经深深融入我们的内心。李清照说："至今思项羽，不肯过江东。"毛泽东则说："宜将剩勇追穷寇，不可沽名学霸王。"那么，霸王究竟是失败的英雄，还是多情的烈士，是玉碎宫倾的帝王，还是鲁莽无知的情人？我们究竟如何看待霸王？我希望通过今天这节课，我们能够逐渐靠近历史的真相，并作出自己的判断。当然事物都是联系的，本质可以通过现象挖掘出来，研究现象也可以预知事物发展。所以，我希望同学们能够抓住蛛丝马迹，合理地思考和判断，争取把自己的观点打造出来。

师：先从标题入手，“鸿门宴”这个词，给你们的感觉是什么？

生：我感觉到的是惊心动魄，千钧一发。

生：我的感觉是刀光剑影，剑拔弩张，生死系于一瞬。

师：还有吗？

生：我的感觉是两方对垒，暗藏杀机，一触即发，一发而不可收。电影、电视上常常见到这个场景，主人摔杯为号，刀斧手一拥而上……

师：同学们说得很好，一下子就帮我们进入了两方对垒、暗藏杀机、刀光剑影、惊心动魄的情境之中。谁先来说说司马迁是如何描述两方对垒的？

生：感觉司马迁是采用人物对照的方法来描写人物，写作上当然就是对比手法。

师：具体一点，好吗？

生：比如对垒的双方都呈一一对应关系。主帅方面自然是项羽对刘邦；谋士方面是范增对张良；武士方面是项庄对樊哙；间谍方面是曹无伤对项伯。

师：这样写，有什么好处？哪位来说说？

生：因为“鸿门宴”本来就是两方对垒，所以，这样对比来写，让我们感受双方的斗智斗勇，人物性格会更加鲜明。

师：说得好，下面我们就从这几个人物出发，穿过历史的烟云和沧桑，去感受鸿门宴的刀光剑影，以及那些硝烟散尽之后的英雄人物。就从樊哙和项庄入手吧。

生：作者描写樊哙调动了各种写法。先是语言描写，“此迫矣，臣请入，与之同命！”感觉这里的语言十分短促，这既表现了武人说话干脆利落，还渲染出当时形势的急迫。

师：说得好。记得鲁迅有两句很有名的话，“院子里有两棵树，一棵是枣树，另一棵还是枣树”。如果换成我们，干脆“院子里有两棵枣树”就得了。但味道就出不来。在这里，先生故意借助冗长的笔墨，传达单调、无聊、乏味之感，而这正是先生当时思想苦闷的真实写照。

生：我记得老师曾经介绍过，《红楼梦》中焦大醉酒骂人的话：“老子和你红刀子进去，白刀子出来。”貌似错用，其实就是借助胡言乱语，巧妙传达焦大的醉态十足。

师：对，汉语的妙处就在这里。请继续！

生：再是动作描写。“带剑拥盾入军门”、“侧其盾以撞”、“披帷西向立”、“立而饮之”、“切而啖之”，这些动作，何等英武！何等豪爽！

生：还有神态描写，“瞋目视项王，头发上指”、“目眦尽裂”，寥寥数笔，樊哙就站起来了。

师：这段描写除了和后面的项庄对比之外，作者还要传达给我们樊哙的什么样的形象？

生：可以采取对象分析法来看。保护刘邦，急迫之时，愿意“与之同命”，见其“忠”；对阻挡自己的卫士，“侧其盾以撞”，见其“勇”；“瞋目视项王”，可见其“威”，也难怪霸王称其为“壮士”；劝说霸王的时候，可见其“智”；为刘邦开溜寻找理由，可见其“识”。我常常感叹，刘邦集团把一个“宰狗”的樊哙点化成了一个智勇双全的武士，刘邦想不赢也难啊！

师：反观项庄则如何？谁来挑战？

生：樊哙审时度势，是主动参战，而项庄却是被动参战；项庄肩负历史的使命，却不能见机行事，在舞剑的过程中，一再贻误战机，反观樊哙却总能在最适当的时间、适当的地点，说出最适当的话，作出最适当的事。

师：写樊哙仅仅是和项庄对比吗？

生：不是，可以说，所有人之间都有参照。比如明写樊哙，实写的却是项羽。樊哙不召而入，已属无礼；带剑而入，更是非法；击倒卫士而入，更是无法无天；“瞋目视项王”简直“是可忍孰不可忍”。然而，项羽却称他为“壮士”，赐予他座位，赏给他酒肉。

师：好的，请坐。同学们觉得项羽的这种做法反常吗？

生：应该说，并不反常，这正是项羽的性格特点。由于项羽勇武无比，所以，英雄惜英雄。

师：喜爱英雄不好吗？我们每个人不是都有英雄情结吗？

生：喜爱英雄当然没有过错，英雄之间惺惺相惜自然也是人之常情。可是，一定要看对象，这里的樊哙是对手，对敌人的仁慈就是对自己的残忍。

师：说得好，我们再来解析张良和范增，作为后来楚汉战争中叱咤风云的两个人物，有人说，鸿门宴的斗争，其实就是这两个人之间的斗争，同学们，你们怎么看？

生：我先来说说张良，刘邦称帝之后，在南宫置酒大宴宾客，席间评价张良说：“运筹策帏帐之中，决胜于千里之外，吾不如子房。”可见张良善于谋断。

师：能否结合课文的细节来谈，找到张良善于谋断的依据。

生：比如，大敌当前，张良举重若轻，既不仓皇出逃，又不积极备战，可见他早已成竹在胸。这种成竹在胸是鉴于他对项伯和项王的了解，所谓“知己知彼，百战不殆”。他所有的对策就是请求沛公“往见项伯，言沛公不敢背德也”。因为张良知道这已经足够了。因为项伯重“义”，从他不惜透露军事机密已经一目了然，而项羽又对项伯言听计从，这也是很重要的一环。两者结合，沛公就可高枕无忧。

师：沛公称臣谢罪是否是唯一的选择，说不定条条大道通罗马呢？

生：沛公没得选择，这是由当时的情形决定的。兵力上，项王四十万，沛公仅有十万；人事上，项王有曹无伤通风报信，刘邦的军事机密一览无余；而且两军相距很近，鸿门至霸上仅四十里。由此可见，项王拥有绝对的军事主动权。沛公战则必败，逃则必溃。只有韬光养晦，称臣谢罪，才是唯一的出路。

师：可以说，张良这个战略谋划是得当的，但在具体的实施过程中，还是出现了意外，谁来说说？

生：首先，就是范增指示项庄舞剑，当时刀光剑影，形势万分危急。张良把情形告诉了樊哙，樊哙立马心领神会。在这种情况之下，的确需要樊哙这样的粗人来冲一冲，既可表明弱者的不屈，又可直接说出项王的不当。事实证明，张良这一举措，可谓出奇制胜。

师：好的，我们共同赏析一下樊哙的这段话。我找个同学读一遍。

生（读）：樊哙谓项羽曰：“怀王与诸将约曰：‘先破秦入咸阳者王之。’今沛公先破秦入咸阳，毫毛不敢有所近，封闭宫室，还军霸上，以待大王来。故遣将守关者，防他盗出入与非常也。劳苦而功高如此，未有封侯之赏，而听细说，欲诛有功之人，此亡秦之续耳。窃为大王不取也。”

师：读得很好，应该说，这段话很有玄机，谁来给我们分析分析？

生：樊哙的第一句话很有杀伤力。可以说，这就是项王的罩门。怀王确实有言在先，“先破秦入咸阳者王之”。项羽理亏就理亏在这里。樊哙的高明，就在于先让项羽精神上有负担，思想上有压力，后面的话自然就不好再辩驳。比如，刘邦遣将守关，就是为了称霸关中，却被樊哙狡辩成保卫关中，迎接项羽，项羽一下子变成了一个以小人之心度君子之腹的小人。第四句话，樊哙一方面称颂刘邦的功劳，一方面又借助骂小人来敲山震虎，使项羽不敢轻举妄动。最后一句表面上好像是为项羽着想，实际上的含义却是，如果你这样做，你就是傻瓜，就是亡秦之续。从而使得项羽投鼠忌器。

师：解得好。还是回到张良身上来。

生：最后关头，张良轻松留下来，掩护刘邦撤退。等刘邦间至军中，才轻描淡写地说："沛公不胜酒力，不能辞。"等到项羽问，"沛公安在？"才避重就轻地说："怕大王有意怪罪他，已至军中矣！"又很巧妙地献上白璧、玉斗，转移对手的注意力，玩项羽于股掌之间。张良不愧是张良，大军阀张作霖特别欣赏他，给儿子取名张学良，就是希望自己的儿子能够像张良一样运筹帷幄。

师：张良的多谋善断，来源于他得到了一本兵书，下面我们来看看范增，号称项羽亚父的范增。

生：我对范增很同情，他深谋远虑，洞若观火，但所有的谋划都得不到采纳，结果，胸中空有百万雄兵，万千之策，只化为"若属皆且为所虏"的一声长叹。

生：我也这样认为，范增的悲剧还是中国很多文人策士共同的悲剧，比如贾谊、陆游、杜甫等。应该说这个形象很有典型性。

生：作者浓墨重彩地写范增，我认为，其实还是在为写项羽做准备。范增的悲剧是项羽造成的，而范增的悲剧何尝不是项羽的悲剧。

师：妙解！有没有对范增有意见，认为范增做得不够漂亮的？

生：我认为范增的悲剧中也有他的性格因素。

师：说得详细一点。

生：范增高瞻远瞩不错，但他自视甚高，以为自己是项羽的亚父，就可以对项羽指手画脚，发号施令，全然不顾项羽的内心感受。而当时的项羽如日中天，"政由羽出，号为霸王"，岂能处处听命于范增？

师：不妨从文中寻找细节来证明。

生：比如，开头范增在一番剖析之后，要求项羽"急击勿失"。中间又当着张良等人的面，"举所佩玉玦以示之者三"，如此装神弄鬼，让霸王的一张老脸还往哪里搁？也难怪霸王不理他！结尾沛公逃跑后，范增又当着霸王的面，把玉斗放在地上，撞而破之。并且借骂项庄"竖子不足与之谋"，来辱骂项羽目光短浅，虽然范增是一片忠心，但如此冒颜犯上，项羽如何容得了他？

师：就是说，范增的进谏的方式方法有问题，具体的谋划上，同学们认为如何？

生：我觉得也不怎么样。范增既然如此托大，那就索性一不做二不休，杀了刘邦，自领处分，想来项羽也不会把他怎么样。因为项羽不杀刘邦，并非他是糊涂的阿斗，只是想沽名求义。现在有人愿做替罪羔羊，又能剪除对手，霸王何乐而不为？

生：我也有同样的看法，就算在席间，范增强行杀死刘邦，只说是刘邦行刺霸王，哪个诸侯还敢不信？却偏偏弄一个草包项庄来舞剑，行刺刘邦。这样做就算是杀死刘邦，也更会让天下人耻笑！

生：席间沛公如厕，“因招樊哙出”，如厕要招武将做什么？难道范增是瞎子？沛公临走时，对张良说：“从此道至吾军中，不过二十里耳，度我至军中，公乃入。”也就是说，在沛公如厕的过程中，沛公、张良、樊哙三位主要人物，都长时间蒸发，包括奉项王之命寻找沛公的陈平也一去无踪，而且一直等到“沛公步行二十里至军中”，才由张良回到席上来说明原委，请问此时的范增又在哪里？范增的高瞻远瞩又体现在哪里？要知道连沛公可能逃跑都预知不了的人，霸王就算重用他，也还是夺不了天下。

生：反对，因为霸王决定放走刘邦，所以，范增才没有作无谓的抗争。

生：请问，鸿门宴上霸王有叫项庄舞剑杀死沛公吗？也没有啊！范增不还是做了吗？我认为没有预知刘邦逃跑是范增的失策。

生：不是说，沛公从小道逃走了嘛！可能范增是派人在大道上堵截他们，所以没有成功。

生：就算这种说法有道理，这也是范增虑事不周；而深谋远虑，滴水不漏，才是一个谋略家的基本素质啊！

生：特别是当刘邦不辞而别，防范之心已是昭然若揭，如果范增真正有本领，当凭借三寸不烂之舌，挑起项羽的怒火，仍然可以一举击破沛公军。而且还有很好的口实，我请你喝酒，你却不辞而别，太不给我面子了。可是，机会就这样错过了。

师：通过同学们的努力，我们今天对范增确实有了较为全面的了解，而这正是探究性学习的优势所在。对项伯和曹无伤这两人，你们怎么看？可以说，这两个人物的出现，直接引起或决定了鸿门宴的走向，甚至改变了历史。所以说，小人不小。谁来说说？

生：我觉得曹无伤是一个悲剧人物。作为沛公的左司马，曹无伤有地位，有荣华富贵，但他在预知楚汉相争的前夕，还是勇敢地把宝押在了项羽的身上，充当了通风报信的间谍。

生：我觉得曹无伤死得太不明不白了，天下有这样出卖自己间谍的吗？但项羽似乎就是这样的人，为了表明自己的光明磊落，一下子就将曹无伤摆上了祭坛。

师：有人说，项伯也是一个间谍，你们怎么看？

生：我认为是这样，他先是到张良面前通风报信，然后又在宴会上翼蔽沛公，明显吃里爬外。

生：我觉得项伯和曹无伤还是有很大的区别，曹无伤是真正的间谍，隐藏在敌人的内部，就像我们后来的地下党（学生笑）。而项伯却是光明正大地去告诉张良，又公然用身体掩护沛公，因此，不能说项伯是间谍，只能说他与项羽的意见不同。

师：我插问一句，项伯是正大光明地为张良通风报信吗？那么，为什么他选择“夜驰之沛公军”呢？

生：可能开始的时候，他是想暗中告诉朋友一声，但回来之后，他还是把沛公的话完全告诉项王，并且劝说项王：“沛公不先破关中，公岂敢入乎？今人有大功而击之，不义也，不如因善遇之。”也就是说，项伯并没有要欺瞒项王，如果说他有所隐瞒的话，那也只是要隐瞒范增。

师：项伯为什么要这么做？他可是项羽的伯父啊！

生：我觉得主要还是一个“义”字在作祟，项伯的初衷只是为了报答救命恩人张良，并没有为刘邦集团效劳的意思，在这一点上，他与曹无伤是不同的。但毫无疑问，他是西楚政权的罪人。他“义”字当头，但又辨不清“个人小义”和“国之大义”，或者说是过于感情用事。从他身上，我们不难看到，一个人一旦感情压倒了理智该有多么可怕。

生：我觉得项伯并没有加害项羽的意思，只是他目光短浅，认识不到军事斗争的残酷性，预见不了刘邦会成为项羽强劲的对手，所以，项伯充当了一个“和事老”的角色，有一种“得饶人处且饶人”的意思。可以说，在鸿门宴上，项伯的做法虽然是糊涂透顶的，但又是十分坦荡的。

师：有为项伯翻案的意思。

生：老师你这样讲，我也就明说了，我们谴责项伯，是不是仅仅站在西楚的立场上来作判断？如果不是，那么，项伯本来就没有错。他知恩图报，光明磊落，有什么不对？特别重要的是刘邦先入咸阳，本来就应该称王，这是顺理成章的事，何况还没有称王！特别是刘邦入关之后，与老百姓约法三章，赢得了老百姓的衷心拥护，这个时候，所谓的正义，是在刘邦一方啊！

师：有一定的道理，从军事斗争上来讲，项伯这样做，是置本集团的利益而不顾，但从历史的发展来说，谁又能说得清呢？多年来，因为司马迁的好恶，是不是影响了我们对事实的判断，这个我首先需要检讨。最后，我们把所有的目光都聚焦到刘邦和项羽的身上。记得毛主席看过《鸿门宴》后曾经说过：“项羽只是一个普通的农民起义领袖，而刘邦却是一个著名的政治家。”你们的观点呢？先从刘邦开始。

生：刘邦确实是一个政治家。善于作秀，善于用人，老奸巨猾。

师：具体来说。

生：先看善于用人，刘邦的很多谋臣策士都是从项羽这一边跑过去的，刘邦总能够不计前嫌，知人善任。而且特别能够听从别人的建议，我发现刘邦文章中讲得最多的一句话就是“为之奈何”，这一方面反映形势急迫，另一方面就是刘邦广开言路的表现。而政治上成熟的一个标志，就是能够在紧急关头虚心听取别人的意见，从善如流。

生：我觉得刘邦政治上成熟的另一个重要表现是韬光养晦。刘邦不仅听从了张良这一冒险之计，而且用自己的智慧，使之圆满完美，为了使项伯能够在项羽面前为自己说好话，不仅“兄事之”，而且“约为婚姻”。

生：我觉得刘邦老奸巨猾。比如，项伯来通风报信，刘邦马上问张良：“君安与项伯有故？”狐疑之心，表露无遗；反观项羽，第二天要攻打刘邦，却对当天晚上私会刘邦，并且回来为刘邦求情的项伯毫无警惕之心。另外哪怕是对自己的属下，刘邦也是深藏不露。张良问：“谁为大王为此计者？”刘邦含糊回答说：“鲰生说我也。”而项羽却在刘邦自表忠心之后，马上把己方的间谍和盘托出：“此沛公左司马曹无伤言之，不然，籍何以至此？”白白牺牲了自己一颗重要的棋子。

生：刘邦行事果断，与项羽优柔寡断形成鲜明的对比。鸿门宴之后，“沛公至军，立诛杀曹无伤”。一个“立”字写尽沛公的果断。反观项羽，却反复无常，犹豫不决，结果一错再错。接到曹无伤的密报，项羽先是勃然大怒，要击破沛公军，此时是山雨欲来，形势急迫。结果项伯求情，项羽又马上许诺“善遇之”，此是一折；“即留沛公与之饮”这是二折；项羽允许项庄舞剑，波澜又起，接着樊哙闯帐，项羽却让樊哙“坐”，这是三折；最后，沛公不告而别，项羽本该怒发冲冠，结果又置璧于“坐上”，此是四折。如此当断不断，如何能成大事？

生：刘邦的奸猾还表现在，自己想逃跑，却不明说，只说：“今者出，未辞也，为之奈何？”把皮球踢给部下，结果樊哙的建议正中自己的下怀，刘邦就此掩饰了自己逃跑的企图，又在部下面前保住了尊严。临时决定走小道，武将护卫自己，文臣留下辞别，此等安排，滴水不漏，可见刘邦是早有谋划啊！也就是说，刘邦虽有诸多的“为之奈何”，但却并没有失去自己的主见，“为之奈何”只是集思广益，这也是成大事的必备素质。当然，自己逃走，却把张良留在虎口之中，虽说是对张良的绝对信任，但也可以看出刘邦的心狠手辣，一将功成万骨枯啊！

生：感觉刘邦集团君臣团结，配合默契，几乎到了天衣无缝的地步。比如张良韬光养晦的建议，刘邦不仅接纳了，并且丰富之，美化之。项庄舞剑，张良告诉樊哙，樊哙立即演出闯帐的好戏。刘邦逃走，樊哙负责安全，张良负责礼仪，可谓相得益彰。反观项羽集团，却君臣离心，士气涣散。项伯瞒着范增，私见张良；项庄无能，不能完成范增的使命；项伯大胆，公然阻止范增的计划实施；还有就是项羽把军命当做儿戏，开始“飨士卒，为击破沛公军”，结果又大宴宾客。这些做法，无疑大大动摇了军心。

师：通过同学们的努力，一个著名的政治家的形象站立在我们面前。对于刘邦，你可以不喜欢他，但你却不能不佩服他，在刀光剑影的险恶环境里，在楚汉相争的烽火狼烟中，刘邦铸就了坚强的意志，把远大的抱负化为一个个具体的行动，一步步成熟起来。他的远见卓识，雄才大略，君臣和谐，与民同乐，多次受到毛主席的推崇。张良、韩信等谋臣的卓越才智和一代明主刘邦的宏大气魄相结合，使历史掀开了新的一页——布衣亦可为王侯！下面我们来分析“力拔山兮气盖世”的项羽，为何会失败。同学们可畅所欲言。

生：司马迁认为项羽的失败是“自矜攻伐”，我认为是有道理的。项羽过分迷信自己的武力，势必要轻视计谋，因而导致大量的人才外流。最后，明修栈道，暗度陈仓的是项羽的卫士韩信；七出奇计，困项王于垓下的是项羽的谋士陈平；乌江渡口取项羽头颅的竟然是项王的“故人”王翳。

生：项羽缺乏原则性，表现为项羽对待泄露机密的项伯听之任之。项庄舞剑，得到了项羽的同意，而项伯并不奏请，就擅自拔剑起舞，翼蔽沛公，项羽对此视若无睹。还有，对擅自闯入的樊哙，项羽不仅不给予处罚，反而赐酒赐坐。还有，沛公三言两语，项羽就把曹无伤给卖了，这一点，最为致命。试想一下，将来还有谁敢投靠项羽呢？

师：说得好，特别是最后一点说出了新意。还有吗？请同学们继续。

生：沽名钓誉，我始终认为项羽并不糊涂，想当初，巨鹿之战，破釜沉舟，百二秦关终属楚，项羽何等的意气风发。之所以在鸿门宴上一错再错，主要还是因为沽名钓誉，还有就是对自己武力的过于迷信：就算刘邦将来造反，又怎么了？难道我霸王还灭不了他？

生：我认为是项羽用人不当。你看名字就可以知道，项羽、项伯、项庄，都是项家的人，只有一个范增，还是项羽的亚父。我感觉项羽在用人方面，好像是家族式管理。特别是对自己的季父项伯言听计从，而对外人范增就要疏远多了。反观刘邦方面，却是张良、樊哙，不论是杀狗的、拾鞋的，可以说是唯才是举，量才录用。

师：有意思，项羽确实有浓厚的家族思想，常想着光宗耀祖。比如，在天下貌似太平之际，执意要回故乡。他说，“富贵而不回故乡，犹如衣绣而行暗夜，谁人知道?”这段话很重要，不仅反映了项羽的家族情节，而且把他的自矜功伐、自大虚荣，都表现得淋漓尽致。但我有一个重要的问题，同学们都认为项羽缺少谋略，优柔寡断，但是在“巨鹿之战”中，项羽却力挽狂澜，挺身而出，历数主帅宋义的三大罪状：粮草缺乏，却不能“因赵取食”；不与赵并力攻秦，却幻想“乘其敝”；国家安危，却“饮酒高会”。于是“即入帐中斩宋义头”。可以说，正是项羽的果断为他赢了时机，赢得了统帅楚军全部兵力的时机，赢得了大败秦军的时机，赢得了青史留名的时机。穿透岁月的风尘，历史告诉我们，项羽正是因为果断，才把握住了时机，成就了惊天伟业。但为什么到了鸿门宴上，项羽就变得缺少远略，优柔寡断了呢？同学们先思考，然后再交流看法，等一会请同学们谈谈你们的看法。

（学生交流）

生：项羽性格中矛盾的两面性，一个是残暴，另一个是仁爱。

师：具体谈谈。

生：比如小时候，项羽“学书”不成，就“学剑”，“学剑”达不到他“万人敌”的目的，又转而学“兵法”……正是“不成”、“又不成”，导致了项羽以后的“大成”，但也正是在这些“不成”中，掩藏着项羽失败的必然。始皇巡游，他发出“彼可取而代也”的豪迈誓言，这是他发自内心对权力的顶礼膜拜。等到“巨鹿之战”之后，项羽终于登上了权力的顶峰。所以，当他听说“沛公欲王关中”，感觉他的权力受到侵犯，就马上准备用铁血手段铲除刘邦，但是，一旦刘邦俯首称臣，又立马满足了他的虚荣心。所以，他后来的所作所为就好理解了。

生：我们觉得主要的还是项羽内心中的人性伦理，鸿门宴其实就是这个矛盾心理挣扎的过程。项羽最后作出了权谋上失败、人性伦理上正确的决策。巨鹿之战后，项羽的人性伦理上升到一个高度，他开始意识到自己对权力的追逐，是以百姓的痛苦和牺牲为代价的。所以，才有后来项羽向刘邦建议：“天下匈匈数岁者，徒以吾二人耳，愿与汉王挑战决雌雄，毋徒苦天下之民父子也！”才有后来项羽不愿东渡乌江，不愿让江东成为尸横遍野的千里战场，而是毅然选择了以死来结束这场灾难。至此，项羽已不再是权力意志的化身，而是一个忏悔者，一个为人性伦理而再造的新人。只有了解这些，我们才能揭开项羽由果断到寡断，由坑杀数万人的残忍，到不愿战火东烧的犹疑的心理变化过程。

师：说得很好！霸王一生都处在矛盾之中，一方面是对个人权力的追逐，一方面是对人性伦理的关切。所以，在他身上才会出现很多矛盾的对立面：残暴、仁慈，果断、犹疑，多谋、寡断等。正是由于这些因素，历史上对项羽的评价，才会仁者见仁，智者见智。然而，十面埋伏，四面楚歌，乌江自刎，却永远烙在我们每个人的心中。吴见思在《史记论文》中说，“‘可奈何’、‘奈若何’乃一腔怒愤，万种低回，地厚天高，脱身无所，写英雄失路之悲，至此极矣！”项羽是一个悲剧的英雄，这一点毫无异议，但我们究竟如何来评价他，老师也无法给你们答案，只能说，每个人都有自己心目中的霸王。下面，我链接了两则材料，作为这节研究课的尾声。课堂虽然到了尾声，但我们的探究却永远没有止境！

作文篇

口头作文：一种可能的写作革命

教学主张：我常常有这种预感，口头作文，很可能是作文教学的一次革命。口头作文的创意，来源于公务员考试的面试。公考面试中，往往提供三到五个面试题，给你一分钟时间准备，然后，面对八个考官，你要谈你对这几个问题的理解和处置，并接受他们的质询。这个要求很高。我于是想，面对高考，在“寸金难买寸光阴”的考场上，学生也必须要在短暂的时间内，对一道作文题进行清晰的判断和构思，这个难度也不小。如果把公务员考试的这一分钟构思准备引入课堂，让学生自主命题，然后，一分钟准备。所有学生围绕一个话题，畅所欲言，老师及时归纳和点拨……再由命题者自己来总结。

当学生经历了一个完整的命题过程，经历了同学们为自己命题提供思路的过程，经历了自己的总结过程，再经历自己最后的资料收集和整理成文的过程。学生一定能够彻底经历一次具有生命力的作文训练过程。根据全息理论，写好了一篇作文，就有可能写好所有的文章。

生命空白一如蝉蜕

今天，自主命题的是毛薇。

命题很简洁——《空白》。“空白”是一个很有质感的词，因其无，故成其有。一分钟之后，第一个回答的是袁梦。袁梦的构思，总是快，有倚马可待的味道。

袁梦：每个人都应找到一片自己心灵的空白。只有有了空白，人的心灵才会开阔，才会容纳更多的东西；也只有有了空白，人才有空间去创造，不用做一只笼中的鸟，囚禁于外物的束缚之中。人需要空白。但空白并非虚空，一无所有，空白是意义上的充足，时间上的闲暇，精神上的富足和天马行空。

王开东：请用一句话说明观点，我们需要你简洁的观点。

袁梦：人需要心灵的空白。

王开东：好。人需要心灵的空白。空白的好处在于，一是容纳，二是创造。两者的关联在于容纳是继承，创造是继承基础上的创新。

黄婧媛：心灵需要空白。没有空白的心灵太累了，没有空白的心灵太拥挤了，我们需要丢掉一些东西，丢得越多，我们走得就越快。

心灵不需要空白，我们需要快乐的笑、感动的泪、辛酸的无奈去填补心灵的空白。

还历史以真实，还生命以过程。

王开东：这个构思很有特点。让人想起了“恨君不似江楼月，南北东西，南北东西，只有相随无别离。恨君却似江楼月，乍满还亏，乍满还亏，待得团圆是几时?”在思辨中揭示题旨，也是一种好办法。

王嘉琪：我写的是小说。

“文革”，稿纸，空白的稿纸，纸飞机。

他，耐心地在车上，和着大家的歌声，把最后的一张稿纸叠成了纸飞机，想用力送它去自由的地方，但当他真举目四望的时候，又不得不畏缩了。周围茫茫的戈壁滩，漂白了他的青春，也永远不缺他这份空白。

他抬头望了望太阳，发现它不知何时被剪断了悬线，正笔直地掉下去。

他又看了看脚下，想找到他的前路，但前路在哪里呢?

没有回答，一片死寂。前路，是一片空白。

王开东：苏轼说得好："静故了群动，空故纳万境。"佛教中说，先把杯子清空。真正能够承装万物的，不是杯子的"有"，恰恰是杯子的"无"。空白，在这里成了小说的主旨所在。空白的多样性，恰恰是小说主题的多元性。青春的空白，前路的空白，时间被抹杀的空白，更重要的是思想空白。但正如顾城所言：黑夜给了我黑色的眼睛，我却用它去寻找光明。纸飞机就是寻找光明的一种意象。海子说，你不能说我一无所有，你不能说我两手空空。

张璐滢：因为空白简单，所以才会精彩。就像一张干净的白纸，人们可以用各色的笔在上面随处挥洒，任意涂抹。有时候，简单蕴涵着不寻常的美，闪烁着动人的光芒。

王开东：对古希腊雕塑美的概括，有一句经典的话：简单是成熟的美丽，单纯是丰富的高雅。《论语》记载："巧笑倩兮，美目盼兮，素以为绚兮。何谓也？"

"子曰：绘事后素。"

子夏问，一个女孩子天生丽质，她一笑起来，有一个酒窝，很美，眼珠转一转，很漂亮；她穿上白色的衣服，就非常的耀目，光彩耀目。为什么白色衣服就那么漂亮？子夏不明白。

孔子就回答说："绘事后素。"

什么意思呢？有一种理解就是古人绘画的时候，最后才上白色。白色本来是无色的，结果白色一上，就把前面的颜色，红的、黄的、绿的、紫的、黑的全部凸显出来了。空白的好处也与此类似，具有更大的可塑性和包容性，而且凸显人生的涂抹。

李佳园：在讲生存的时候，空白常常是贬义词。比如说，他在这方面一片空白，指的是他没有经验。然而在生活中，空白又是必不可少的。

我认为要为生活留白，使生活不至于太庸碌。在空白中回首，在空白中寻找乐趣。

王开东：你的观点就是，生活需要留白。别致之处在于你拿生存和生活对比了，得出不同境遇中空白的思辨和价值。这给思辨提供了一种新的方式。

蒋天羽：瞬间的空白往往紧跟着强有力的感受冲击。这种冲击有两种，一是情绪方面的。一个人若形容自己的大脑一片空白，那么，他一定是受到了极致的悲伤和惊喜。二是思维方面的。空白成了一种启发，当你突然醒悟，懂得其中道理之前，那几秒的空白，已经预示了思维风暴的来临。

王开东：蒋天羽抓住了一个特定的空白，强有力的冲击，会使人瞬间空白。并且从情绪和思维两方面对空白进行分析。挖掘出这个时候空白的价值，很了不起。佛教中的醍醐灌顶、当头棒喝，就有这种味道。

吴悠：空白是最原始的状态。我们带着一片空白来，进行一场人生的苦旅，却无奈带不走一木一草。而上帝自由安排，除了空白，什么也不属于我们；除了空白，其他对我们来说都只是过客。无论我们索取什么，不要真心占有。即使拥有一切，也不占有一毫。我们始终拽紧的只有你携着的空白。

王开东：吴悠是悲观主义者了，但从另一个角度来说，何尝不是一个达观主义者呢？拥有一切，但不占有分毫。苏轼说："且夫天地之间，物各有主，苟非吾之所有，虽一毫而莫取。惟江上之清风，与山间之明月，耳得之而为声，目遇之而成色；取之无禁，用之不竭，是造物者之无尽藏也，而吾与子之所共适。"哲学家塞内加更加达观："何必为部分生活而哭泣？君不见全部人生都催人泪下。"

陆馨彤：空白，就是心灵的宁静。守住空白，就是守住心灵的宁静。人，需要握紧自己的灵魂。

王开东：空白，恐怕不只是心灵的一种宁静，静当然是一种空，但心灵的澄澈，更是一种空。在这个时代，人的确要握紧自己的灵魂，这是一个灵魂如风筝飞舞的时代，握紧自己的灵魂，就是一种坚守。

这种握紧，需要空白。一是心灵的单纯宁静，二是心灵的空明澄澈。

危机是我们的一种宿命

武瑞欣今天拟的题目，比较"狰狞"。题目是——《危机》。请同学们准备一分钟。

黄婧媛：一个民族要有危机意识，但也不能杞人忧天。例如日本，整个民族都有非常强烈的危机意识。小到自然灾害，大到金融危机。因为骨子里流淌的危机意识，使得他们能从容面对。

王开东：危机是人面临的一种紧张处境。所以，人要有危机意识。但黄婧媛不谈人的危机意识，而谈国家的危机意识，并且举例说明。危机意识，要有，但又不能过。这就是辩证思维。就是说危机意识要遵循适度原则，过犹不及。

张璐滢：危机既是危险，也是机会。更多的时候，人们无法摆脱危机，所能做的只有从中寻找机遇，并借此使自己蜕变，人格得到升华。

王开东：张璐滢惯于拆字游戏，这种切分方式，非常有价值。危险中有机会，机会中也有危险。这就是生活的辩证法。祸兮福之所倚，福兮祸之所伏。

同样的观点还可见博尔诺夫的《教育人类学》。博尔诺夫认为，危机看起来是令人忧虑和痛苦的，比如发展危机、成熟危机、信仰危机等。但只要人生活在世界上，就会时时处于危机当中。人只有战胜危机，才能获得真正的自我，危机是生命的一个新的起点。

危机时刻，是一个人体味生存状态的机会。人只有在危机中，才能切切实实地感受到自己的存在。所谓向死而生，人类并不是简单地屈从和企图躲避恐惧和失落感，而是正视它，有意识地去触及它，从精神上坚持到底。

叶思韵：昨天看到几个国家大雨，引发洪水肆虐，已造成220多人死亡的新闻，我越发觉得"2012"要到来了。利比亚危机根本算不上"危机"，只是几个大国没事找事的阴谋，真正应解决的危机应是全人类面对的危机，而不是为各自的利益奔波。

王开东：叶思韵的是全球视野。探讨什么是真正的危机。很多时候，一些危机，不是天灾，是人祸。人类应该致力于解决全人类面临的真正危机。

这种视野不能说不好，但要防止凌空蹈虚。不妨返回自身，作为学生的我们，面临的真正危机是什么？这样的追问，就有独到的意义。

顾一石：危机是群体的不安。不安就如一杯干净的水中的墨滴，一两个人不安像墨滴浮在水面上方。仍是以滴的状态，影响到水的中层和下层，当墨滴的数目持续增加到墨滴开始碰撞，便在水中漾开，形成了墨滴的渲染，直至一杯水变黑时，便成了危机。所以，一个人的杞人忧天，不是危机，一个民族或是国家的杞人忧天才是危机。

王开东：危机是群体的不安。这句话太经典了。我喜欢这样深邃的句子。顾一石总喜欢用比喻来说明问题，这是绝妙文章的一大特色。结论也经典。一个人的杞人忧天，是幽默。一个民族的杞人忧天，就是悲剧。

蒋天羽：危机之间都有某种联系。举一个例子，三个月前的渤海溢油事件，至今还未平息。大型企业甚至是知名的企业，都以破坏渤海环境为代价，来带动经济的增长。中国唯一的内海即将变成死海。没有人为这次生态危机负责，各部门都建立不同的标准来形式化地防止事态恶化，却从没有一个统一的、公认的措施。集体主义显得那么虚缈无用。深层来看，这场危机已经远远不止于生态危机，更是一场深刻的严重的责任危机。

王开东：蒋天羽有三大优点。第一是材料鲜活，充满时代气息。第二是认识深刻，一针见血。中国最大的弊病就是所谓的集体主义，集体负责，就是没人负责。反顾西方文明，最大的基石就是个人主义，个人主义貌似自私，实质不然。个人独立地给自己的生命赋予意义，独立地进行价值澄清，个人选择，自己承担责任，自己为自己的行为负责。这是西方人个性张扬，充满创造精神的重要原因。而集体主义往往会压抑个性，导致集体平庸，这是中国出不了诺贝尔的真正原因。第三是提出了一个很重要的社会问题——责任危机。

有一个问题需要注意。我们的话题是危机，要谨防把“危机”转化成“责任危机”，然后再转化为“责任”，最后大谈特谈“责任”，这就脱离了“危机”话题。这是作文偏题常见的一条歧路。写作中要咬定核心词语不放松，戒转。

袁梦：据科学家介绍，由于如今夜晚的灯火通明，萤火虫也逐渐淡出了我们的视野。萤火虫的尾部有一种特殊的荧光装置，它们因此在夜晚发光以求得配偶。荧光闪烁的方式、节奏则代表了不同的含义，让它们在黑夜里交流。但是，灯光的出现，使萤火虫的数量一天天减少。

萤火虫的危机，不只是一种生物简单的存亡问题，隐匿在其背后的更是一个城市的危机。

当人类一天天发展，一天天进步，当人们一天天对自然失去了敬畏之心，一切错、坏、恶事都不会被心灵拷问，人们又何其不像在伐木取火呢？

王开东：首先，我有一个问题。袁梦，萤火虫的消失是因为灯火的原因，有科学依据吗？

袁梦：有的，杂志上说，因为夜晚的灯火，淹没了萤火虫微弱的信号，它们因此无法找到配偶，于是，萤火虫越来越少。

王开东：很好。由萤火虫的危机，想到隐匿在背后的城市危机，由城市的危机，想到了人类不再敬畏自然的危机。真是危机重重，让人汗不敢出。

文章在多层次中，不断深入，犹如高山坠石，余音不绝。

许俊峰：我创作了一首诗。

洪水来了
裹着泥，翻着浪
冲刷着整个村庄
所有的麻雀都飞离了枝头
只留下一窝雏鸟
当浪花跃到了树旁

可怜的雏鸟将要死亡
就在千钧一发之际
秃鹰叼走了死亡
下一个，下一个死亡又在哪里

王开东：很好，许俊峰用诗歌的手法，形象表现了人类的危机。整首诗意象鲜明，主旨显豁。不足之处是，过于拥挤，可大胆留白，充满跳跃性才好。

武瑞欣：人生的危机，实质上就是一次不为我们所接受，所适应的重大变化。当我们直面自己的人生变化或危机时，所要做的可以用五个词来概括：问题—情感—分析—方案—平衡。认识到产生危机的那些变化，就是认识到自己的问题所在；然后就是用正确的情感对待，不拒绝，不懈怠，不放弃；分析，即用一种宏观的适合自己的哲学体系，使自己理性思考；方案，就是比较目前自己的几种做法，最好选出既能度过危机，又能满足自己情感需要的应对方法；平衡，就是当危机出现时，意味着原有的平衡被打破，现在所要做的就是实施方案，使之重新恢复平衡，又为下一次的危机做准备。

王开东：武瑞欣总结得太精彩了。叔本华说："人生犹如一个钟摆，总是在欲望和无聊之间摆动。"萧伯纳说："人生有两大悲剧，一是没有得到你心爱的东西，另一是得到了你心爱的东西。"那么，我们可不可以说，人生有两大喜剧：一是危机到来，让我们失去平衡；一是危机消除，让我们得到新的平衡。也许伴随我们发展的就是危机，所以说，危机中藏着机遇。

生命水知道

蒋潇今天的命题是《水》，独字。有点独啊，同学们好好想一想，一分钟之后交流。

武瑞欣：上善若水，是古人很推崇的一种哲学。水能适应万物，也能包容万物。当水在小溪中，便能平静而流；当水在黄河中，便激流四溅。当水在容器之中，也能随型赋形。诚然，我们应该学水的包容，顺应万物，学习水的随遇而安。但我们不能在一味地适应万物中迷失自我，水没有固定形态，但人要有自知之明，独立的人格。

我的观点是，我们不能一味学习水，适应环境，我们也可以试着改变环境，活出自己的精彩。

王开东：反其道而用之，有一个词用得非常好，就是"一味"。提出观点的根基很重要，适应环境本身没有什么不好，但“一味”地适应环境，就会失去自我的禀赋。要知道人也是环境的一部分，有时候可以选择适应环境，有时候也可以通过改变环境，坚持真的自我。

茅叶：水在一定条件下，一旦通了电，就会分解成氢气和氧气，就像人陷入了绝境无法逃脱，表面上水一点一点消亡，可是，只要一点火星，氢气和氧气就会剧烈燃烧，甚至爆炸，冷却后再次回归水的形态。此时的水已经不是彼时的水，是置之死地而后生的，燃烧过，爆发过的水。就好比人，人的意志就是那火星，有了坚定的意志，绝境就可以成就辉煌，人也得以升华。

王开东：茅叶想象太丰富了。把水置于特定的处境之下，水就会消融，实质上是一种转化。对水而言，这是“水生”中的危急时刻。燃烧过，爆炸过，恢复了常态的水，已经不是当初的“水”了。

人，也是如此。人生中也有最危急的时刻，但我们用闪烁的意志的火星，燃烧，锻造，萃取……“钢铁”就是这样炼成的。

李佳园：我接着武瑞欣的观点继续说。

水并没有迷失自我，小溪中的水看似平静，受周围环境束缚，实质上在平静中积蓄力量，汇入大海。而海水汹涌澎湃，拥有改造周围环境的力量，水此时就不是适应环境了，而是在改造着环境。

而人生，也应该像水一样，每次平静都是力量的积蓄，为了将来有一天的汹涌澎湃，现在必须平静如镜。

王开东：武瑞欣陈述的是水的两种状态，你给这两种状态找到了关系。结构主义说，世界不是由物组成的，而是由物与物之间的关系组成的。关系就是生活，没有关系，人就无法生存。找出事物之间的关系，或者给事物赋予关系，犹如给生命赋予意义，这很重要。

联系我们的人生，我们每一天平静的积累，是为了有一天，我们必须向前，我们必须澎湃。

毛主席在平静积蓄力量时，也写诗说：“独坐池塘如虎踞，绿杨阴里养精神。春来我不先开口，哪个虫儿敢作声?”

陆馨彤：我们生活的班级就像水一样。每个组成这个班级的同学都像水，纯洁，美好，充满生机；另外，我们每个人都有不同的身世，就如同水有不同的源头。水不断地汇聚，又各自奔向前方，并最终汇入大海，完成自己的使命。就如同我们从不同的地方，会聚到这个班级中，高考之后，又会奔向各自的未来。

而未来的未来，我们又会聚在一起，诉说今天如水一样美好的过往……

王开东：这是一个如水柔情的场景，能够贴近自己的生活，抚摸到自己的生命，就会有最真实的感触。这两者的相似点在于汇聚和分散。为同一个目标汇聚，又为不同的走向而离散。但曾经聚会的温暖还在，旧日时光还在，激情还在。

王宇晴：俗话有“人往高处走，水往低处流。”其实人也应该往低处走走。水因向低处走，沿途流经万物，才会被人誉为生命之源。人若只往高处走，站在高山之巅，就会高处不胜寒，没有下山的路，和山谷中的一切就被突兀地隔开，突然摔下就会很疼。但如果向山下走去，认识了道路，一路走来，山谷中可能有花，有草迎接你。

王开东：很多时候，我们都喜欢仰望星空，喜欢登高望远，振臂一呼。其实这个世界上真正伟大的人是很少的。或者，就算是伟大者，也是从卑微中走出来的。最真实的生活也许是放低自己的身段。立根本在破岩中。拥有一种平民视角、平民情怀，能够对一朵花微笑，就会拥有一种空灵的心界。在悠然遐想中，或许就会有无穷的妙悟。

黄婧媛：学习水“不轻易改变”的生存哲学。水遇到高温，会蒸发为水蒸汽。水遇到低温，会凝结成冰。但水的本质从来没有改变。水遇到阻碍，当水能冲破它时，会毫不犹豫地闯过它；当水不能冲破时，水会绕路而行，但水不会忘记自己的目标，绕得再远，它都会到达目的地。

王开东：黄婧媛看出了表层和深层不同的含义，这个对应非常有意思。

表层的是水性杨花，意味着水是善变的。但是从深层来看，水的本质何时变化过呢？

水至柔却至刚，水滴石穿，水永远也不会忘记自己的方向，千回百转，依然百川归海。无论前面是地雷阵，还是万丈深渊，水都勇往直前，义无反顾。

蒋天宇：每个人的眼前都放着一杯水。每一次经历都是一次饮水。当你困难不堪，你却可能品到甘甜；当你无力回天时，你也许会尝到酸涩。一杯水成了心灵的物质依托，本来没有味觉的水，却能折射出不同心境者的不同味感。你在你的水中尝出了什么，或许就决定了你的世界将以何种姿态进行。谁的眼前都放着一杯水，何必去想别人的滋味？

王开东：你的意思是人生如同饮水，冷暖自知。专注于自己的人生姿态。哈哈，我还有半杯水呢！幸好我还年轻，幸好我还陷得不够深，幸好……拥有了达观的人生态度，我们就能面朝大海，春暖花开。

郅丹：古人云，君子不器。水也没有固定的形状。缥缈如雾，壮阔如海……空气中弥漫的水蒸汽，液化成雨滴，随性地从空中坠落，汇成水塘、河流、湖泊、清泉、瀑布，最后汇入汪洋大海。

水，润物细无声。它总是最公平的，不会计较污浊与丑恶，再浑浊的水都能把污垢洗净。一如老师教育学生，对所有的学生都一视同仁。我们要向水学习，学习水的包容精神，泰然处于天地之间。

王开东：水是最公平的，阳光也是最公平的。所以，有人说，真正的民主，是公平地给予植物阳光和雨水，而不在乎它长一样高，结一样的果。引入教育领域，我觉得非常好，我们就处在教育之中。

某些时候，教育就是学习。在学习中，既没有教育者也没有被教育者，只有学习本身。这也是一种公平。

蒋潇：老子云："上善若水。"从本质上来说，人与水十分相似。

水脆弱得一触即碎。即使温和的阳光也能使它消散于无形，但它又最为强大。排山倒海，气吞山河，它是自然最厉害的武器。人也如此，帕斯卡尔曾经感叹："人是自然界最脆弱的东西，一口气、一滴水都足以让他致命。然而，人却仍然要比致他死命的东西高贵得多。"人可以轻易被毁灭，但他同样拥有不可忽视的巨大力量。

王开东：所以，帕斯卡尔说，人是一棵苇草，但却是一棵有思想的苇草。因为是苇草，所以人是脆弱的；因为有思想，人又是强大的。从人与水的比附上来说，最高的善如同水一样，人唯有至善，才会无敌。所以说仁者无敌。

绘本篇

从文本内容转向文本表达

——《活了100万次的猫》课堂实录

时间：2012年6月17日

地点：云南省大理一中

教学主张：以往的语文教学，过于关注文本讲了什么，即文本内容是什么，很少探究文本为什么这样讲而不那样讲，即文本独特的表达。没有意识到文本内容与文本表达的和谐统一。语文教学必须要从文本内容转向文本表达，抓住文本中核心的语文价值，建构起不同文本的阅读图式。这是语文教师的责任和使命。从来就没有简单的文本，只有简单的老师。

一、导入文本

师：做一个小小的调查，有多少同学看过绘本？

生：很少的人。

师：我曾经说过极端的话，这个世界上有两种人。一种是看绘本的人，一种是没看绘本的人。前者是幸福的人，后者是不幸的人。

今天，我就给大家介绍一部非常伟大的绘本。佐野洋子的《活了100万次的猫》。有人说，这是亚洲唯一一部可以抗衡黑柳彻子《窗边的小豆豆》销售量的伟大作品。

好了，我们现在阅读这部作品。

活了100万次的猫

有一只活了100万次的猫，其实猫死过100万次，也活过100万次。

它是一只漂亮的虎斑猫。

有100万个人宠爱过这只猫，也有100万个人在这只猫死的时候，为它哭过。但是，这只猫却从没掉过一滴眼泪。

有一回，猫是国王的猫。猫讨厌什么国王。国王老是打仗，他把猫放在一个漂亮的篮子里带到战场上去。有一天，猫被飞来的箭射中就死了。正打着仗，国王却抱着猫哭了起来。国王不打仗了，回到了王宫，把猫埋到了王宫的院子里。

有一回，猫是水手的猫，猫讨厌什么水手。水手带着猫走遍了全世界的大海和码头。有一天猫掉下海，猫不会游泳，捞上来已经死了。水手抱着湿得像一块抹布似的猫，大声地哭起来。然后，把猫埋到了遥远的港口小镇的公园的树底下。

有一回，猫是马戏团魔术师的猫。猫讨厌什么马戏团。

魔术师每天把猫装到一个箱子里，用锯子锯成两半儿，接着把完好无损的猫从箱子里取出来，换来一片掌声。有一天，魔术师失手了，真的把猫锯成两半。魔术师两手拎着变成两半的猫，大声地哭了，这次，谁也没有鼓掌。魔术师把猫埋到了马戏场的后面。

有一回，猫是小偷的猫。猫讨厌什么小偷。

小偷和猫一起，在漆黑的小镇上，像猫一样轻轻地转来转去。小偷只偷养狗的人家。趁着狗冲着猫叫的时候，小偷撬开保险箱。一天，猫被狗咬死了。小偷抱着偷来的钻石和猫，在夜晚的小镇上一边大声地哭，一边走。然后，回到家里，把猫埋在了小小的院子里。

有一回，猫是一个孤零零的老太太的猫。猫讨厌什么老太太。

老太太每天抱着猫，从小窗户看外面。猫整天在老太太的腿上睡大觉。不久，猫老死了。摇摇晃晃的老太太抱着摇摇晃晃的死了的猫，哭了一整天。老太太把猫埋到了院子的树底下。

有一回，猫是小女孩的猫。猫讨厌什么小女孩。

小女孩有时把猫背在背上玩，有时紧紧抱着猫睡觉。她哭的时候，还会用猫的后背来擦眼泪。

有一天，猫被小女孩后背的带子给勒死了。小女孩抱着耷拉着脑袋的猫，哭了一整天。然后，她把猫埋到了院子的树底下。

猫已经不在乎死亡了。

有一回，猫不再是别人的猫了。成了一只野猫。猫头一次变成自己的猫。猫太喜欢自己了。怎么说呢，漂亮的虎斑猫终于变成了漂亮的野猫。

任何一只母猫，都想成为猫的新娘。拿很大的鱼送他，很好的老鼠送他。

可猫却说："我可死过100万次呢！我才不吃这一套！"

猫比谁都喜欢自己。

只有一只猫连看也不看他一眼，是一只美丽的白猫。

猫走过去说："我死过100万次呢！"

"噢。"白猫只说了这么一声。

猫有点生气了，怎么说呢，因为他太喜欢自己了。

第二天，第三天，猫都走到白猫的身边，说："你还一次也没有活完吧？"

"噢。"

白猫只说了这么一声。

有一天，猫在白猫的面前一连翻了三个跟头，说："我呀，曾经是马戏团的猫呢。"

"噢。"白猫只说了这么一声。

"我呀，我死过100万次……"

说到一半的时候，猫问白猫："我可以待在你身边吗？"

"嗯。"白猫说。

就这样，他一直待在了白猫的身边。

白猫生了好多可爱的小猫。

猫再也不说"我呀，我死过100万次……"了。

猫比喜欢自己还要喜欢白猫和小猫们。

小猫们很快就长大了，一个一个走掉了。

“他们都成了漂亮的野猫啦。”“是呀。”白猫说，然后她的嗓子眼儿里发出了温柔的“咕噜咕噜”声。白猫已经成了一个老奶奶了。

猫对白猫更温柔了，嗓子眼儿里也发出了“咕噜咕噜”声。每天猫都抱着白猫说故事给白猫听，直到睡着。

猫多想和白猫永远地一起活下去呀！

有一天，白猫静静地躺倒在猫的怀里一动也不动了。

猫抱着白猫，流下了大滴大滴的眼泪，猫第一次哭了。从晚上一直哭到早上，又从早上哭到晚上，哭啊哭啊，猫哭了有100万次。

早上、晚上……一天中午，猫的哭声停止了。猫也静静地，一动不动地躺在了白猫的身边。

二、猜想故事结尾

师：故事的结尾往往能反映故事的核心思想。请你为这个故事设想一个结尾。

生：猫在另一个世界里，和白猫幸福地生活在一起。

师：这个结尾很浪漫，今世不够，来世要修。

生：虎斑猫把所有的眼泪都哭干了，虎斑猫真的死了。

师：有点像“还泪说”，虎斑猫的眼泪哭干了，就死了。有点意思。

生：猫又活过来了，猫再也找不到白猫了，猫孤寂地度过了他的一生。

师：这个结尾比较凄凉。在猫的孤寂中，虎斑猫对白猫的深情一览无余。还有谁?

生：当猫哭到最后一滴眼泪的时候，白猫活了……

师：哦，我浑身激灵一下。你这个是神话故事。相信同学们还会有很多种不同的改写，现在，我们揭晓作者是怎么写的?

（投影：猫再也没有起死回生过）

三、关注文本内容

猫为什么不再起死回生?

生：我觉得猫不需要起死回生了。白猫不在了，活着的意义没有了，所以猫就不想活过来了。

生：我觉得猫不愿意起死回生。只要愿意，虎斑猫没有做不到的事。但是，这一次他是心甘情愿地离开。

生：我觉得猫是不屑。没有白猫的世界，不值得一活。所以它毅然决然地走了。

生：也许是不能，虎斑猫已经活过了100万次，这时候，它又哭了100万次。眼泪当然是为白猫而流，但不也为自己的过去而流？

师：为自己的过去而流？

生：因为过去活得太肤浅了，这一次找到真爱，终于好好地活了一次。猫没有什么遗憾了。

师：无爱的人生，100万次也不值得一过。真正地爱过，活过，一次就够了。

故事读完了，作者的结尾也解读了，问题就来了。

这其实是一个有关什么的故事？

生：我觉得这是一个有关成长的故事。猫活了100万次，其实就是猫体验了100万次，每一次体验都是在成长。

师：嗯，就是说，不管流不流眼泪，猫都在成长，直到成长为一个有责任敢承担的猫。

生：我觉得这是一个有关寻找的故事。

记得老师曾经说过学姐的一段话。人生的视野前方是一堵墙，我们所有的读书或者奋斗，不过是搬石头，垫在我们的脚下，垫得越高，我们看得越远。猫垫了100万块石头，终于寻找到了最重要的东西。

师：这个解释太性感了，我非常喜欢。生动，形象，有细节。

生：我觉得这是一个爱情故事。有所得，是低层次的快乐，有所求是高层次的快乐。虎斑猫只有看见白猫之后，它才不再寻找。在白猫的三个“噢”一个“嗯”之后，就安静下来，说，“我可以待在你身边吗？”这是理解，更是尊重和信任。从此，虎斑猫不再自以为是，不再年少轻狂，爱情使得他成长。

师：嗯，这是一个爱情故事。充满着爱情真谛。

生：我觉得这还是一个有关生命意义和价值的故事。

师：我有点兴奋，说来听听。

生：过去的虎斑猫为什么一次次死去又活来，实质上就是死不瞑目，它没有找到生命的意义和价值。国王很有权势，但它只是一个玩物。水手虽然能够周游世界，能够吃到海鱼，但是，它内心却是孤寂的。魔术师把它当成了表演的道具，小偷把它当做了偷窃的工具，小女孩更是把它当做了玩具。虎斑猫什么都是，就是没有获得过真正“人”的待遇。成为野猫之后，它获得了自由。遇见白猫之后，获得了真爱。他生命的价值和意义已经找到了。

师：说得很好。从马斯洛的需求层次理论来看，先是生理的需要，其次是安全的需要，归属和爱的需要，最后是尊重和自我实现的需要。先前，虎斑猫仅仅是满足了生理需要，仅仅是生存而已，甚至连生存的安全也得不到。被箭射死，被锯子锯开，被水淹死，被狗咬死……尽管那些人都为猫的死流泪。猫一次也没有哭过。因为猫从来都没有获得过尊重和爱。直到他成为一只野猫，猫感受到了自由，也实现了自我的价值。

所以，我们可以作这样一个追问。虎斑猫为什么一次次死去又活过来？因为它觉得自己从来没有真正地活过。为什么主人为它的每一次死亡洒下眼泪，虎斑猫竟从来没有哭过？因为它不过是他们的宠物，他们并不理解它，更谈不上尊重与爱。为什么虎斑猫最后要成为无家可归的野猫？因为这样它将获得自由，不再是别人的宠物，而成为完整的自己。为什么虎斑猫要爱上白猫，放弃它的骄傲与自由？因为白猫也是一只独立自由的猫，它并不愿意成为虎斑猫的宠物，所以虎斑猫爱上了它，就像爱上另一个自己。为什么这一次虎斑猫死去后不再活过来？因为它已经真正地活过。真正地活过，爱过，一次就够了。同学们有没有想过，这样一个猫的故事，为什么感动全世界那么多的人？问题又来了。

这个故事与我们何关?

生：我们每个人都是猫，猫就是我们每个人。我们都在寻找，都在追求生命的价值和意义。

生：我觉得也是。猫满足了我们的幻想，很多时候，我们那样活了，那么做了，毫无意义。可是，我们不能像猫一样起死回生。所以，我们更应该珍惜生命。

生：我觉得我就是那一只虎斑猫，我永远也不想做别人的道具和玩具，也不需要别人做我的。人只有活在一个平等的世界里，才是真正幸福的。

师：同学们说得真好。我读这个故事，多次流下泪水。我们都像猫一样活着。可是，我们有多少时候，是为自己真正地活过一次。作为老师，有时候，我们是为分数而活，有时候是为校长而活，有时候是为声誉而活，有时候甚至是为了免于恐惧而活……

你们呢，或是为了所谓的大学而活，或是为好的生活而活，或是为好的工作而活，或是为父母的期望而活，或是为老师的要求而活，甚至是为了父母多年前一个未曾实现的愿望而活……

我们都是那一只猫，我们如此不同，但又如此相似。

所有的故事都曾经发生过，所有的故事都是同一个故事，所有的故事都是我的故事。

四、关注文本表达

师：恩格斯曾经说过，一切知识，一旦不能转化为数学的模型来接受和理解，这样的知识就很难被接受。文学作品的鉴赏，也有必要从文本内容转向文本表达，寻求一些规律性的特点。谁来说说这个文本表达上最大的特点是什么？

生：我觉得是重复。

师：重复的感情色彩不对，应该说成是反复。但文本表达上有一个专业的术语叫铺排。

“有一回猫是国王的猫，猫不喜欢什么国王……”、“有一回猫是水手的猫，猫不喜欢什么水手”……这就是铺排。在你们的印象中，铺排方式有哪些，有什么样的作用？

生：可以类比。比如“臣闻求木之长者，必固其根本；欲流之远者，必浚其泉源；思国之安者，必积其德义”。

师：你举的这个例子类似的还有很多。比如：“合抱之木，生于毫末；九层之台，起于累土；千里之行，始于足下。”“飞鸟尽，良弓藏；狡兔死，走狗烹；敌国破，谋臣亡。”这种类比有一个规律，前者往往是辅，都是为了类比和突出最后一句。

生：还有的是映衬，或者叫蓄势，构成铺排。相声中常常采用这种手法。微型小说也常常采用这种手法。

生：还有一种是对比。常常与前面两者结合起来使用。比如先是映衬铺排，蓄势，然后，再陡转，造成一种反差。比如相声中：一米五，唰，跳过去了。一米六，唰，跳过去了。一米七，唰，跳过去了。两米，唰，跳过去了——从杆子底下。

师：下面，我们举例说明，先看一首世界上最糟糕的诗歌。一个黑人诗人写的一首诗——《民族》。

民　　族

我们民族的肤色是美的；
我们民族的眼睛是美的；
我们民族的灵魂也是美的。

生：这首诗确实不怎么样，但也不能算是最糟糕的。这首诗最大的毛病在于没有意象，变成一种强词夺理。如果加入意象来映衬，构成双向的铺排，诗歌的效果就大为改善。

师：不愧是诗人，高手啊。

民　　族

黑夜是美的，我们民族的肤色是美的；
星星是美的，我们民族的眼睛是美的；
太阳是美的，我们民族的灵魂也是美的。

生：现在，我可以说，这是一首震撼人心的诗歌，说是世界上最美的诗歌之一，也不算过分。

师：确实如此，黑夜的广阔和深邃，如同黑人的肤色。星星在黑色的天幕中明亮地闪烁，像一个民族的眼睛。而太阳的温暖，博大、光明和无私，则是一个民族的灵魂和胸襟。这就是美好的映衬，黑夜、星星、太阳和肤色、眼睛、灵魂，既有比又有衬。

再看一篇文章。

趣说为人

________________，所以我们应该平等看人；
________________，所以不可偏听一面之词；
________________，所以不能随着别人，一个鼻孔出气；
________________，所以不能说两面话；
________________，所以做事不但要为自己想，也要为别人想……

师：老实说，你们喜欢不喜欢这段文字？

生：不喜欢，太糟糕了。像古板的班主任在说教。

师：好了，老师修改第一句，请你们修改后面。人的两只眼睛是平行的，所以我们应该平等看人。开始抢答。

生：人有两只耳朵，所以不可偏听一面之词。

生：人有两个鼻孔，所以不能随着别人，一个鼻孔出气。

生：人只有一个舌头，所以不能说两面话。

师：最后一句有点难：人虽然只有一颗心，但却有两个心房，所以做事不但要为自己想，也要为别人想……现在，感觉这段文字怎么样？

生：太机智，太生动，太幽默了，非常喜欢。也采用了铺排的方式。

师：学好铺排，有时候，不费吹灰之力，就可以写出经典作品。在1999年“光辉的五十年”全国征文比赛中，我有一个学生，采用了铺排的方式，把全国一等奖轻松拿下。

幻灯片展示：

窗

爷爷那年十八岁，十八岁那年，俺们家砌了房，都是用稻田里的土垒的，还散发着泥土的清香……

十八岁那年，爷爷娶了亲……于是，每天早晨，温柔的奶奶早早起来，打开白纸糊的木格窗，把阳光牵进来。

爸爸那年十八岁，十八岁这年，俺们家砌了房，是砖墙呢……十八岁那年，爸爸娶了亲……于是，每天早晨，漂亮的妈妈早早起来，把玻璃窗擦得跟自己的眼睛一样的乌亮。

我今年十八岁，十八岁这年，俺们家又砌了房，是一幢临湖而居的小洋楼……十八岁这年，爸爸给我娶了台电脑，爸爸还说，这就是智力投资……于是，每天早晨，我都要拉开窗帘，打开塑钢窗，让清风溜进来，然后，在晨读中迎接阳光……

我们家常听到的对话是：

爷爷说，唉，俺们那年头。

爸爸说，嗯，我们那时候。

而我说，瞧，咱们这时代！

生：这个文章的铺排用得很有意思，既有类比，又有发展，又与最后形成鲜明的对比。从窗户的变化中，从物质进步到追求精神文化的变化中，看到了五十年翻天覆地的变化。

师：好，分析得非常精彩，这就是建立在对表达的认识之上。最后，和同学们做一个游戏，我呈现微型小说的前半部分，我打赌同学们一定能完成后半部分。

幻灯片展示：

人与猴

动物园里，大人指着笼子里的猴对小孩说："记住，这种动物叫猴，是专门供咱们人类开心的动物。""何以见得呢？"小孩问。

"不信，你瞧。"大人说着，从包中摸出一颗花生，朝笼子里的大猴背后扔去，只见大猴急转身，略一迟疑，却用嘴接住，然后再用爪子从嘴里取出来，剥开吃掉，显得很滑稽。小孩笑起来，说真有意思。

大人也被大猴的举动逗得很开心，便来了兴致，又将另一颗花生扔进去，还是扔向大猴身后的地方。大猴故伎重演，转身，跳起来用嘴接住，用爪子取出剥开，放进嘴里。大人不断地扔，大猴便不断地这样接住，然后或吃掉，或分给身边的小猴。直到一大包花生全部扔完了，大人和小孩才恋恋不舍地离开。

回家的路上，小孩问大人："你为什么将花生扔到大猴的背后呢？"大人得意地笑了，说："猴子翻来覆去地来回折腾才有意思啊，如果直接扔到它眼前，还有这么好玩吗？"

小孩信服地说："爸爸，你真行！"大人又说："猴子这种动物自以为挺聪明，其实被咱们耍了，它们还不知道呢，真可悲！"

师：考虑一会儿，注意标题的提示作用。

（学生七嘴八舌，气氛热烈）

动物园里，大猴指着笼子外的人，对小猴说："你知道这种动物叫什么名字吗？""不知道。"小猴望着指手画脚的人回答。"记住，孩子，"大猴说，"这种动物叫人，是专门供咱们猴子开心的动物。"

“何以见得呢?”小猴问。“不信你等着瞧。”大猴说。这时，适逢有个大人往笼子里扔花生，扔在大猴的背后，大猴急转身，略一思忖，用嘴去接住，然后再用爪子从嘴里取出来，剥开吃掉，显得很滑稽。

终于，那大人的一包花生全部扔给了猴子。

他们走后，小猴问大猴：“你为什么用嘴去接扔进来的花生呢?”大猴得意地笑了，说：“如果我用爪子去接，他们还会继续扔吗?”小猴信服地说：“妈妈，你真行!”大猴又说：“人这种动物自以为挺聪明，其实被咱们耍了，他们还不知道呢，真可悲!”

阅读篇

重要的不是结果，是方法

——《学会概括》课堂实录

时间：2012 年 7 月 26 日

地点：山西省太谷县第二中学

教学主张：阅读教学中，重要的不是结果，而是方法。重要的也不是方法，而是运用方法这个工具解决问题的体验。甚至也不完全是体验，而是各种方法、体验包括情感的全部叠加。现代文阅读最高的境界不是我会解题，而是明白我为什么会解题。

师：前几天，我看《正大综艺》，有一个有趣的环节，主持人问三个最喜欢《味道》这首歌的人，能否概括出《味道》中到底说了哪几种味道？

下面我们来欣赏一下《味道》的歌词，你们也来说说《味道》中究竟有多少种味道。

味　道

辛晓琪

今天晚上的星星很少
不知道它们跑哪去了
赤裸裸的天空
星星多寂寥
我以为伤心可以很少
我以为我能过得很好
谁知道一想你
思念苦无药
无处可逃

想念你的笑
想念你的外套
想念你白色袜子
和你身上的味道
我想念你的吻
和手指淡淡烟草味道
记忆中曾被爱的味道

生：外套的味道，白色袜子的味道，烟草味道，爱的味道。

师：啊，外套是什么味道？袜子可能是臭味了。

（生大笑）

师：其实，这首歌的词写得太漂亮了。“你的笑”、“外套”“白色的袜子”，都是丰富的细节。这些细节在记忆中闪闪烁烁，混合着淡淡的烟草味道。而这些都是——爱的味道。这样，“味道”又从具象上升为抽象，上升为精神的层面。歌词很经典。为什么喜欢这首歌，又回答不出问题呢？因为概括很难，需要我们在实践中体验，然后产生感悟，一旦拥有了概括的武器，我们就能举重若轻，毫不费力。

我们不妨先来看看何为概括？

概括有两种类型：化繁为简和化实为虚。

所谓“化繁为简”，就是把说得比较详细的具体的繁复的内容，用简单的语言表达出来。最高的境界是简明，一要求“简”，二要求“明”。

所谓“化实为虚”，就是把具体的材料上升为理性的认识。或者是归类总括，或者是提炼出某种规律性的认识。材料本身只是材料，为什么要使用材料，对使用材料的意图的总括和认识才是概括。

对于“化繁为简”，很多同学也是明白的。那么，为什么还屡屡犯错呢？原因是，我们的概括不规范。

那么，应该如何规范呢？

答案是要做到两个统一：概括性和具体性统一；科学性与倾向性统一。

先看概括性和具体性统一。所谓“概括性”，一是内容全面，否则就是概括性不足；二是语言简明，用最少的话说出最多的意思。所谓“具体性”，就是内容应该很实在。如果别人没看过这个材料，通过你的概括，他就确切知道这段说什么了。这就意味着你的概括有了具体性。正是因为概括性和具体性不够，常常导致我们丢分。

第二个统一是“科学性与倾向性统一”。所谓“科学性”，就是你说话的分寸和说话的角度问题，语意概括的轻重大小与原文是不是吻合，说话的角度与句间关系和全文是不是吻合。所谓“倾向性”，就是语意概括当中所包含的情感倾向。

这是我们从理论上来看概括的特点。一些名词需要在实践中逐渐变成动词，活过来的，才是有用的。

名题呈现：

1. 读下面的文字，概括出杂草的几个特点。要求：①要点清晰；②20 字以内。(6 分)

一棵画眉草，一次能结一万五千粒种子；一棵狐尾草，一次结的种子达八万多粒。很多杂草的种子很小、很轻，风一吹就会像尘土似的飞扬到空中，传播到很远的地方。杂草不像栽培作物那样“娇贵”，能耐干旱，耐低温，也不怕土壤贫瘠，在什么地方都能繁殖生长。

“杂草”的特点：______________、______________、______________。

师：先请一个同学来审题。

生：第一是要求我们概括；第二是要概括出三个特点。

师：概括首先要看对象，这里自然是杂草。第二是要看杂草的特点。那么，“特点”有什么特点呢？比如说她的特点是：身材苗条，皮肤白，眼睛大。就是说，要能概括出“特点”，先要找出具体的陈述对象，后面再用形容词来陈述这个对象。

生：我拟的答案是：画眉草和狐尾草种子多，种子小而轻，耐干旱，耐低温。

师：同学们讨论一下这个答案。

生：第一个“画眉草和狐尾草种子多”，要把画眉草和狐尾草去掉。这是作者举例子说明杂草的特点。

师：说得好，这就是“化实为虚”。把“具体的材料上升为理性的认识”。通过“归类总结”，提炼出某种规律性的认识。注意“归类总结”中的分号。特点 2 和特点 3 怎么样？

生：我认为没问题。

师：问题很大。为什么要说“种子小而轻”呢？因为“种子小而轻”，所以，种子能够“飞扬到空中”，因为在“空中飞扬”，所以能够“传播到很远的地方”。所以，第二个答案应该是——传播远。在这里我们提出概括的一个重要的武器，就是偏正复句。偏正复句语意的重点在后面。比如转折复句的重点，是在转折之后；因果复句的重点是“果”；递进复句的重点大多也是递进后面的内容。根据这个武器，同学们能否修改最后一个答案？

生：因为杂草“能耐干旱，耐低温，也不怕土壤贫瘠”，所以“在什么地方都能繁殖生长”。根据因果复句的重点在后面，这句话的重点应该是杂草“在什么地方都能繁殖生长”。我把它概括成——生命力强。

生：在任何地方都能繁殖生长，应该概括成“适应力强”。

师：你们觉得哪个答案更好？

生：“适应性强”更好。因为它照应了“在什么地方”，而且也包含了“生命力强”的内涵。

师：说得很好。概括一下这道题给我们的启示。第一是注意标点。三个句号分清了三个层次，也分清了三个要点。还有一个分号，提醒我们要学会归类。第二是偏正复句的引入，以后会经常使用。第三是学会了概括的一种句式。“种子多，传播远，适应性强”，都是主谓句，陈述对象加陈述，表意清楚明晰。第四是认识了一种写法。常常采用比较的方法，使事物的特点鲜明突出。比如，拿栽培作物和杂草相比，突出杂草的适应性强。

这就是我们读了这一道题，所获得的武器，也是我们的内功。我们需要不断积累我们的武器，争取十八般武艺样样精通，最好还要内功深厚。好了，再看第二题。

名题呈现：

2. 阅读下面的文字，请分别概括出“微博”在信息发布、传播和获取三方面的特点，不超过25字。(5分)

微博，即微博客（Micro Blog）的简称，是一个基于用户关系的信息发布、传播以及获取的平台。

博客适合发布长信息；微博一般有较为严格的字数限制，比如美国的twitter限制为140字符以内。博客内容的传播主要靠网民主动访问，属于典型的一对多传播；微博作者发的每条信息却能即时送到用户的首页，而无需对方主动访问。与QQ相比，QQ的信息只能个人查看，而微博上的信息可以通过搜索引擎搜索到；QQ信息只是发给某个人或个人群组，而微博上的信息是发送到整个平台的。

发布____________________________

传播____________________________

获取____________________________

师：还是认真审题，谁来说说。

生：这道题的对象非常清楚，即“微博的信息”；概括的方向是“发布、传播和获取”。

师：说得不错。这也是一种命题的方式。比如，我马上可以出一道题。下面这则关于微博的文字，是从哪几个方面说明微博的特点。那么，答案就是：发布、传播和获取。言归正传，现在我们开始解题。

生：先筛选出有关发布的相关信息：“博客适合发布长信息；微博一般有较为严格的字数限制，比如美国的twitter限制为140字符以内。”

这段文字中，博客是拿来作比较的，突出微博有严格的字数限制，可以删去。“比如”后面是举例说明，也可以删去。所以剩下来的是：微博有较为严格的字数限制。

再压缩一下，我最后的答案是：有字数限制。

师：最简单的句式是动宾短语。答案不如用“限制字数”。还有没有了？

生：还有一个地方，也要筛选出来。

“QQ 信息只是发给某个人或个人群组，而微博上的信息是发送到整个平台的。”

这里拿“QQ 信息”发送和“微博信息”发送比较，突出微博信息发送的特点。筛选出来的结果是：“发送到整个平台”，再经过压缩，答案是“发至平台”。

师：同学们，优秀的学生总是要具有归类总括的能力。很多同学会遗漏这后面的一点。如何不遗漏呢？就是要紧紧抓住“发布”这个类别来概括。

生：我来筛选“传播”的相关信息：“博客内容的传播主要靠网民主动访问，属于典型的一对多传播；微博作者发的每条信息却能即时送到用户的首页，而无需对方主动访问。”

“博客内容的传播”，是用来和微博内容的传播作比较的。可以删掉。筛选出“微博作者发的每条信息却能即时送到用户的首页，而无需对方主动访问”，再压缩为“及时送达，无需主动访问”，最后的答案是“无需访问”。

师：最后的压缩有问题。第一是不符合传播这个角度，第二是概括不宜用否定句。

生：那么，答案应该是“及时送达”。

师：非常好。继续。

生：筛选获取的相关信息：“与 QQ 相比，QQ 的信息只能个人查看，而微博上的信息可以通过搜索引擎搜索到。”

又是通过比较来明确。筛选内容为“微博上的信息可以通过搜索引擎搜索到”，再压缩为“可通过搜索引擎搜索到”。怎么搜索到，也不重要，继续压缩为“可搜索到”。

师：很多人都可以做到这一步。还有一个答案，非常难。几乎是全军覆没。这涉及概括中常常具有隐含信息。需要我们用心寻找。请问：获取与什么有关？比如我现在用嘴巴说话，你们如何获取？

生：用耳朵获取。

师：我用手来比划。

生：我们用眼睛获取。

师：也就是说，传播的方式，就是获取的途径。所以，我们筛选信息的时候，还不能忘记筛选“传播”的内容。

生：明白了。

筛选出“微博作者发的每条信息却能即时送到用户的首页，而无需对方主动访问"，再压缩为"无需对方主动访问"。不可使用否定句，再改为"自动获取"。

最后的总答案是：

发布：限制字数，发至平台

传播：即时送达

获取：自动获取，可搜索

师：谁来总结一下第二题给我们的启示。

生：第一是常用其他事物作比较。第二是一定要挖掘隐含信息。第三是不能用否定句。

师：概括得不错。继续呈现新题。

名题呈现：

3. 用不超过25个字概括下面这段文字的主旨（广东高考卷）

①近代，西方自然科学和社会科学迅猛发展，而中国在这些方面落后了。②我们应当立志图强、奋起直追，虚心向西方学习，凡是好的、有用的都应该学，这是没有疑问的。③但我们如果因此丢弃了"自我"，失去了自我的根基，忘记了"我们自己是谁"，那恐怕就要成为民族罪人了。④历史证明，一个民族一旦失去了自己的文化传统，尤其是标志文化特质、体现文化灵魂的哲学思维传统，那就很难"自立于世界民族之林"，终究要被淘汰出局。⑤况且我们中华民族有着优秀的历史文化传统和独特的哲学思维个性，更应该发挥所长，为创造人类的新文化和新哲学作出应有的贡献。

师：结合我们刚才所说的武器，认真分析这道题。

生：我觉得第一句和第二句构成了因果关系。所以，筛选出第二句，压缩为"虚心向西方学习"，再压缩为"向西方学习"。

师：还记得什么句子最简洁吗？

生：动宾句子。那就压缩为"学习西方"。

师：第三句是丢弃了"自我"，我们就要成为民族罪人。那么，可以概括为"不能丢弃自我"。这个概括有什么问题？

生：问题在于两处，第一是用了否定句。第二是"自我"的内涵不明。

师：很好，这样我们就有了努力的方向。

生：第四句举历史事例证明："不能失去自己的文化传统，尤其是标志文化特质、体现文化灵魂的哲学思维传统。"这是一个递进句，根据偏正复句的知识，这里的"自我"，我们可以界定为"哲学思维传统"。

师：那么，最后一句是说什么？有何作用？

生：进一步明确了"自我"的内涵，并且提出还要发挥"自我"。合起来，我的答案是：学习西方，还要保持和发挥本民族的哲学思维传统。

师：有一个很核心的问题，没有得到重视。回顾我们概括的理论。其中有这样一句："说话的角度与句间关系和全文是不是吻合。"请问同学们在概括的时候，有没有注意句间关系？

生：句间关系，应该有两处。

一处是第一句中的一个转折句。第二处是轻微的递进，"继承并发扬"。所以，答案应该是："学习西方，但更要保持并发扬本民族的哲学思维传统。"

师：看看考场中出现的问题，认真辨析错误答案，对我们是极大的提高。

① 我们既要向西方学习，但不能丢弃自我，否则将会被淘汰出局。

② 我们向西方学习的同时，也要发扬文化传统。

③ 我们不能丢弃自己优秀的民族文化传统和独特的哲学思维个性。

④ 我们不仅要虚心学习西方，更要坚持优秀的文化传统，为祖国作贡献。

⑤ 我们要向西方学习但更要保持自我。

生：第一句犯了两个错误，第一是"自我"不具体；第二是用了否定句。

生：第二句错把转折关系当成了并列关系。而且文化传统过于宽泛。第三句把自我具体化了，但是把学习西方又丢了，这叫概括性不足。第四句错把转折句当成了递进句，而且"自我"的概括不准确。最后一句虽然关系对了，但"自我"的内涵太宽泛。

师：嗯，看来同学们的水平是提高了。谁来总结一下这道题给我们武器库增加了什么法宝？

生：这道题最大的感受就是句子概括时，一定要注意概括的角度，特别是要保留原句的句间关系。

师：概括得很好，下面一道题非常经典，请同学们运用刚才的武器，认真辨析，独立完成。

名题呈现：

4. 概括下面一段文字的大意，不超过30字。

细菌虽然小得肉眼看不见，但它们在分解枯枝败叶的过程中确实起了关键性的作用。它们能将吸收二氧化碳和其他养分而长成的树干与枝叶，再分解成二氧化碳释放到大气中。若没有细菌的存在，那么地球上的二氧化碳只能维持植物利用40年，因为碳素将被锁定在植物体内而不能参与到植物循环中去。由于细菌的这种作用，维持了整片森林甚至整个地球的盎然绿意。

生：整个句子的意思，我把它概括为：细菌分解枯枝败叶起了关键性的作用。

师：没有看过这则材料的人，听了你的概括，能否把握这段话的内容？

生：不能。

师：为什么不能？

生：什么作用是关键性的作用，表意不明。

生：第一句是一个转折句，我同意他的概括。关键性的作用，后面有具体的解说。最后一句话是，由于细菌的这种作用，表明上面所说的，就是在具体说细菌的关键性作用。

师：这个分析很有道理。请继续。

生：细菌分解枯枝败叶的目的是，把分解出来的二氧化碳释放到大气中去。这个句子太烦琐了。我们说过，最简单的句子是动宾句子。所以，我把它概括为：细菌分解枯枝败叶，释放二氧化碳……

再看后面，如果没有细菌的存在，这是从反面强调细菌的作用，这就等同于我们前面总结的常用的比较法。那么，释放二氧化碳，有什么意义呢？意义是“维持了整片森林甚至整个地球的盎然绿意”。这一句又是递进句，我们选取后半部分——维持了地球的盎然绿意。

综合起来，答案是：细菌分解枯枝败叶，释放二氧化碳，维持了地球的盎然绿意。

师：非常精彩。整个题目的妙处，在于对我们前面所获得的所有武器，来了一个大检阅。非常难得。

下面一道题，难度可以说是令人谈题色变。这是高考中得分率最低的大题之一，看看我们的同学能否挑战这道题。

名题呈现：

5. 宋代涌现了更多的竹画家。苏东坡就是一位画竹大师。他画竹气魄极大，“从地起一直至顶”，线条和笔力都很强劲。元代文人画兴起后，画竹更为盛行。四大家之一倪云林的画，大都修竹数竿，意境萧疏，具有独特的风格。明代竹画家蜂起。王绂画竹名驰天下，邵二泉题他的《墨竹》诗说：“萧萧数竹不胜看，到此方知画竹难。谁信中书曾放笔，片时行尽楚江干。”道出他画竹的高超技艺。徐渭（字文长）创画雪竹的方法，所画极为精绝。有人评论说：“徐文长先生画雪竹，纯以明代瘦笔破笔燥笔断笔为之，绝不类竹；然后以淡墨水勾染而出，枝间叶上，罔非积雪，竹之全体，在隐约间矣。”

简要概括出本段的内容。(不超过26字，6分)

师：同学们做好了吧，谁来说说？其他同学进行点评。

生：宋元明竹画发展的概况。

生：我觉得这个答案不妥当。概括不够具体，“概况”相当于前面的“自我”和“关键性作用”，不明确，概括得不到位。

师：嗯，说得不错。你的答案是——

生：宋元明竹画家的独特风格。

师：谁来评述一下。

生：这个答案的问题在两个方面，第一是不够全面。除了讲到风格之外，还有别的方面。而且，句子显得有点怪。

师：哈哈，能知道句子有点怪，也很不错啊。句子之所以有点怪，是因为这个句子是一个偏正短语。而偏正短语，只是具有一个陈述对象，而没有具体的陈述内容。而这道题是要概括第二自然段的内容，所以不符合要求。由此，我们发现偏正短语是一个名词性的短语，不能形成概括。最后的内容概括短语应该是主谓句。还有谁来呈现自己的答案？

生：苏东坡画竹气魄极大，倪云林竹画，意境萧疏。王绂画竹技艺高超。徐渭画竹极为精绝。

生：我觉得你这个答案不是概括，而是精简。你只是把句子变得精练了，你没有形成概括。因为你保留了例子，停留在材料上，没有上升为理性的认识，缺乏概括性。

师：这个剖析非常到位，很精彩。还有谁来挑战？难度越大，战胜它，我们的进步就越大。

生：宋代涌现了很多画家。

生：这个答案，问题比较多。首先是朝代不全，文章中说的是宋元明三代，你只说了一个宋代。光说涌现了竹画家，至于这些竹画家怎么样，又没有概括，这属于概括性不足，不够全面。

师：大家在辨析错误的过程中，逐步获得了能量。首先是朝代，宋元明。其次是宋代涌现了更多的竹画家，元代画竹更为盛行，明代竹画家蜂起。建议用主谓短语。你们觉得哪一个最为简单？

生："蜂起"最为简单，包含了其他几句的意思。

师：那就是：宋元明竹画家蜂起。再看后面部分。这时候要看陈述对象。讲到倪云林画时，说到了他具有独特的风格。这里的对象就是风格。那么，宋代的苏轼，"画竹气魄极大"，难道不也是风格？明代徐渭画雪竹，难道不也是独特的风格？所以，第二句可以概括为宋元明画家都具有独特的风格。前面竹画家蜂起，用的是主谓句。我们继续使用主谓句，那就是：风格独特。说到王绂画竹时，说到了他的高超技艺。那么，所举的例子，哪一个人画竹不具有高超技艺。再使用主谓句，那就是技艺高超。

所以答案应该是：宋元明竹画家蜂起，风格独特，技法高超。

总结一下，这道题最大的感受有三处，第一是一定要学会对材料进行归类；第二是一定要选用好恰当的短语或句式；第三就是一定要注意使用材料的目的。

名题呈现：

6. 下面一段文字中，介绍了"古代史分期"的主要学说及代表人物，请用不超过50字的一句话概括。

中国何时进入封建社会，争论了几十年。中国历史博物馆落成时，"中国通史陈列"按照从战国时期进入封建社会的观点布展。在这个问题上，范文澜、翦伯赞表现出豁达的态度，对扩大这一学说的知名度起了很大的作用。翦伯赞在撰写《中国史纲要》教材时，曾有过犹豫和为难，甚至准备采用郭沫若的学说，以使教材表述与"中国通史陈列"体系相一致。后来，上级部门鼓励翦伯赞按照他们所主张的观点来写，于是中国从西周时期进入封建社会的学说写进了教材。但尚钺的学说一直不受重视，曾遭重点批判。就是在这种情况下，一位权威学者仍将"魏晋封建论"与其他两论并列，实属难能可贵。

师：这是江苏高考迄今为止出的最有水平的一道概括题。谁来尝试。

生：范文澜、翦伯赞认为中国是在西周进入封建社会；尚钺持“魏晋封建论”。

师：你们觉得这个答案是不是有点怪怪的。

生：既然尚钺持“魏晋封建论”，也就是说，尚钺认为中国是从魏晋进入封建社会的，简称为“魏晋封建论”。那么，范文澜、翦伯赞认为中国是在西周进入封建社会，应该写成是“西周封建论”。否则概括就不够简明。

生：还有一个地方。中国通史陈列馆凭什么按照从战国时期进入封建社会的观点布展，应该是有学术缘由的。所以要认真理解“甚至准备采用郭沫若的学说，以使教材表述与‘中国通史陈列’体系相一致”，由此豁然开朗，中国通史陈列馆的观点，是来自郭沫若。所以，应该增加一个答案，郭沫若持战国封建论。结合题干，答案为：关于“古代史分期”，范文澜、翦伯赞持“西周封建论”，郭沫若持“战国封建论”，尚钺持“魏晋封建论”。

师：今天的概括题探究之旅非常美妙。过去人们常常说，解题要能做到举一反三，我觉得除此之外，还要能做到举三反一，不断累积出武器，运用好武器，我们才能兵来将挡，水来土掩。最后，布置一道思考题。这道题的答案是：①父母亲族的爱。②家乡的山水草木。③悲欢离合的家史。④邻里的乡情。请探究这道题为什么答案全部都是偏正短语。

本课拓展

思考题：

7. 人生旅途崎岖修远，起点站是童年。人第一眼看见的世界，就是生我育我的乡土。他开始感觉饥饱寒暖，发为悲啼笑乐。他从母亲的怀抱，父亲的眼神，亲戚的逗弄中开始体会爱。但懂得爱的另一面——憎和恨，却须在稍稍接触人事以后。乡土的一山一水，一虫一鸟，一草一木，一星一月，一寒一暑，一时一俗，一丝一缕，一饮一啜，都融为童年生活的血肉，不可分割；而且可能祖祖辈辈都植根在这片土地，有一部悲欢离合的家史。在听祖母讲故事的同时，就种在小小的心坎里。邻里乡亲，早晚在街头巷尾、桥上井边、田塍篱角相见，音容笑貌，闭眼塞耳也彼此了然，横竖呼吸着同一的空气，濡染着同一的风习，千丝万缕沾着边。一个人为自己的一生定音定调定向定位，要经过千磨百折的摸索，前途充满未知数，但童年的烙印，却像春蚕作茧，紧紧地包着自己，又像文身的花纹，一辈子附在身上。

从文中看，乡土都给人们留下了哪些“童年的烙印”？（不超过28个字）

单元教学篇

少年心事当拿云

——苏教版必修一第一单元专题备教述评

一、知识积累——一枝一叶总关情

苏教版的专题编排增进了课程内容和学生成长的联系，把“作者文本”演化成“读者文本”。读者的地位大为提高，读者不仅是“读者”，还可参与文本，在文本中“写入”自己的见解，这对学生精神生命的成长极为有利。有关专题知识积累，我从两方面阐述。

主题知识积累

苏教版所有专题的主题，一旦连缀在一起，就能构成学生精神生命的发育史。主题内涵的积累也是题中之旨。

必修一第一单元为“向青春举杯”。“青春”不是静态地写在书本上可以朗读的一个名词，而应该视为一个动词，一个有待重新发现的奥秘。

专题包括三个板块，三个板块层层推进：第一板块，先通过《沁园春·长沙》《相信未来》等诗歌勃发学生的青春，让他们意识到青春在人生中的重要地位和价值。如此美好的青春如何才不至于虚度？第二板块的《十八岁和其他》《我的四季》，恰到好处地驱散了学生心头的疑云。当学生从自己虚拟的故事中醒来时，他们也许会对未来充满了一种与日俱增的期待。第三板块，《青年在选择职业时的考虑》《我的五样》在于帮助学生设计未来。

同一板块之间，也交叉互补。“吟诵青春”以诗歌的形式，展现不同时代青年人的精神风貌。《沁园春·长沙》写于革命年代，重在抒发伟人的革命情怀；《相信未来》写于“文革”期间，重在表现一代青年的绝望和抗争；《让我们一起奔腾吧》，写于改革开放初期，重在表现有为青年时不我待、狂飙突进的一种精神风貌。

“体悟人生”中，一篇选自台湾地区，一篇来自中国内地，正好构成一种交错。所有的故事都曾经发生过，所有的故事都是同一个故事，所有的故事都是“我”的故事。

“设计未来”中，两篇文章，一中一外，一个谈选择，重在人生观的启迪；一个谈舍弃，重在价值观的引导。

本体知识积累

本体知识涉及诗歌中的意象、语码兼及散文的写法。

意象就是寓“意”之“象”。“象”是客观世界中可见的万物、生活画面，在诗歌中的名词呈现。“意”则是隐藏在物象中的，肉眼不可见的思想、情感。中国诗学一向重视“意”与“象”的关系，亦即“情”与“景”、“心”与“物”、“神”与“形”的关系。

某一种意象不断被使用，被书写，被叠加，内蕴就会不断丰富，逐渐就成为一种“语码”，成为语言和思想的存在之家。在同一种文化背景之下，一旦某一种语码被叩响，就会带出一大串有关的联想。

散文的写作往往由实到虚，其中的人、物、事就是“实”，我们完全可以把这里的“实”看成是“象”和“形”，而探寻品味散文的“虚”，实质上就是探询“象”和“形”背后的“意”和“神”，这种探询，自然就是散文阅读的关键所在。

二、文本研读——吹尽狂沙始得金

《沁园春·长沙》：

五四运动包括两方面内容，一是思想启蒙，重个体精神自由；二是政治救亡，重群体战斗行为。词的上下两阕恰好呈现了这两方面内容。上阕是“万类霜天竞自由”，个体自由精神得到极大的发挥；过渡是“谁主沉浮”，下阕的回答是“携来百侣曾游”，群体的战斗性、先进性、革命性得到了充分的彰显。

在意象的表达上，“万和百、遍和漫、尽和透、争和击”，极言数量之多、范围之广、色彩之浓、幅度之猛，正好呼应当时蓬勃发展的革命形势。“鹰击长空”、“中流击水”两次用“击”，凸显诗人壮怀激烈的一面，而“鱼翔浅底”之“翔”，则张扬诗人举重若轻的一面。诗人又把自己的这两种特质融入“同学少年”之中，正是这些不言之言，巧妙地回答了“谁主沉浮”的问题。

盖因秋天“金风一动扫败叶”、“寥廓江天万里霜”，正好契合了毛泽东“满城尽带黄金甲”之志；因而《沁园春·长沙》一扫千古悲秋之气，淋漓尽致地展示了一个马背诗人的豪情壮志。

《相信未来》：

在那个时代，“相信”是一个并不陌生的语汇。岂止是相信，有时候还要迷信、笃信。但谁都不敢“相信未来”，因为未来和现在有一种对立关系，“相信未来”就意味着否定现在。

1968 年，随着工人“造反派”的兴起，红卫兵运动迅速落潮，无数青年学生在现实中受挫，普遍对未来感到失望，陷入消沉、迷惘。《相信未来》的横空出世，使得从红卫兵转为知识青年的一代人，看到了一个崭新世界，找到了一个宏大的精神出口。

诗歌的前两节四四方方，整整齐齐，四句一节，具有食指所倡导的“窗式美”。“无情地”、“叹息着”、“固执地”、“贫困的”、“失望的”、“凄凉的”等形容词与名词的叠加，造成一种“装饰感”很强的视觉效果，流淌着失望和迷惘。这正是食指语言上的自觉追求。诗人以朴素、忧伤的笔调倾诉了一代人理想的追求与破灭，却又把对未来的信念包裹其间。

但“未来”究竟是什么，诗人并没有给出答案，这是一种强烈的人生信念。现实的痛苦和不公只能等待未来的补偿和肯定——“相信不屈不挠的努力，相信战胜死亡的年轻”。这种信念在诗人同时期的《鱼群三部曲》中，有更鲜明的袒露。尽管前途渺茫，但冰层下的鱼儿依然相信未来阳光的拯救，尽管最后鱼儿死去了，但却充满了献身的欲望：“太阳，我是你的儿子，快快抽出你的利剑啊，我愿和冰块一同消亡！”

敢于为光明和未来而献身，这是食指“相信未来”的内在力量。

《让我们奔腾吧》：

江河和共和国同龄，这似乎注定了他的成长要和共和国一样经历磨难。

阅读这首诗，一定要注意人称。

第一节是写“我”的奔腾。“我”不再是抒情主人公，而是活生生的“自我”。诗人直接把“我”纳入写作进程，直接让“我”置身于春天，聆听春天苏醒时“海洋和冰块的相撞”；感受“船冲向浪头”的春潮涌动，激情翻滚；于是，“我”忍不住“呼唤风像呼唤姑娘们”，期待一切美好高贵的事物。而“所有的小树木都涨满绿色的帆”则告诉“我”，所有的美好都欣欣向荣，万物都充满希望。

玉兰花把洁白的心向蓝天张开，迎春花到处闪烁，阳光追逐，鸟儿牵动，紫丁香晃动，而“我们”则在花瓣匆匆铺成的道路上芬芳地奔走，因为“来者犹可追”。

第二节是写“你”，这是对奔腾者的礼赞。尽管他们正从黑暗、污浊和沧桑中走来，但他们热情、开朗、纯洁、清澈。黑夜给了他们黑色的眼睛，他们却用来追逐光明。

第三节是写“我与你”，把“文革”中的“我与他”的关系变成“我与你”，“我与你”不仅是人和人的关系，也是人与物的关系。因为奔腾者的到来，一切黑白颠倒的规则要重新更正，一切美好的品质都要得到守护。与岩石、江河、不凋的针叶树结识，其实是结识一种清洁、一种大气、一种雄浑、一种气质。

第四节是写“人们”，奔腾的意义在于创造人们的“生活”，要让“美丽的风光”“在人们的脸上闪动”，要让“笑声”“溢满普通的家庭”。

其中，“土地说：我要接近天空，于是山脉耸起”，“人说：我要生活，于是洪水退去”，这两节像极了《圣经》中的《创世纪》。“上帝说，要有光，于是有了光；要有空气，于是就有了空气。”每个人都是上帝，都可以“创世纪”，只要你敢于奔腾。

三、专题教学方法——人世间有百媚千红

（一）诗歌的整体教学法

1. 组织“我们为什么需要诗歌”的讨论，激发学生学诗的兴趣

中国是诗歌的国度，不知什么时候我们忘记了诗歌，忘记了一种精神和灵

魂的高贵。诗歌有一种超凡脱俗的力量，这种力量与想象有关，与情感有关。一首好的诗，能够在人的心灵上打开一扇窗，使人看见寻常看不见的美，一种隐藏在生活的本质之中，需要触角和艺术感悟的美。有时候，不是我们在阅读诗歌，而是诗歌在阅读我们。

2. 探究诗歌解读的方法

首先是分析意象。通过分析意象的选择、意象的组合、意象的表达，揣摩作者运用意象的意图，进而了解诗歌的内容。这一步骤主要是对学生理解力的培养。

其次是想象诗境。通过联想和想象，再造诗歌意象组合所创造出来的氛围和意境，让学生沉浸到诗歌里去，感受诗人的思想情感。这是对学生思维能力的培养。

再次是感悟诗意。诗歌是为了感动，抒发的都是人之常情。我们完全可以通过自己的人生体验，感悟作者的思想情感以及这种情感中的价值取向。这是对学生感悟力的一种培养。

最后是品评诗质。通过对诗歌内涵的品评，对诗人艺术手法的赏析，对诗歌所抒发的感情的品味，完成对诗歌价值的判断。

结构主义认为，“世界不是由物组成的，而是由物与物之间的关系组成的”。从这个角度出发，诗歌背景、时代风习、历史事件、诗人生活现状，包括诗人的遭遇和性情，都包含着诗歌理解的整体信息，都是我们在诗歌教学中必须要重视的材料，甚至策略。

3. 发而为声的诗歌吟诵

诗歌朗诵，入于眼，出于口，闻于耳，铭于心，调动各种感觉器官，多方感知，久而久之，培养了语感，进而化为自己的东西，终身受益。在吟诵的过程中，注意感受诗歌的语言美，再现诗歌的形象美，品味诗歌的感情美，探究诗歌的思想美，感悟诗歌的人性美。

4. 从心灵里流淌出的诗歌创作

诗人郑敏说：“诗如果是用预制板建成的建筑物，意象就是一块块的预制板。”意象是诗歌看得见的灵魂。找到了核心的意象，就找到了写诗的一把钥匙。再大胆地通过联想和想象，把自己的感情放进去，比如我的一位学生的“父亲啊，您的皱纹深深，我的成绩却平平”，就很有感染力。写好诗歌，还要注重反差很大的比喻运用。

5. **建立诗歌课程**

诗歌教学，我们还必须具有课程意识，编制一个个微型课程，奠定专题学习的丰厚基石。

比如毛泽东的《沁园春·长沙》《沁园春·雪》与曹操的《观沧海》之间的继承关系。如果把《沁园春·长沙》和毛泽东1936年2月创作的《沁园春·雪》、1949年4月创作的七律《人民解放军占领南京》以及1954年夏创作的《浪淘沙·北戴河》衔接起来，放在一条历史的纵深线上比较，纵观20世纪的20年代、30年代、40年代、50年代——这四个风起云涌的年代，一个立体的不断变化的而又始终在一条轨道上前进着的毛泽东，就跃然纸上了。作者个性虽然无异，但由于时代不同，作品就呈现出不同时代的毛式风格。这样的微型课程对学生深入把握诗歌极为有利。

再比如食指作为朦胧诗的启蒙者，直接开启了后来由北岛、顾城、舒婷、杨炼、江河、梁小斌、芒克等诗人组成的朦胧诗派。我们也可以按照这个系列再现朦胧诗的谱系和代表作品。

尤其是我后文提到的“摇曳在诗歌里的人生”课程，其中还隐含着一层意思，每个人的人生就是一个课程，青春是最美好的一章，需要我们好好规划，好好经营。

（二）活动体验法

活动体验由“活动”和“体验”两块组成，“活动”是形式，是载体，“体验”是内容，是目的。教师要引导学生结合材料，开展丰富多样的语文活动，深入认识“青春”的人文内涵。

活动形式要丰富。可以运用“我的青春我精彩”名言创作、诗歌编选、心灵写诗、配乐朗诵、演讲比赛、家长访谈、亲情共读、人生规划报告、辩论会等形式，引导学生参与文本创作，在文本中写入自己的体验和思想。

体验要真切。要能够将学生引向自然、社会和生活，使得学生用自己的身体去经历，用自己的心灵去感悟，从而激发出青春活力，发展学生的情感、态度和价值观，完善学生生命成长的内在需要。

目标要明晰。活动体验，最终要能促使学生对青春“清醒地认识，灵活地交流，理性地选择，生动地表达，执著地行动”。

四、专题教学设计——万紫千红总是春

板块一：吟诵青春（三篇文章可进行整体互补教学）

《沁园春·长沙》作为定篇来处理，以诗歌语言的丰富性和作者的高远志向为抓手，重整体把握。《相信未来》以意象的蕴藉为抓手，重微观分析。《让我们奔腾吧》则完全交给学生，让他们从微观的意象分析到整体的宏观把握，作一个迁移。同时完成一个小型的诗歌课程。

《沁园春·长沙》的教学。诗歌选择了哪些意象？（意象如何组合，如何表达）写出了意象的什么特点？从这些特点可以感悟作者什么样的情感？作者何以会产生这样的情感？（联系社会文化、时代背景和个人性格）作者提出了一个什么重大问题？又是如何回答的？

要而言之，上联是“江山如此多娇”，下联是“引无数英雄竞折腰”。而无数英雄究竟“谁主沉浮”？作者的回答是“数风流人物”“还看今朝”的“同学少年”。

《相信未来》采用意象分析法，探究作品的思想内容。首先找出物象，给物象归类；其次是分析物象的内涵和相互关系；再次是综合意象群的共性和意象表达中的动词、形容词等，体悟诗歌情感；最后是深入分析作品的写作旨归。

譬如诗歌开头的“蜘蛛网”、“炉台”、“余烟”、“灰烬”等几个意象，“蜘蛛网”是自然物象，“炉台”、“余烟”、“灰烬”是社会物象，它们组合在一起，给人们描绘出了那个荒芜、穷困、艰难的时代，给人肉体上的折磨，精神上的贫困，思想上的禁锢。然而，诗人没有被蒙蔽，却要“用美丽的雪花写下来：相信未来”，“雪花”既是纯洁、质朴的象征，也传递了清楚、明晰的信念，还有，是不是也有一种易于消融的悲壮感？但恰恰是这种以卵击石，把作者不屈于现实的坚定，表现得格外真切。

《让我们奔腾吧》一诗，要完全交给学生，让他们体悟意象分析法的巧妙，同时宏观把握一首优秀诗歌的整个写作流程。

诗歌课程，由三部分组成。第一是诗歌的成长史（用经典诗歌串起诗歌的发展历程）。第二是历史在诗歌里穿行（结合历史大事沿革，选择经典诗歌烛照历史）。第三是“摇曳在诗歌里的人生”（用经典诗歌编织每个人的人生历程）。儿童时期，选择《背着书包玩耍》《童年》《同情》《毛虫和蛾子》《孩子给老师的请求书》；少年时期选择《没有一艘船能像一本书》《我辞别了

我出生的房子》《热爱生命》《谁终将声震人间》《新月集·赠品》；青年时期选择《偶然》《一棵开花的树》《预感》《露易莎》《公园里》《星星们动也不动》；中年时期选择《如果我能使一颗心免于哀伤》《答复》《秋日》；老年时期选择《晚钟》《当你老了》《沉重的时刻》。这是诗歌的课程，也是人生的课程，人就是这样美好地长大，诗意地栖居在地球上。

板块二：体悟人生（两篇文章可进行活动体验式教学）

《十八岁和其他》：首先是父子共读，交流阅读体会，妈妈负责谈话的整理和记录。其次，班级对话交流。适时把各个家庭的探讨情况融入其中，以多元视角聚焦这些看法。然后，引入《傅雷家书》的经典片段和卡夫卡《致父亲的信》，形成对照和撞击。最后，让学生以过来人的身份给正好越过童年，跨入初中的某晚辈写一封信，争取以感性的语言表达自己的理性见解。

《我的四季》教学：首先是学生自读体悟，找出富有哲理的句子，并单独写出赏析。其次是对话交流，要求学生用自己的人生体验来解读这些句子，其他同学补充交流，形成碰撞，老师作为“人生四季”的另一季，一定要分享自己的人生体验，形成有效补充。最后是感悟表达，每个人都写出自己感悟的哲理名言，汇编成册。

板块三：设计未来（两篇文章可进行自主设计对话交流教学）

方案A：首先，按照马克思的表格，师生真实坦诚地填写“我的自白”；其次，老师带头交流，阐释自己选择的原因。师生、生生通过对话，形成深度交融。再次，对照马克思的自白，到文本中寻找马克思填写“我的自白”的理由，反思自己自白中的选择。最后，提交一份人生规划。要求尽可能详细，尽可能理由充足，尽可能保障充分。

方案B：做一次《我的五样》的心理测试。比较分析著名特级教师王崧舟引起极大争议的《亲情测试》案例（写出五个挚爱的人，然后，一个个划去他们的名字，以此来培养孩子的感恩之心和亲情），判定这个案例的得与失，并说明理由。

本专题“写作实践”要求学生围绕青春话题进行写作，作文指导时，着力点应放在让学生贴近青春生活，贴近青春自我，写自己青春的经验和想象，写自己所真实感受到的青春狂想。既要有诗性之美，也要有理性之光。诗歌的创作，要选择好恰当意象，多用实词，少用虚词。抓住情、理、事，要有节奏感、形象感、质感、动感，尤其要有力度、硬度、广度、深度。

与清风舞，共明月醉

——苏教版必修一第四单元专题备教述评

苏教版必修一前两个单元，关注人内在的和谐；后两个单元，着眼于探究“人与故乡，人与自然”的外在关系。这样由内到外，构成一个和谐的人文系统，三个板块，恰到好处。“谛听天籁”是自然纯美的展示；“感悟自然”，是人生感慨的抒发；“湖山沉思”是生态恶化的忧思。这一人文系统，既是学生人文涵养的必需，也是学生精神生命成长的要旨。

一、积累整合——采得百花好酿蜜

前奏之一：关注散文中的“我”

傅德岷先生在《散文艺术论》中指出：“情感是散文的生命，‘我’则是情感赖以依存的能源。因为，无论是爱，是恨，是愤怒，是忧伤，是内心真诚的独白，还是对社会、人生的阐释，都要通过‘我’这一主体进行反映与表达。”

因此散文鉴赏中，要牢牢抓住“我”，抓住“我”的视角，“我”的情感和态度，“我”的用墨和语调，切入到散文的内核里去。

本单元共六篇选文。对自然而言，“谛听天籁”中，“我”是一个观望者，欣赏者，书写者。“感悟自然”中，“我”是一个外来者，倾诉者，疗伤者。“湖山沉思”中，“我”既是自然的书写者，又是自然的编织者。“我”与自然的生命互相编织。自然就是“我”，“我”就是自然，自然和人密不可分，自然和“我”血肉相连。人和自然建立起了伦理关系。

前奏之二：关注“我”的“个性”

散文是作家的心灵写诗，也是心灵写实。散文贵在有“我”，品读散文的关键，是要体会作者的个人性情、微妙情绪和独特感悟。因此，必须充分重视散文的背景，要知道作家的身世、性格、嗜好、思想、信仰、命运等，无不活泼地在散文中呈现。

作家往往从内心主体体验出发，拨开纷纷扰扰的生活表象，通过观察人生、描摹世态，对于人的存在、人的心灵世界进行探寻和追问，直面灵魂的悸动、精神的痛楚。真挚、纯洁、深邃、博大、慈爱、忧郁、思辨、挣扎、对抗、战栗、煎熬、疼痛……毫发毕现。

前奏之三：关注“我”个性背后的“精神”

人类的精神能走多远，散文的精神就能走多远。散文创作不可缺少精神指引。

史铁生说：“有一天我认识了神，他有一个更为具体的名字——精神。在科学的迷茫之处，在命运的混沌之点，人唯有乞灵于自己的精神。不管我们信仰什么，都是我们自己的精神的描述和引导。”

散文失去了精神，就会在艺术的道路上猝然跌倒，无法前行。散文阅读必须要关注散文的内在精神。

二、文本研读——此日中流自在行

江南冬景中“散步”的郁达夫

郁达夫一贯主张“文学作品都是作者的自传”，他的小说如此，散文和诗歌更是如此。郭沫若在《论郁达夫》中谈到：“他的作品中透露出一种真挚，似乎还有一个极其虚弱的声音在向你求救，那是灵魂的无奈在低吟浅唱。”但在定居杭州之后，郁达夫的风格猝然一变，充满了“一种含蓄的生气”。

这个“含蓄的生气”，明显来源于郁达夫内心的活力。写作《江南的冬景》之时，恰好是郁达夫伴同爱侣王映霞由沪迁杭，精心构建“风雨茅庐”的时候。

尽管鲁迅劝说他杭州不可居，并说湖上闷热、蚊虫多，郁达夫却付之一笑，说：我只是作家，先生却是战士。纵是战士，在这“花态柳情、山容水意”之间，怕也会渐生惰性，甚至颓废不振的吧。

朝来风色暗高楼，
偕隐名山誓白头。
好事只愁天妒我，
为君先买五湖舟。

这首《寄映霞》，完全可以窥见当时的郁达夫是何种心情。

《江南的冬景》中，多次提到“散步”。这是诗人郁达夫的一个重要意象。无论是“晨霜如粉的清晨、风和日暖的午后、烟雨微茫的垂暮、白雪纷飞的夜晚”，作者都以“散步”这个意象来统领，经由这个意象折射出背后的色彩和情调。“散步”，总是在天气晴朗、不冷不热的时候；总是在心境平和、悠闲自如的时候；总是在幽静晴朗、空气清醒的场所；总是在享受生活，享受宁静的温馨时候。

“散步”，有一种生的“情趣”，有一种美的“姿态”，有一种活的“神气”。正好烛照出诗人在“江南的冬景”下所体验到的悠闲、温馨、快乐之感，以及“得失俱亡，死生不问”的洒脱胸襟和隐逸意趣。

西地平线下“仰视”的高建群

高建群是一个有使命感的作家。他说，他是一个世界主义者，有一种大人类情结。在西域行走的高建群，渴望把历史每一个断章中那惊世骇俗的一面展现给现代人看。

西地平线上，惊心动魄的三次落日，就是高建群馈赠给我们的礼物。但重要的不是落日，是“我”，具有大人类情结的“我”，在落日下产生的历史感、庄严感、神圣感和悲剧感，以及在这样一种“天地大美”之下，更为沉重的悲怆感和潸然泪下的世界情怀。

高建群的写作是一种接近本质真实的写作。对于荒凉的西域，他把自己融化其中，沉浸其中，他的血液洁净而又充满真实的色彩，他的散文具有巨大力度、厚度和强度，宛如一部千军万马的交响乐，气势雄浑，壮怀激烈。

赤壁中“说服”自己的苏轼

苏轼的人生有四大宝。其一是儒家；其二是道家；其三是佛家；其四是史家。

《赤壁赋》中，苏轼采用主客问答的方式，自我追问，完成了自我的救赎。这四大宝也展现得淋漓尽致。

其一是儒家明知不可而为之的操守，贬谪之中，苏轼依然“望美人兮天一方”，忠君之心不改。

其二是道家的自然而然的达观和超脱。《赤壁赋》是苏轼人生中一个重要的转折点，他把儒家的道德文章和道家的清静超脱融贯在一起，完成了自己的人格塑造。苏轼不需要躲避官场，无论是居庙堂之高，还是处江湖之远，对他来说均是“外部世界”，他最后的归宿只能是自己的“内心世界”，“此心安处即吾乡”，“也无风雨也无晴”。

大凡诗人要超脱世俗的重压，常常有两个好去处。一个是看你能否与大自然融合，在自然中望峰息心，窥谷忘返。一个是在广阔的历史之中，找到知音，了然彻悟。这是一种大彻大悟的历史观。

但要彻底地觉悟，非得达到佛的境界不可。佛者，觉也。如何觉？佛不度人，人须自度。如何自度？无非就是在山水中得到陶醉，在历史中找到因果。

“凭吊江山，恨人生之如寄；流连风月，喜造物之无私。一难一解，悠然旷然。”苏轼成功地说服了自己。

西山中寻找“自我镜像”的柳宗元

在长期流放过程中，柳宗元有时不甘屈服，力图有所作为；有时又悲观愤懑，寻求精神上的解脱。

很多人认为柳宗元永州流放期间，只是寄情山水，排遣郁闷。其实，寄情山水，绝不是柳宗元对闲适生活的一种追求，而是他真实痛苦的一种反映。

柳宗元是在山水中，寻找自我镜像。

那么美好的西山，何以被遗忘，被遗弃，被冷落，被轻蔑？不就是因为“西山之特立，不与培塿为类”；而才高八斗、学富五车的柳宗元，何以累累若丧家之犬，不容于当世？不就是因为柳宗元的特立独行、人格高迈？西山的遭遇就是柳宗元的遭遇，在和西山的惺惺相惜中，柳宗元的孤傲、决绝、不管不顾，还有内心的痛苦，以及“恒惴栗”的感受，突然得到了缓解、释放，最终“心凝形释，与万化冥合”。

瓦尔登湖的“一滴”梭罗

神的一滴，为什么是神的一滴？

它不是世俗的，不沾染灰尘，因而是洁净的；它是神圣的、高洁的，因而又是神奇的；它只有那么一滴，因而又是珍贵的、稀罕的。它是神的一滴清泉，晶莹透亮，净化我们污浊的心灵；它是神的一滴美酒，芳醇四溢，历久弥香，对照出我们内心的荒芜和贫瘠。它是神的一滴眼泪，是对环境恶化的一种忧思、一种辛酸、一种悲悯。

梭罗的自然观与道家思想之间有诸多契合。他热爱自然，主张“人是自然的一部分”，等同于道家的“天人合一”；他厌恶奢侈，提倡简朴，又与老庄主张的减少贪欲、返璞归真的观念相吻合；他崇尚个人自由，反对政府剥夺个人的权利，又正与老子无为而治的思想同出一辙。梭罗，是一个纯粹的自然主义者，他用自身的实践建立起了与自然的伦理关系。在与瓦尔登湖亲密相处的日子里，“慵懒、虚掷、挥霍”都成了褒义词。

“森林已被砍伐，怎能希望鸟儿歌唱？”在现代文明的压榨之下，人们离淳朴恬静的大自然越来越远，令人神往的原始生活退化得无影无踪，取而代之的是嘈杂、焦躁和不安。梭罗告诉我们，幸运的是“他们每天至少有一次机会与庄严、纯洁的瓦尔登湖相遇。对它，就算只有一瞥，也已经可以洗净现代繁华大街上的污浊和引擎上的油腻了”。

“像山一样思考”的利奥波德

像山一样思考，为什么像山一样思考？山的思考有什么特点？有哪些重要的意义？

因为，“这个世界的启示在荒野”。像山一样思考，意味着人类中心论的倒塌，大地伦理观的确立。山是沉稳的、厚重的、深沉的、隐秘的、长久的，它经历了它该经历的一切，只有自然才真正地了解自然，只有山才能真正了解一只狼的嚎叫。山是自然中最可靠的部分，它的思考一定是自然的，本真的，生态的。

在利奥波德看来，大地不是僵死的，而是一个有生命力的活生生的存在物。人类和大自然是平等的。任何一个行为、一件事情，当它有助于保护生命共同体的完整、稳定和美丽时，它就是正确的；反之，它就是错误的。

三、方法策略——向青草更青处漫溯

一直以来，散文教学都在追求“怎么教”的问题，王荣生教授却给人当头棒喝。他认为当前散文教学最大的问题，不是“怎么教”，而是“教什么”。

那么，散文究竟应该教什么呢？

首先，要寻找不同文本的核心价值，认真打磨。有的是内容上的人文价值（教学内容侧重于精神思想）；有的是形式上的表达价值（教育内容侧重于表达智慧）；有的则仅仅是材料中的蕴涵价值（教学内容侧重于积累借鉴）。

其次，既要注重文本内容，更要关注文本表达。鉴于教材只是一个例子，因此有必要把文本表达提到极其重要的位置，和作文教学有机衔接。

最后，还要建立起散文阅读的模型，提炼各类文本的内容和形式，使学生在自主学习中获得可靠的程式和方法，最终形成散文阅读的课程体系。一切知识教育，但凡不能形成课程，这种知识很容易就转化成一种无用的信息。

四、设计策略——淡妆浓抹总相宜

以人文话题为统领，编织人与自然伦理的形成史

人与自然和谐相处，建立起一种伦理关系，走过了一条艰辛的路。

起初，人的伦理，只赐予自己，然后扩大到家人，然后到亲族，最后是部落。对于外部落的人，则是烧杀掳掠，何曾把他们看成同类，更不用说伦理之心。

后来有了国家，伦理逐渐覆盖到本国人民的身上。但为了本国人的利益，发达国家贩卖黑奴，发动战争，何曾对其他国家的人有过伦理之心。直到有一天，人类突然发现，所有的国民没有什么两样，一样是父母所生，一样有七情六欲。正如约翰·多恩所写：

> 没有人是一座岛屿
> 自成一体
> 每个人的死亡都是我的损伤
> 因为我是人类的一角……

于是，人与人之间终于架起了伦理的桥梁，互助友爱的地球村建立了起来。但这些都还不够。伟大的史怀哲告诉我们，谁也不能说出一朵花、一棵树木的所有真相。人类要敬畏自然。然后，是梭罗的自然主义，然后是利奥波德的大地伦理观。

以探究为核心，引导多种学习方式的变革

板块一：谛听天籁

《江南的冬景》和《西地平线上》两篇文章可采用比较阅读的方法进行整合教学。

两篇课文都是写景散文的名篇，但有很多不同。作者，一个是委婉细腻强调内在化的郁达夫，一个是粗犷奔放具有英雄特质的高建群；取景，一个是江南精致的风物和人文，一个是西北雄浑苍凉的落日风光；审美，前者更多体现的是优美，后者更多渲染的是壮美。更重要的，前者的景物之美，更多的是心情之美，是以“我”观物，后者是“我”在外物震撼下的心灵感受，是以物观“我”。

相同之处在于他们的引用。郁达夫大量引用诗句，从自然之暖写到人文之暖。“晚来天欲雪，能饮一杯无”，洋溢着淳朴自然的友情；“寒沙梅影路，微雪酒香村”，渲染出雪、月、梅三合一的浓浓意趣；“柴门闻犬吠，风雪夜归人”让我们体味到江南山村淳朴真诚的民风以及融融的人情；“前村深雪里，昨夜一枝开”，展示的则是早梅报春的惊喜。后者对左公柳、罗曼·罗兰、成吉思汗的三次联想，是对三次落日感受的升华，把壮烈、崇高、历史沧桑渲染到极致。

板块二：感悟自然

《赤壁赋》和《始得西山宴游记》两篇文章可采用主问题导学和点拨教学相结合的方式进行文本研习。

《赤壁赋》的主问题是苏轼何以从一个政治家羽化为一个道学家、禅宗家？这就势必要看苏轼的心路历程。整篇文章，由泛舟始，到枕舟终。第一段重在写景，清风明月、泛舟览胜，“诵明月之诗，歌窈窕之章”，诗情画意交相辉映，难免飘飘欲仙。第二段重在抒情，“乐甚”，故不能自已，故引吭高歌。主人之歌自然引出客人之箫，“甚乐”转瞬间化为“甚悲”。第四、第五段主客问答，由情入理。实为诗人巧设对立面的自我追问。客之悲实为主之悲，客之悲者三：因古今人物对比而悲，悲悲堆积，有了历史的深度；因宇宙无穷人生须臾而悲；因理想和现实的对比而悲。主则以“水”、“月”就近立论，阐述了“变与不变”的道理，两者都能使诗人找到出路。“变”，既然一切都会过去，当然不必为荣辱得失而悲。“不变”，既然“物各有主”，又何必为不属于我们的外物而悲呢？终于，主与客又从造物所赐的清风朗月中获得解脱，“洗盏更酌”，由悲向乐，进入超脱的境界。

但是，东方既白之后呢？我以为这种超脱还是有限的，因此，不如说是苏轼在悲愤和苦闷中努力旷达，思想中似乎超脱，现实中并不能达观。

《始得西山宴游记》的问题导学可从题目出发，一线串珠。核心问题是为何说是“始得”?“始”从何来?“得”有何说?

课文明言“始得”有四处：“未始知西山之怪特”，“望西山，始指异之”，“向之未始游，游于是乎始”。前面大段描述，都是烘云托月，包括结尾补记的时间，盖因始得西山的非同寻常。暗言“始得”有一处。“然后知是山之特出”，既与前文相呼应，又暗点了“始”字。最重要的，是山之特出，乃是因为西山的“不与培塿为类”，而这正是柳宗元的“得”，“相看两不厌，唯有永西山”。在找到自己的精神知音之后，“觉而起，起而归”的柳宗元，竟至于

“苍然暮色，至远而近，至无所见，而犹不欲归”。

当然，这两篇文本的研习，自然也少不了互相参读和比较。就算苏轼自己，何尝没有受到柳宗元的影响呢？他曾经说：“宗元之论出，而诸子之论废矣，虽圣人复起，不能易也。”明显从柳宗元身上汲取过精神力量。

板块三：湖山沉思

《神的一滴》和《像山那样思考》的教学，可抓住“人与自然”的伦理核心，用“点睛句 + 重点句”相结合的方式，提要钩玄。教师可选择一篇示范，另一篇让学生自主迁移。

比如选择《像山那样思考》。点睛句为：“这个世界的启示在荒野——这也许是狼嚎叫中隐藏的内涵。”重点句则为：“只有山长久地存在着，从而能够客观地聆听狼的嚎叫。”“但是在看到这垂死的绿光时，我感到，无论是狼，或是山，都不会同意这种观点。”“山的恐惧有更充分的理由：当一只被狼猎杀的公鹿在两三年就可被替补时，一片被太多的鹿拖疲惫了的草原，可能在几十年里都得不到恢复。”

狼嚎叫的骄傲在于它理解自己的价值，狼嚎叫的悲哀在于人类的对抗性和不驯服。而长久的大山明白：“狼（死亡）——鹿（多）——草（光）——自然灾害（加剧）——人类的未来（被河水冲走）。”人类必须学会反向思考，长远思考，辩证思考，像山一样思考，必须客观公正地对待一切，与自然讲和，与自然建立起伦理关系。有了《像山那样思考》的阅读示范，学生便可迁移这种方法，自主阅读《神的一滴》。

语文活动篇

新古文运动

一、活动原因

高中生中有不少人对古文十分“感冒”，坊间有言，中学生有三怕：一怕文言文；二怕周树人；三怕写作文。

究其原因，乃是中学生学文言，既没有现实语境，又没有实在体悟，更不像学英语一样有大把的时间。可怜的古文，甚至连工具也不是，只被看成是一堆陈腐僵死的材料，高考中一次性的敲门砖。

毋庸讳言，在功利主义的压迫下，古文学习逐渐沦为字词句式学习。古文的简练、含蓄、朴素之美，以及包蕴其中博大精深的文化，都被肆无忌惮地省略了。但是，没有灵魂的躯壳注定是无趣的，苍白的，甚至是可憎的；抽取了文化和精神之美的字词和句式学习，也必然是瞎子点灯——白费蜡。

美国缅因州国家培训实验室对学生在各种指导方法下学习 24 小时后对材料平均保持率的研究结果表明：讲授 5%；阅读 10%；视听结合 15%；示范 30%；讨论 50%；实践学习 75%；向其他人讲授或者是所学内容立即运用 95%。

因此，让学生真真切切地体验一次古文，立即运用一回古文，和古文来一次热恋，从而刻骨铭心，永志不忘，就成了学习古文的不二法门。

于是，在整个高二《史记》选修的上课期间，我只布置一篇作业。要求每个学生挑选自己最要好的同学，学写一篇传记。先是不断积累字词，再就是谋篇布局，完篇之后，还要不断调整修改，直至把所有的文言活用和句式都用进去，最后，还要展现出好友的个性和风采。

没有被同学挑选到的同学，则一律由老师亲自为其作传。

这当然是一次最高效的文言文学习，但仅仅理解成文言学习依然是肤浅的。想想看，在长期的涵咏和磨炼中，学生之间的了解是不是加深了，情感是不是加深了。

也许，很多年之后，学生会忘记我们课堂上所教的一切。但会记得高中阶段，有个同学曾经用文言文给他写过传记。我觉得这就是学习的意义。

二、活动操作

1. 下水铺路

要求学生翻译全文，指出所有的活用和句式。

屈原后传

屈原者，名平，楚之同姓也。平少，每自比于周公，时人莫之许也。时天下苦秦日久，甚矣，王之蔽！平被坚执锐，奋力平险，粪土王侯，王甚任之，尊平之位，征由其出。

尝为令尹子兰所短，平投身汨罗，魂赴天庭，诉冤于阎罗殿。

平曰：吾草行露宿，晨炊褥食，夜以继日，事君以忠，事亲以孝。以血肉之躯往来于刀林箭雨之中，未敢自恤。任人唯才是举，刑人唯罪是罚。拯生灵于涂炭，扶大厦之将倾。士民之有识者，云集麾下。自为外绳秦王，内惩细作，楚之霸有日矣。孰料信而见疑，忠而被谤，为奸人所害。如是，正气不张，良善何侍？

阎王怒，命拘子兰及上官，廷杖而死。

附：

屈原后传

屈原者，名平，楚之同姓也（判断句）。平少，每自比于周公（状语后置，“于”接名词），时人莫之许也（否定句代词作动词宾语前置）。时天下苦（形容词活用为意动用法）秦日久，甚矣，王之蔽！（主谓倒装）平被坚（形容词活用为名词）执锐（形容词活用为名词），奋力平（形容词活用为动词）险（形容词活用为名词），粪土（名词的意动用法）王侯，王甚任之，尊（形容词的使动用法）平之位，征由其出。

尝为令尹子兰所短（形容词活用为动词），平投身汨罗，魂赴天庭，诉冤于阎罗殿（状语后置，“于”接名词）。

平曰：吾草（名词作状语）行露（名词作状语）宿，晨（名词作状语）炊褥（名词作状语）食，夜以（介词的宾语前置）继日，事君以忠（状语后置，“以”接名词），事亲以孝（状语后置，“以”接名词）。以血肉之躯往来于刀林箭雨之中（状语后置，“于”接名词），未敢自恤（否定句代词作宾语前置）。任人唯才是举（宾语前置，“是”作宾语前置的标志），刑人唯罪是罚（宾语前置，“是”作宾语前置的标志）。拯生灵于涂炭（状语后置，“于”接名词），扶大厦之将倾（定语后置）。士民之有识者（定语后置），云（名词作状语）集麾下。自为外（名词作状语）绳（名词作动词）秦王，内（名词作状语）惩细作，楚之霸有日矣。孰料信而见疑（被动句），忠而被谤（被动句），为奸人所害（“为……所……”被动句）。如是，正气不张，良善（形容词活用为名词）何恃（疑问句疑问代词作宾语前置）?

阎王怒，命拘子兰及上官，廷（名词作状语）杖（名词活用为动词）而死。

2. 自选传主

选择自己最为熟悉，最能写出其神形并茂之人，同时积累活用字词和句式，开始撰写。

3. 传主初审

传记成文后，先交给传主初审，两人推敲细化。

4. 全班修订

所有传记打印后，全班同学共同阅读、评价、修改。

5. 教师统稿

最后由教师统稿，终审，修订，做成图书，人手一册。这将成为学生高中阶段最好的人生礼物。

三、部分成果选编

黄丽云传

陆蓓蓓

黄丽云者，沙洲县三兴人也。尝终日诵屈平《楚辞》，乃号为天问，以表高山仰止之情。吾亦自号九歌，以相娱乐。丽云与吾同窗一年有余，然吾二人性情大类，虽一二春秋，而相亲甚厚。

丽云身娇玲珑，彼行路之状异于众。常摆手翼于后，每站定，啾啾鸟语，珊珊可爱。或面吾，脸骤大若银盆，吾常吓退数步。彼知吾惧怖，以后多吓吾，吾见多仍怪之，彼大笑。实不知吾乃特意为之，引彼为笑耳。

丽云尝自忖道："眼热心冷。"吾实不然。吾常穷于作业，每百思而不得其解，莫之难者。是以丽云循循善诱，教予不厌其烦。吾学有进者，多赖丽云之助也。吾大胃口，每餐毕，腹果然，然一二时辰，面有饥色。丽云察之，慷慨与吾面饼。吾尝怪曰："汝饱乎？安能多遗吾？"丽云莞尔笑曰："吾乃神人也。岂不闻'神仙不食人间烟火'？吾修辟谷方术，不同凡人也。"吾闻之愕然，既而大笑。彼之善心与抽风，于此可窥一斑。

吾长彼一岁，然其心思之缜密，才思之敏捷，吾等不可及。丽云善作文，议论尤甚，常多于师长。其文约，其词微，隐大道于细末，吾常读罢拍案而不自禁赞曰："真乃妙文也。"彼素自谦文粗陋，理无以发，实过之。丽云察物入微，常倚窗凝神，若有所思而有所得者，随笔录之。顾其为文，实真情流露，不矜不娇，无怪乎能舞幽壑之潜蛟，泣孤舟之嫠妇。

《红楼梦》者，古今第一小说也。《红》之言曰："其静若何，松生空谷。其文若何，龙游曲沼。其神若何，月射寒江。"其天问之谓也？

弘一法师临寂言："君子之交，其淡如水，执象而求，咫尺千里。问余何适，廓尔适言，华枝春满，天心月圆。"人生能得一知己若丽云者，不亦乐乎？

黄靖媛传

王宇晴

靖媛者，姓黄。余尝问其籍贯，曰："不知。"余以之不惠。待其细述于余，余亦茫然。

靖媛父乃兆丰邑人，其母乃塘市邑人，举家居丁杨舍，余亦不明其籍贯，盖曰沙洲县人耳。其家去校舍远，故冬日日见一人，骑车被袄英姿飒爽者，靖媛也。

靖媛手寒，适冬，人握之而战然。常假余杯，置热水而捧，作欣欣然状。余夺杯，不与，佯瞋目相与之夺，怡然相乐也。

其善学，常记词于小册，为地理课代表，尤善区位条件。逢试必夺魁，望之喟然而莫有能及者。询师以题，敢于直视师目，不若余之怯默，余羡之于此。

尝共食于店，余与一友欲置一整鸡于盒，孰料鸡熟骨烂，夹肉掉骨，合二人之力尚不可为。靖媛执箸前，顷之夹鸡于盒内，尤为霸气，人啧然相赞。

先前，靖媛发长而厚，束而缚之，至于项背。人行发动，人跳发跃，讶然抚之，甚为有趣。既剪发，余虽惜之，亦无可奈何，抚其发而叹，其甩发而笑，曰："非汝发，何惜之有？吾为其不便故剪之，若可自留发，未有吾发之惜也。"余置若罔闻，继而抚其发，其逐侧身避之，嘻嘻然以此为乐。此乐余与彼之所共有。

余文短陋，无以彰靖媛之形。欲知其性，非躬亲相识不可体味。然其人可爱，尤得吾心，具以为文，以见世人。

第二辑

课堂点评·在理想课堂中出生入死

课堂，是神秘的场所，是生命焕放光彩的地方。

课堂如一条河流，没有两岸，只有前方，永远流向真理的大海。

课堂如母亲的手，温情地抚摸过每一个人，温暖、民主、安全、愉悦，春风骀荡。

课堂如火种，点燃求索之火，然后，让星星之火，永远燎原……

好的教师，理应在理想课堂中出生入死。

朱永新老师说，理想的课堂应该具有六度：参与度、亲和度、自由度、整合度、练习度、延展度。

叶澜教授说，理想好课应该具有五实：一要有意义，故需扎实；二要有效率，故需充实；三要有生成，故需丰实；四要有常态，故需平实；五要有待完善，故需真实。

王荣生教授则说，应该从教学内容的角度来观课评课。语文课现在不是怎么教的问题，首先是教什么的问题。王博士别开生面，打开了评课的另一扇窗。

其实，所有真实的理想课堂，也许根本就没有一个先验的理论，但总有一种味道。

学生愉悦，围绕着伟大知识的本身，在一种安全感中自由探讨，热烈交流，从生活中来，向生命里去……

我们今天这样教语文

——兼谈好课的几个特点

一、师生关系是教学第一生产力

教师——捧出一颗心来

首要的是要民主。民主氛围的创设，绝不是一朝一夕的事，它要求我们教师真正关心学习，爱护学生，理解学生，善待学生，一切为了学生，为了一切学生，为了学生一切。与学生交往、交流、交心，真正想学生所想，知学生所需。牢固树立为学生服务的思想，不能强迫学生适应自己，而应该努力适应学生，在大纲、教材要求与学生实际之间架桥，一点点引导他们向高处攀登。作为一名教师，我们吃的是草，但挤出来的必须是奶、血。

新型的师生关系——我们是师生，更是朋友

教与学的关系，绝不是教师居高临下，我讲你听，而应该是互助、平等的关系。一方面教师帮助学生学习，另一方面，学生帮助教师教学。教师帮助学生学习，就不是强迫、命令学生学习，而是以欣赏的姿态、激励的眼神、殷切的期望，巧妙地引导学生自我发展，引导学生由自在的人变成自为的人。同时，教师还要尊重学生的个性和人格，师生互相理解、尊重、帮助、谅解、信任，从而真正体验到做人的幸福感和自在感，减少内耗，增加合力。

开学总动员——我拿青春赌明天

每学期，我都与学生共同探讨四个话题："你体验到农村的贫困吗？""你体会到父母的艰辛吗？""你考虑过未来的挑战吗？""你相信自己能学好语文吗？"每次都能激发学生斗志，增强学生的信心，使学生勇往直前。苏东坡说："古之成大事者，不惟有超世之才，亦必有坚韧不拔之志。"此言得之，学生有了学好语文的坚定志向，动机强烈了，意志随之坚强，我们教师再辅之以必要的方法，结果肯定是事半功倍。

二、对教学的几点认识

关于一堂好课的标准

我认为一堂好课的标准，应具备以下几点要素。

（1）教学目标明确、具体、集中。目标“明确”，才能起到定向的作用；目标“具体”，才好落实；目标“集中”，才便于组织教学。

（2）目标之间要紧密联系。这种联系，不仅是知识上的关联，还应该是逻辑上的关联，认识上的深入。

（3）不要让学生做结论的见证人，而应该让学生做结论的证明人。就是说，真正把课堂还给学生，让学生自主学习，自我约束，自立发展，教师只以平等的学长身份，参与学生的发展过程，绝不能越俎代庖。

（4）课堂教学中要有矛盾冲突。中国的文学作品（尤其是戏剧），都注重矛盾冲突，因为矛盾冲突，能使人物的性格更鲜明，立场更清晰，情感更集中，因此表达效果也最好。如果教师在课堂教学中善于制造矛盾，让学生讨论、争论，甚至分为两组进行辩论，这样，理越辩越明，教学任务自然能顺利完成，而且还常使课堂教学达到高潮。

（5）力争把课内的知识融入课外，把课外知识注入课内，创设大语文教学情境，把语文课上成立体的。

关于教学的总思路

我教学的总思路可概括为“三有六让”。

“三有”即“有趣，有情，有理”。有趣才能引起有意注意，强化学习动机，兴趣是最好的老师，“寓教于趣”是最好的办法。“有情”就是要发扬审美感受力，“有理”就是要提高逻辑推导力。这样一来，就使得课堂中既有文学的阐发，又有科学的概括；既有艺术的具象；又有科学的抽象，既有文学的结晶，又有科学的结论。最佳的教学艺术就是“学生最初在形象感染中陶醉，最终又在逻辑推理中清醒”。所谓“六让”，就是“目标让学生清楚；疑问让学生讨论；过程让学生经历；结论让学生得出；方法让学生总结；练习让学生自选”。“六让”最初的动机是让学生主动发展，自我完善，而最终的目标是着眼于学生的“终身发展”和“自我完善”。

关于阅读教学

新教材的阅读教学，我采用的最基本的方法是“情境教学”。第一方面是因为新教材文学作品较多，人文精神宽广，第二方面是因为高中生情感丰富，易于产生共鸣和共振。

具体来说：

（1）创设问题情境——提携全文

有价值的问题总能诱发思考，激发求知欲。因此，在整体感知课文阶段，我常常精心设置能提携全文的一组问题，形成问题情境，它的好处是：有利于引导学生把注意力集中到文章的主旨上，有利于学生整体感知，把握要点，深入探究。

（2）创设活动情境——突破重点

在创设问题情境让学生整体感知课文后，就要从突破教学重点考虑，创设活动情境，让学生动脑、动手、动口，以跃跃欲试的心态参与研读活动，落实教学目标。活动形式的选择，可根据具体的学生特点及爱好，选择适宜的方式，总之，不拘一格，唯求实效。

（3）创设想象情境——体会感情

阅读文学作品离不开想象，而文学作品的形象性、生动性和多情性，又为想象插上了翅膀，因此，多创设想象情境，往往不仅使学生体会到文章的感情，而且引起共鸣，获得巨大的阅读愉悦。

例如，在《冬天之美》教学中，我通过移情，创设想象情境："乡村的冬天夜晚，非常寒冷，一家人围着火炉，闲聊。同学们，你们有没有这样的经历，这样的经历仅仅让你们感到冬天的美好吗?"学生情绪高涨，还自然得出"冬天之美，尤美在人情之美"。

（4）创设迁移情境——举一反三

阅读的效果，需经迁移训练，才能得到验证。但新课之后，简单的布置作业，又往往加深学生的疲倦的心态。如果我们不怕烦琐，创设出有利于学生举一反三的迁移情境，就会再次点燃学生思维的火花，使学生再接再厉，完成迁移训练。

如在教《林教头风雪山神庙》之后，我让学生比较《水浒传》与《三国演义》描写人物谁更出色？学生很自然地得出《水浒传》更出色，因为林冲的性格是一步步地发展起来的，人物性格是立体的。而《三国演义》中关羽的义，曹操的奸，诸葛亮的智，刘备的厚，都是平面的。二者在这点上，根本不能同日而语。

关于作文教学

作文教学一个最大的弊病，我以为是学生缺少阅读群，总是教师一个人批，一个口味改，满足不了学生的创作期待。于是我重点在两个方面努力，从而大大调动了学生写作的兴趣。

（1）作文课中，采取提纲评点法。这样一来，既养成了学生列提纲的习惯，又使得多个学生的创作思路在全班得到交流，获得改进，赢得重视。未得到交流的同学，也可以比照别人的创作，获得启发。

（2）课后随笔，采取轮流随笔法。四个大笔记本，四组之间，每天一人，流水作业，力争把最好的文笔和才华展示出来，让全班同学鉴赏、评改、学习。这样一来，大家互相学习，共同提高，特别是阅读群的扩大，尤其是异性读者的介入，促进了学生写作动机和写作欲望的增强，而自主命题，自由发挥，写身边事，写心里话，写真情，写实感，又使学生如鱼得水，如虎添翼，这样一来，课后练笔，不仅落到实处，而且焕发出无限的生机。

优质课应该有怎样的面孔

——点评江苏省优质课一等奖刘洪伟的《念奴娇·赤壁怀古》

前几天，去江苏沭阳高级中学，参加江苏省优质课观摩活动。在一天半的时间里我听了11节课。多可喜，亦多可悲。

沭阳中学是一所老学校，有近百年历史。非常奇怪的是这所学校知名校友中有好多个将军，是不是沭阳看来是个尚武的地方？优质课评比在某种程度上也充满了刀光剑影，一种看不见的硝烟和较量。好在沭阳中学的行政楼前有一片圆形的沙地，沙地里有无数的白鸽子飞来飞去，人与自然的和谐一览无余。

主办者为了提高赛课的精彩程度，让选手自带课，这种选择一开始就背离了比赛规律。如果课堂变成了一种演示，那么学生岂不是道具？这样的课堂就算精彩绝伦，也会不伦不类啊！

更重要的是，不少老师为了所谓的课堂完整，为了节省时间，不停打断学生发言，焦灼地提醒学生课堂的走向和答案；还有老师在黑板上写的字比蚂蚁还要小，学生就算架起望远镜也看不清。暴露问题最多的还是文本解读的严重缺失。这种缺失必然导致课堂教学浮光掠影，课上热热闹闹，皆大欢喜，课后一切烟消云散，有没有收获，有多少收获，只有天知道。一位女教师上舒婷的《祖国啊，我亲爱的祖国》，老师们普遍反映上得精彩，结果却让人大跌眼镜，居然是倒数第一。而有一个男教师上杜甫的《登高》，他成功地把杜甫的这首诗给糟蹋了，居然高居第二名。这是可悲的地方。

当然也有可喜的地方，南京的刘洪伟老师的《念奴娇·赤壁怀古》，确实上得不错，第一名也算实至名归。

以下是我的简述。

老师出场，先活跃气氛，拉近师生距离。因为沭阳中学的学生刚刚跑操回来。刘老师顺势引导他们高呼跑操的口号，调动现场的气氛。

这个环节很好。不仅是课堂气氛的调节，关键是能给下面的豪放诗预热。

但老师却没有把上课的课题、文本事先呈现给学生。临时分发课文，反面朝上。老师说，所有的学生什么都不需要，需要的是和老师共同来一场精神之旅。

学生总是喜欢好奇的。这里的设计打破常规，让学生有一种新奇感。但我觉得老师的想法不仅在这里，他还在事实上指向评委。他的诉求是我不让学生做任何准备。那么，最后我的课堂教学前后学生的落差，就是我的教学效率。

一切准备就绪。老师开始导入课文。这是迄今为止我看到最好的导入。

老师说，中国著名作家林语堂曾经评价过一个人。我们今天就上他的课，猜猜他是谁？

他是一个无可救药的乐天派
一个伟大的人道主义者
一个百姓的朋友
一个大文豪
一个大书法家
一个创新的画家
一个造酒试验家
一个工程师
一个憎恨清教徒主义的人
一位瑜伽修行者、佛教徒
一个巨儒政治家
一个皇帝的秘书

一个酒仙
一个厚道的法官
一位在政治上专唱反调的人
一个月夜徘徊者
一个诗人
一个小丑
他是谁？

学生不断修正，最后异口同声地高呼——苏东坡。

老师说，对，苏东坡，今天我们就来上苏东坡的经典巨作——《念奴娇·赤壁怀古》。

这个导语，精彩至极。它可不仅仅是以一种有趣的形式导入文本，还有效地帮助学生评价了苏东坡，内心中有了无限的敬仰之情，学好文本的冲动油然而生。这个导语的成功，一半也要归功于林语堂。写得太精彩了。最后的缺憾是，如果课文再回到这个导语，推荐学生课后阅读林语堂的《苏东坡传》，则善莫大焉。

音乐随之响起，似有金戈铁马之声。老师激情吟诵：

大江东去，浪淘尽，千古风流人物。
故垒西边，人道是，三国周郎赤壁。
乱石穿空，惊涛拍岸，卷起千堆雪。
江山如画，一时多少豪杰。

遥想公瑾当年，小乔初嫁了，雄姿英发。
羽扇纶巾，谈笑间，樯橹灰飞烟灭。
故国神游，多情应笑我，早生华发。
人生如梦，一尊还酹江月。

波澜壮阔矣，气壮山河矣，不逊色于濮存昕矣。吟诵罢，全场掌声雷动，如醉如痴。然后，老师引导学生诵读。

刘老师的朗诵水平一流。写到这里，先鄙视一下自己，我的普通话一点也不普通。老师趁热打铁，让学生在初步感知的基础上，模拟老师的诵读。这里既是指导诵读，也是初步熟悉文本，为后面深入文本铺垫。

在熟悉文本的基础上，老师开始切入诗歌。先问《念奴娇·赤壁怀古》哪个是题目。学生说是“赤壁怀古”。老师追问这是什么体裁的诗歌？学生语焉不详。老师明确“赤壁怀古”自然是怀古诗。老师告诉学生怀古诗的特点，常常是“观眼前之景，写历史之事，抒一己之怀”。

至此，本课下面的脉络已经一目了然，紧抓怀古诗的写法特征教学，把诗词的鉴赏分成三部分，简洁、明了，切中肯綮，而且交给了鉴赏的方法。但也剥夺了学生探究怀古诗的过程。这是公开课公开的缺陷，但可说是瑕不掩瑜。

一、观眼前之景

要求学生用一个短语概括。学生回答是“江山如画”。老师问最具有画面感的句子是什么。学生回答“乱石穿空，惊涛拍岸，卷起千堆雪”。

“穿、拍、卷”几个动词用得有声有色。老师带领学生鉴赏了这几个词。

过渡语是：“诗人写诗推敲揣摩，我们读诗也要咬文嚼字。下面我们就来尝试。”

比较苏版的“惊涛拍岸”和黄版的“惊涛裂岸”。

学生自主学习，小组交流。有人认为：“裂好，理由是能显示动作气势。”有人认为：“拍好，因为用了修辞。”还有人认为：“裂好，能和上面的‘惊’照应。”老师点评时把回答的角度界定为“动词的表意，修辞，上下文的关联”。老师自己也提出看法，用“拍”好，因为还能体现出震耳欲聋的声音。

接着老师问，这里的景色怎么样？学生说“美”，老师要求在美前面增添一个修饰语。学生回答是壮美。（老师板书：壮美之景）

这是观眼前之景的学习，可谓乏善可陈，最多只能说是中规中矩。因为只抓住景物这几句，未能充分体现苏轼的豪放风格。起首的“大江东去，浪淘尽，千古风流人物。故垒西边，人道是，三国周郎赤壁”更为精彩，这是唯有苏轼能驾驭的大开大阖之典型。“大江东去”，可见空间之阔大，“千古”可见时间之浩远，“千古风流人物”可见人物之众多。如此起笔，世所罕见，但苏轼挥起如椽巨笔，只轻轻一句，“人道是，三国周郎赤壁”，空间之阔大只聚焦于“赤壁”，时间之悠远只聚焦于“三国”，人物之众多只聚焦于“周郎”。没有这么一层铺垫，下面的景物就是空中楼阁，水中花，镜中月。所谓“观眼前之景”，只是一般怀古诗的鉴赏起步而已。苏轼又岂是一般人可比？两个版本的比较，实际上老师的目的在于诗歌炼字的赏析，遗憾的是老师没有告诉学生，没有单纯的“字”用得好不好的问题，只有用得合适不合适的问题，最好的字都是对思想感情表达最合适的字。但角度的归纳是好的。我猜想这些归纳的方法下面还会有迁移，事实也证明了我的看法。

二、思历史之事

老师说思历史上的赤壁之战，联想到了周瑜。那么，周瑜有什么特点？学生归纳：英俊潇洒，文武双全，年轻有为，镇定自若。（师板书：风流之人）

这里依旧比较了苏版和黄版，“谈笑间，强虏灰飞烟灭”和“谈笑间，樯橹灰飞烟灭”。正好用上了上文引导的方法。

此后，老师突然提出一个问题，“一时多少豪杰”的“一时”是指哪一时？学生回答是三国时。老师让学生一个个列举三国人物。一个人列举一个，一直往后列举。三国人物众多，自然信手拈来。老师要的就是这个效果。

果然老师的问题来了。既然有那么多人物。比如孙权，生子当如孙仲谋；比如神机妙算的孔明；比如曹操，现代的流行歌手还唱了一首名为《曹操》的歌。接着老师和同学共同唱《曹操》这首歌。

不是英雄
不读三国
若是英雄
怎么能不懂寂寞
独自走下长坂坡
月光太温柔
曹操不啰嗦
一心要拿荆州
用阴谋阳谋明说暗夺淡泊
东汉末年分三国
烽火连天不休
儿女情长被乱世左右
谁来煮酒
尔虞我诈是三国
说不清对与错
纷纷扰扰千百年以后
一切又从头

既然有这么多的风流人物，为什么苏轼想到的却是周瑜？学生众说纷纭，莫衷一是。

老师说，为了让同学们更容易看清，我帮你们列了一个表格，看看周瑜有怎样的特点。你们填一填。

人　物	周瑜
年　龄	34 岁
生　活	幸福美满（小乔初嫁）
外　表	英俊潇洒
职　位	东吴大都督
成　就	功成名就

那么，苏轼和周瑜有哪些人生的关联？老师出示苏轼的生平。

苏轼因与王安石政见不合，反对推行新法，自请外任，出为杭州通判。迁知密州，移知徐州。元丰二年，罹“乌台诗案”，责授黄州团练副使，本州安置，不得签书公文。元祐八年哲宗亲政，被远贬惠州，再贬儋州。徽宗即位，遇赦北归，建中靖国元年卒于常州，年六十六，葬于汝州郏城县。

苏轼晚年对自己的一生总结为：“问汝平生功业，黄州、惠州、儋州。”

学生再填表格。豁然开朗。苏轼原来是用周瑜之酒杯，浇自己之块垒。

人　物	周瑜	苏轼
年　龄	34 岁	47 岁
生　活	幸福美满（小乔初嫁）	贫困潦倒（妻子早死）
外　表	英俊潇洒	早生华发
职　位	东吴大都督	黄州团练副使
成　就	功成名就	一事无成

老师觉得还不够，在此又拟了一副对联来强化两个人人生境遇的比照。周瑜是“情场、官场、战场，场场得意”，苏轼是“黄州、惠州、儋州，州州潦倒”。第二部分至此圆满完成。

此段最为精彩，为什么写的是周郎？这个问题提得好。这是怀古诗的重中之重。“古”只是一种依托，真正的是要“伤己”，是要“讽今”。比如苏洵的《六国论》，作为六国研究的专家，苏洵的观点岂是“六国破灭，弊在赂秦”这么简单？之所以这样立论，完全是借古讽今而已。刘老师的铺垫也好，唱《曹操》流行歌曲，实际上还能起到对三国这段历史的介绍作用。最经典的是两次用表格，先填周郎，再巧妙地介绍苏轼，最后两相对比，一目了然，直观地揭示出了苏轼隐秘的内心世界。

三、述一己之怀

解读文本，突出了苏轼的释怀、旷达、乐观。最后选择旷达。（师板书：旷达之心）

最后，师生合作朗诵诗歌结束。

由于时间关系，最后的结束有点草率。这个时候，除了板书揭示，还有必要对怀古诗的鉴赏有所归纳。最要命的是在这个时候，老师还犯了一个不应该犯的错误。有个学生回答，周瑜“神游故国”应笑我多情。老师马上捎带嘲讽地给这个学生纠正，怎么是周瑜？这个时候的周瑜在哪里？学生大笑。老师纠正说这是“苏轼神游故国”应笑自己多情。难道周瑜神游故国，就不能嘲笑苏轼啦？实际上究竟谁“神游故国”，史家至今还争论不休。刘老师既然前面引用了几个版本，告诉学生答案并不重要，要有自己的理由和观点，此处又为何求全责备？这个地方，让我大跌眼镜。但刘老师素质很好，这节课的处理，干净、整洁、大气磅礴，切合苏轼的豪放风格。获得江苏省优质课一等奖，应该说是众望所归。

语文课，为何如此“失魂落魄”

——第六届全国“聚焦课堂·课堂教学文化研讨”活动听课随感

2010 年 11 月 26 日，我有幸参加了第六届全国“聚焦课堂·课堂教学文化研讨”活动。分别听了来自天一中学的青年名师、江苏省常州市的名师、人大附中的名师同课异构的《今生今世的证据》。

老实说，三节语文课，让人芒刺在背，骨鲠在喉。诸多复杂情感涌上心头：语文课任重道远！语文课高碳低效！语文课失魂落魄！语文课形销骨立！语文课“既没有语，也没有文”。

天一中学的那位老师，课堂导入就花了四分之一的时间，整节课都围绕着证据和证明在打圈子，课堂成了对过往生活的一种回顾。最后得出刘亮程的写作脉络：“曾经的过往——内心的存在——精神的财富——不会沉寂”，这完全是对刘亮程的误读。

人大附中的那位名师，先配乐朗诵自己创作的一首诗歌《月是故乡明》，一下子勾起了学生的兴趣。接着，她选择了三句话，拎起文本：“这些都是我今生今世的证据啊。”“我走的时候，我还不知道曾经的生活有一天，会需要证明。”“一个人内心的生存谁又能见证?”

这三句话正好对应着“证据是什么”、“证据能证明什么”、“内心的生存能否证明”，这样提纲挈领之后，文章的思路和结构一目了然。

但遗憾的是，这篇文章难的不是结构，而是主旨，其中有许多独特的句子，学生一头雾水，根本没办法破译。但老师视而不见，根本不敢涉足，于是避重就轻，把《今生今世的证据》处理成仿写材料。要求按照“独特的场景——有意象以成物证——有细节以成特写——有情感以成诗行”来写一段话。

于是，整个课堂变成了学生仿写的天空，展览的天地，热热闹闹。后来，老师又展示了人大附中学生的仿写，最后又展示了自己所写。可惜，刘亮程渐行渐远。学生从糊涂中来，回到糊涂里去。

比较可贵的是常州的这位老师，以这堂课进行了很大的求索，错误很大，价值也不小。本文重点谈谈这堂课。

先看这位老师的执教流程。

一、选用一个词说说看完这篇文章之后的整体印象。

（学生：难、深、有哲理、精彩、迷茫、深奥……）

二、老师夫子自道，他看完之后作了一个梳理，文章分为两部分：一部分是证据、证明；一部分是村庄、家园。

三、有没有特别精彩的地方。

四、师生接力读，其他同学从证据和证明、村庄和家园两方面圈画。

五、提问交流。

关于证据：证据有哪些？有什么特点？

曾经（拥有、熟悉）——现在（废失、陌生）

关于证明：如果你是作者，你该如何回答下面的问题。

我是谁？

我从哪里来？

我要到哪里去？

一个人能否为自己作证？

关于自证：引入《罗生门》，何处觅真相？

结论：道德层，不可靠。

引入沈天鸿的《邂逅》。

邂　　逅

没有人记得你去冬的神情
纷飞的大雪
覆盖了你脸上的泥泞
枯树枝在风中咔嚓咔嚓折断
你向我走来
身后不留一个脚印

我们狭路相逢
你围着一条
黑色加长围巾
纷飞的雪粒
是我此刻的心情

我关心过的邂逅很少
唯有这一次
分手的时候积雪开始融化
直到今天我都仍然感到寒冷
没有人能将我们的邂逅证明

结论：回忆，不可靠。

引入心理学家韦斯克兰茨的分析。信息之间自动的组合，导致不真实的回忆，就是虚假记忆。

科学层面：记忆，不可靠。

关于无证：怀疑——否定。

六、生存。

即使有他们，一个人内心的生存，谁又能见证？

生存的方式可能有几种？内心的生存能否找到证据？

七、虚无。

引入一张图片。一个人面对离去的火车。

人为什么会虚无？人成长的本质，自我放逐，人生是虚无的过程，也是存在的过程。

外在的生存——物质——村庄。

内在的生存——精神——家园。

八、评论。

其他人对刘亮程散文的评价。

九、对话。

师生模拟刘亮程接受采访，两者对话，印证文章中的内容。

十、推荐阅读。

一下子推荐四部书。刘亮程的《一个人的村庄》《风中的院门》《凿空》，萨特的《存在与虚无》。

下面谈谈我的听课感受。

刚开始的气氛很好，上课者让学生选用一个词说说看完这篇文章之后的整体印象。这既是对学情的把握，也是对学生阅读初感的了解。并且可以对照出上课之后的认识变化，这是一步妙棋。上课者开了一个小火车，话筒传递下去，学生几乎众口一词说：难，深，不懂。也有学生说精彩，有哲理，原因居然也是因为不懂。课堂上充满着快活的空气，气氛一下子调动了起来。学生跃跃欲试。很多时候，我们课堂气氛的沉重和压抑，不是因为艰难，而是因为浅易。没有思维的训练，没有智慧的挑战，这样的课堂只能是死水一潭。

那么，难，难在哪里？深，深在何处？这是学生的学困所在，也就是学生的成长所在。但老师却不管不顾了，话题一转，抛出了自己给课文作的一个梳理。把课文分为两个部分，一个是“证据和证明”，一个是“村庄和家园”。

这样做，也不能说没有道理，至少给学生一条往下走的思路。但是，你凭什么可以作这样一个梳理？你的合理性依据是什么？你这种梳理的规律何在？学生何以就不能这样梳理出来？要知道学生关心的可不是你的梳理结果，而是你的梳理方法。不能让学生做结论的见证者，而要让学生做结论的证明者。

第三步，更是一大败笔。

老师让学生谈谈“有没有特别精彩的地方”。前面学生明明都说，很难，很不理解，很深奥。你却让学生谈谈精彩的地方。这是典型的目中无人。这样的课堂，肯定不是“我注学生”，而是“学生注我”。“我”成了课堂的操纵者和主宰者。果然，学生谈得不够好。很多学生谈的依然是自己不能理解的句子。老师和学生各自走着不同的路，水是水，油是油，根本不能形成对话。

如果把第二部分删除，第三步换成第二步，直接追问，同学们觉得哪些地方很难，哪些地方深奥。然后，带着学生的问题，教给阅读的方法，解决学生的问题，把难的读易，把深的读浅，这不就是阅读的价值？这样的语文课多好啊，而不是煞有介事地自娱自乐，故作高深。教学逐渐成了和学生无关的事情，灵魂不在场。

第四部分是接力读，这一步是好的。课堂上要有书声琅琅。语文课是基于语言的一种存在。师生都应该在文本中出生入死，咬文嚼字。老师这时候要求学生按照“证据和证明、村庄和家园”来圈画，与步骤二接上了。由此可见第三步骤的赘余。

第五部分，值得商榷的地方太多了。

首先从第五部分开始，课堂完全脱离文本，转入探讨“人能不能用证据证明自己的存在”问题。其实，刘亮程根本不在探讨这个问题，人家是一笔带过——我们需要证据来证明，但我们找不到证据，就算找到证据，我们的内心的存在，也还是找不到证据。因此，当家园废失，我们的双脚必将踏踏实实地走上虚无之途。

我们的老师却着力于此，岂不糊涂？

“关于证据”，就不说了。文章中交代得很清楚，这是属于学生能读懂的部分。“关于证明”，老师的问题，根本没有指向性，学生丈二和尚摸不着头脑。

“我是谁？”学生回答说：“我不是谁，我就是我，我独一无二，我无可取代。”

而对“我从哪里来”、“我要到哪里去”两个问题，学生则干脆回答说：“我从我来的地方来，我到我去的地方去。”

这种魏晋式的玄学回答，使得全场爆笑，老师惊慌失措，赶紧引向自己预设的下一步。也许他想表达的是，人连自己都没有搞清，怎么能证明什么呢？

接着，老师引用了三则材料来说明自证是困难的。貌似精彩，实则谬误百出。

第一是引用了黑泽明的《罗生门》，来说明“何处觅真相”。其实，这两者根本没有任何相似点，《罗生门》中的几个人，是被动的被审讯，因而有意识地遮蔽真相，表现的是人性的丑恶。但刘亮程却是主动寻找，努力地焦灼地寻找证据和真相，表现的是人性的美好和珍贵。这两者如何好比？而且一个是先锋小说改编的电影，一个是散文，而且是最真实地再现自己村庄的原生态的散文，他们的距离何止十万八千里？

第二是引用的一首诗。诗歌是瞬间的灵感，和刘亮程长期情感的内在蕴藉，也有相当大的差距。这个材料用来说明回忆不可靠。那么，回忆为什么是不可靠的？为什么不到文本中去寻找理由？语文不是十万个为什么，不是让我们明白某个道理就可以了。对于语文，我们不仅要关注文本的内容，更要关注文本的表达。有时候，后者显得更为重要。

第三是引用心理学家的话，来科学说明虚假记忆的产生。

然后探讨，无证，探讨生存、虚无，还有后面的评论和对话。但探讨这些有什么价值呢？有什么意思呢？

我们所要解决的是刘亮程的文本中所探讨的“生存”，是刘亮程作品中的“虚无”，而不是你告诉学生生存的知识和虚无的道理。也就是说，这里所讲的“知识”，不能理解为静态的写在书本上的可以朗读出来的知识，而要视为一个动词，一个有待重新发现的事物奥秘，以及发现这种奥秘的方法和过程。正如莫兰所说：“认识永远是一种探险。”是的，是对文本的探险。

总体看来，当前语文课失魂落魄的关键原因有以下几方面。

第一，文本解读能力严重缺乏，不知道文章想言说什么。

这个问题极其重要，可以说，没有了网络和教参，相当多的语文老师不会解读文本，更不会教书。尤其是对哲理性散文的解读，很多老师更是捉襟见肘。

三位老师，严格意义上来说，都没有真正读懂刘亮程的这篇文章。第一个老师把刘亮程看成了一个心灵大师，于是，文章成了励志读物，全然没有关注刘亮程来自骨子里的忧伤和虚无。第三个老师干脆没有涉及。第二个老师作了一些探讨，遗憾的是，总是在外围打转，没有深入到文本的内核。

那么，《今生今世的证据》到底想表达什么？这个文本的价值何在？或者说，作为乡土哲学家的刘亮程的价值何在？

高度文学的语言，极度陌生化的语言，还有刘亮程特有的言说方式，是其一。文章中处处可见时间、空间和存在，这些都是存在主义哲学的核心词汇。存在的发生，永远和境遇联系在一起，存在的意义永远需要证据来证明。能够充当证据的是“物”，物会找到，但这个物会消失，存在也会消失。物质上的证据消失了，那就只有求助内心的生存，求助于曾经经历过的记忆和思想点滴。但记忆会自然地遗忘，会有意地遗失，会无意识散落，还会被不自觉地改写。最后，不但万物的痕迹会消失，连存在本身也会消失。所以，当人的家园废失，人的双脚必将踏踏实实地走上虚无之途。这就是存在主义的虚无。存在主义哲学最大的特点，就是“经由思，抵达诗”。刘亮程在深邃的思考中，在焦灼的寻找和寻找不得中，感到彻骨的绝望和虚无，于是，文字（诗）从血管中和生命中自然地流淌出来。这是哲学意义上的价值所在。

当刘亮程的这篇文章诞生的时候，当他穿越生命最深层的痛苦，窥见美与痛，并用“诗”写下，它就成了永恒。也就是说，存在就是虚无，但当这种虚无被绝望地记录下来，存在就成了永恒。可以肯定地说，《今生今世的证据》注定会比刘亮程活得更加长久。

这就是这个世界给刘亮程意外的奖赏，当然也是给当代文学的意外奖赏。

什么叫情感、态度和价值观，所有这些高尚的情感，何需到外面去孜孜以求，寻寻觅觅？文以载道，“道”完全就在文本中，在语言和文字所营构的氛围中。解读出了这一层，我想，所有的学生思想上都会获得洗礼，境界上都会攀升。那种为情感而情感，为态度和价值观所作的延伸，完全是舍本逐末，买椟还珠。

第二，是对文本的核心内容把握不当，不知道该上什么。

从《月是故乡明》这个单元来看，一共有五篇文章，围绕着故乡，有严格的意义分工。老舍的《想北平》，着眼于战乱中被迫离家的人对故乡母亲的眷念和担忧。韩少功的《我心归去》，则是主动游学国外期间，面对奢华和美丽，却“我心寂寞”，因而对故乡产生刻骨铭心的思念，进而探究“我心归去”的缘由。柯灵的《乡土情结》，则是理性地分析“乡土情结”的形成、发展，并由乡土情结升华为“故国情结”。而曹文轩的《前方》，则是从哲学上探讨，人为什么总是向往“前方”？人为什么总是在路上？本质上人是无家的，自从人类被逐出伊甸园，我们就无家可归。我们被抛在路上，前方是什么？永远诱惑着我们上路。一旦我们上路了，我们就刻骨铭心地思念家乡，一旦我们停下来归家，前方又总在召唤着我们。我们处于一种悖论之中。无论离家，还是没有离家，本质上我们都在漂泊，都在路上，而前方永远在前方。最后，浓墨重彩的则是刘亮程的《今生今世的证据》。请记住，他探讨的不是村庄的证据，也不是故乡的证据，而是“今生今世”的证据。这一点至今没有老师给予关注。也就是说，刘亮程不仅是在寻找“我”活在那个村庄的证据，而且还在寻找今生今世“我”曾经来过，“我”曾经活过的证据，也就是探讨我们存在的意义。

不是吗？从大的方面来说，这个星球，就是我们的故乡，我们曾经来过，我们活过，但谁能证明这一点呢？“亲戚或余悲，他人亦已歌。”我们必须要寻找我们存在的证据，或者说，我们必须寻找我们存在过的理由，这才是这篇文章的核心价值。

把握住文本的核心内容，再来关注文本的表达，这样的文本开掘就有了意义。

第三，课堂往往成为老师预设的展览，作为课堂主体的学生被丢到了脑后。

课堂教学有三个元素：知识、教师、学生。教师不应该隔在知识与学生之间，用某种手段，将现成的知识转交给学生。而要作为一个平等对话的首席，引导并组织学生围绕在“问题—知识”的周围，来进行一次艰苦的探索。

这个探索不是重复前人积累的知识，而是重现这个知识发现的过程，是重新经历，经历原初的困惑与探索，以及喜悦。布鲁纳曾经说过，在这一点上，儿童学习这一知识的历程可以与当初科学家发现这一知识的历程相媲美。

理想的课堂教学，不仅要实现人与知识的深刻共鸣，还要实现人与人之间、自我之间的深刻共鸣，这样的阅读体验才是珍贵的，不可替代的。课堂之上，不仅实现了知识的复现，而且也实现了人的复活——学生与教师生命的复活。这才是我们教师的永恒的追求。

但是回顾这三节课，老师们自得其乐，最多是自己理解文章的呈现，学生是怎么想的？他们在学习中遇见了哪些困难？学生的思维在哪里遇见了障碍？这种思维障碍如何暴露出来？如何引导学生对普遍性障碍给予解决？

这些都没有，面临着学生的“很难，很深奥，搞不懂”，我们视而不见，听而不闻。课堂最终成了老师的独角戏，学生成了一群毫无意义的示众和看客。

第四，不敢直面学生的问题，把主题当做话题，无限延伸。

课堂的中心，应该是一个问题的提出、理解及解决的过程，是一个知识——作为问题解决的工具被探索、被发现的过程。优秀的课堂教学，要重现这一神奇的创造过程。

但这个问题应该由谁来提出？这个知识由谁来主导？这是很有讲究的。我们现在的尴尬是，学生不懂的，我们不敢讲，而且也不大会讲。学生懂的东西，我们却大讲特讲，或者干脆把语文的主题当成一个话题，无限延展开去，凌空蹈虚。谁都夸夸其谈，谁都能说几句，课堂上热热闹闹，但学生一知半解，眼高手低，语文的高碳低效、少慢差费，就此形成。

比如本课中有很多深奥的句子。

“还有，我真沐浴过那样恒久明亮的月光？它一夜一夜地已经照透墙、树木和道路，把银白的月辉渗浸到事物的背面。在那时候，那些东西不转身便正面背面都领受到月光，我不回头就看见了以往。”

这句话究竟是什么意思？

故乡在月光下明亮，月晕透过了牛皮纸一样的事物，渗透到它的背面。这不过是一种心理错觉，故乡像一个袖珍积木，已经在我们手里把玩得熟稔。是时间欺骗了我们的视觉和感觉，用它魔力的手重影了我们的印象和表达，我太熟悉故乡的背面和正面，太熟悉灼灼明亮的月光，太熟悉月光下故乡的背面和正面，我无需回头就看到了过往。但当月光打在地上，却再也找不到曾经的落脚之处，当故乡一切都沦陷于虚无，我睁大黑夜给我的黑色眼睛，还能找到故乡吗？

“谁还会看见一场一场的风吹过旧墙、刮破院门，穿过一个人慢慢松开的骨缝。”

这是一个时间的叠加，是岁月淘洗之后的晾晒，人一天天老去，骨缝一天天松开，一次次的风就从骨缝里吹过，风把人吹旧，太阳把人晒老。

“那些坑便一直在墙边等着，一年又一年，那时我就知道一个土坑漫长等待的是什么。”

“土坑那么不慌不忙，它知道终于有一天墙会还原成倒塌，所有的痕迹都会被抹平，像平坦的地面。”

那么，我们人呢？

人生，从大红公鸡的啼哭中开始，又像窝中的一条黑狗一样老死结束，我们敌不过午后门框上的那一缕夕阳，实际上是我们敌不过时间。

当这样难以解读的句子，在师生的合作下得到圆满的解释，哪怕是临时性的解释，学生势必会在文本的阅读中，获得思想的启迪和认识的快感。我们的教学，就能有价值和意义。

但很多老师，因为缺乏问题意识，或者说缺乏把握问题、解读问能的能力，结果，就是把文本当成话题。课堂上，脱离文本，凌空蹈虚，热热闹闹，最终却一无所获，还要美其名为挖掘文本的人文性，实质上是用所谓的人文性掩饰自己的形销骨立。危害可谓烈矣！

重要的是灵魂在场

——第十三届沪浙皖苏“新语文圆桌论坛”听课随感

我是周六中午赶回来的，本次新语文圆桌论坛非常有创意，不提供文本，所有执教者必须执教自己写的文章。

匆匆赶回来，正好听下午的四节课。

第一堂课，执教者是来自安徽马鞍山二中的潘文杰。潘老师是近几年安徽崛起的一颗新星，曾获得安徽省教坛新星等荣誉称号。他别出心裁地选择了《史记》选段中的“八人之死”——李广之死、屈原之死、项羽之死、樊於期之死、荆轲之死、公孙杵臼之死、程婴之死、韩信之死，把它们选编成人物叙事的片段。这个选择非常有创意。

潘老师布置给学生的预习作业为：

司马迁笔下的这些人物有的是非死不可的，有的本可以苟且偷生，但他们为什么都选择了死？他们慷慨赴死的行为彰显了人物怎样的品质和追求？请同学们就所发的材料，从价值观和民族精神的角度来评价人物的人生遭际、性格、追求等，可以写成诗歌、文化散文、评论文章等；可根据叙事片段改编成小说、故事、剧本；也可以根据某个片段的具体细节加以扩写。

潘老师的总体思路就是创造性阅读，创造性表达，把读写完美地结合起来。

司马迁的生死观，确实值得研究。老师选择的材料和视角也极佳。每个人的死都不一样，生命的热血喷涌而出，或重于泰山，或轻于鸿毛。肯定会给学生一定的震撼，再动员学生运用各种文体，对英雄人物的人生际遇进行评价，学生绝对会有感而发。

从课堂整体来看，对这几个人物的价值观和民族精神这一块，因为界限的模糊，学生未能达成共识，临时性共识也未能达成。老师被迫自己唱起了独角戏。结果就是，学生说来说去，都是屈原、项羽，材料的多样性和丰富性未能得到体现。这是一个遗憾。

我想，如果老师在创造性地阅读这些材料之后，能够下水，率先创意表达，提供给学生一篇震撼人心的史评，或许就能一下子抓住学生，使得整个课堂风行水上。

课堂就是这个样子，一个小小的变化，或许就能像蝴蝶扇动翅膀，带来巨大的效应。

第二堂课，执教者是来自上海浦东教育发展研究院的聂老师。聂老师选用了自己的一篇论文《如何理解“鼎铛玉石，金块珠砾”》。其构思是，利用自己的文章，告诉学生议论文如何学会说理。

一开始，课堂气氛极好，但进入文本似乎太慢了，课堂教学不宜绕圈子，哪怕那个圈子再美妙，也不适宜。

最要命的是，聂老师的这篇文章，说理似乎头头是道，却是一家之言，或者说，根本就不能站住脚，因此，建立在这篇课文上的课堂，价值也就大打折扣。

聂老师认为“鼎铛玉石，金块珠砾”不是意动的理由有三条。

第一个理由是，不符合意动的规范语法知识。

聂老师举了“孔子登东山而小鲁，登泰山而小天下”，句子中的两个“小”都是形容词作意动用，而且都带了宾语——“鲁”和“天下”。

按照这样的语法结构来看，“鼎、玉、金、珠”应是四个名词作意动用，结合它们后面的名词，构成动宾关系。正确的意动用法格式就是“以铛为鼎，以石为玉，以块为金，以砾为珠”。这样的格式符合“意动用法”的语法结构特点，但意思完全不符合文意。

反过来，如果我们认为“铛、石、块、砾”是名词作意动用，将句子格式理解为“以……为铛，以……为石，以……为块，以……为砾”，这样似乎合乎了文意，但这些名词的后面又没有了宾语，“鼎、玉、金、珠”都分别在它们的前面，无法构成“动宾关系”，这在文言语法上不符合意动用法的构成要件。即使我们要生硬地说是宾语前置，却又找不到宾语前置句式构成的基本要件（比如疑问句式或否定句式）。如此一来，“意动”之说就难以成立了。

这一段论述问题多多。

首先，聂老师所举的意动乃是形容词的意动用法，与名词的意动用法相比较，这种不严谨的比较显然是有害的。这里不妨引用——“侣鱼虾而友麋鹿”等名词的意动，这样的比较显然更清楚。

其次，聂老师认为“鼎铛玉石，金块珠砾”，绝不可能是宾语前置，因为在聂老师眼里，根本找不到宾语前置构成的要件。但聂老师又错了，这里恰恰是宾语前置，因为赋体文章是要押韵的。后文是“弃置逦迤，秦人视之，亦不甚惜”，“迤和惜”，韵脚是“i”，为了押后文的“i”，杜牧把“砾”调到后面，根据对文的原则，前面全部调换，这就形成了事实上的宾语前置。诗歌中这样的用法，屡见不鲜。

聂老师的第二个理由是，按照“意动”用法的语义逻辑分析，“意动”化的句子应是表现心理活动的，或者说是一种未必符合客观事实的主观心理活动。比如，孔子小“鲁”、小“天下”，其实“鲁国”和“天下”的大小都是客观不变的，这里只是孔子登高以后在主观上认为事物发生了变化。但孔子的主观认识并不是错误认识，而是登高之后的“现场感”认识，有其“现场合理性”。又如陶渊明的《桃花源记》中，渔人来到桃花源，被眼前的景色震撼，于是“甚异之”。显然，桃花源中的人因熟视这里的景物是不会有这样的心理感受的，而渔人首次看到，因此在主观上“异之”具有“现场合理性”。

应该说，这里的两个例子，聂老师的分析非常到位。只是这两个例子无一例外都是形容词的意动用法。形容词的意动本身就含有主观的心理活动，和名词的意动用法，还是有一定的差异。退一万步说，意动用法，本来就是一种主观的心理，正好对应着使动用法的客观事实。

聂老师说，“以鼎为铛，以玉为石，以金为块，以珠为砾”，就是说秦人丧失了识别宝物的智能，这样理解就太谬误了，这里不就是通过夸张，来说宝物之多，物以稀为贵，一旦多到一定程度，就不珍惜了。

第三个理由是，将本句解释为意动用法，也不符合作者本意。该句所在段的原文是：“……燕赵之收藏，韩魏之经营，齐楚之精英，几世几年，剽掠其人，倚叠如山；一旦不能有，输来其间。鼎铛玉石，金块珠砾，弃掷逦迤。秦人视之，亦不甚惜。”

显然，全段表述的核心意思就是秦人尽有六国美女和财宝。作者在本段中极力要表现美女之多，财宝之巨，意在彰显秦人骄奢，为后文揭示主旨张本。如果我们坚持将“鼎铛玉石，金块珠砾”理解为意动用法，那么它与前后句子的关联就成了问题。一方面，它无法在逻辑上与“一旦不能有，输来其间”自然顺畅地连接；另一方面它后面的“秦人视之，亦不甚惜”也显得多余。更为糟糕的是，这样的理解完全中断了作者关于“数量之多”的意思表达，从而也干扰了文章主旨的呈现，这绝对不是作者的本意。

这一段逻辑混乱，问题多多。

美女之多，珍宝之多，意在表示秦人的奢侈。“鼎铛玉石，金块珠砾”，怎么不能和“一旦不能有，输来其间”自然顺畅的连接？连接得简直天衣无缝嘛。“一旦不能有”的主语是六国，六国不能占有这些珍宝了，就把珍宝输送到秦国来了。六国多年的“收藏”、“经营”、“精英”当然数不胜数，珍宝太多了，以致“以鼎为铛，以玉为石，以金为块，以珠为砾”，这也正是“秦人视之，亦不甚惜”的原因。

聂老师运用自己的文章，教给学生如何说理，结果自己文章的说理却有很大的漏洞，这不能不说是一大遗憾。倘若，聂老师引导学生对自己的文章勇敢质疑，我猜测，课堂一定很精彩，说不定是非常难得的好课。

第三堂课，执教者是张家港高级中学的周萍老师，周老师一开始，就从生活的情境入手，出手不凡。一株草，因为有了老师和学生的互相驯养，所以也就成了彼此生命中的独一无二。这个开头，非常精彩，非常别致。因为后面《有你的冬天不会冷》，都具有生动细节的描摹，每一个细节上，都有情感在荡悠。两者形成同构。这是第一个亮点。

周老师先是站在旁观者的立场上，和学生一道进入文本，获得对文本的初步认知。这里是常规教法，略过。

第二个亮点是，周老师突然跳出来，说——我就是这个作品的作者。学生刚才是在和文本对话，现在突然变成了和文本创作者——作者，面对面地对话。这样的机会是很难得的。犹如小说家马原，突然从自己的作品中跳出来说，我就是那个叫做马原的男人。让人大吃一惊，也让人大感振奋。

接着，由师生共同探讨，这篇文章是如何成功的。

老师细致地分析自己的创作过程，这个过程是艰难的，如何选择一个切入点，也就是，“我”作品中的“鹰”在哪里？

这个时候，周老师又抛出一个包袱，原来“我”是作者，但却不是作品中的主人公。要知道这不是小说，这是散文。原来主人公是周萍的爱人，周萍是如何把她爱人的故事写出来的，而且让她的爱人流下眼泪。这是很值得学生思考的问题。

那么，作为作者的周萍，写作为主人公的散文，又是如何写的呢？这又涉及作品如何选择视角。

这堂课还有第三个亮点。母亲不爱花，但母亲又爱花，母亲喜欢碎花的裙子，母亲依然如花一样的漂亮。那份细腻的情怀让人感动。

第二天的评课，我没有去。据说，有人问到一个问题，那就是感动之后——

其实，他们想说的是，感动之后，学生留下了什么？或者说，短暂的感动之后，学生什么也不会留下。

我的观点正好相反，首先是感动。感动也有很多种，有的是庸俗的感动、煽情的感动，有的却是高贵的感动、能让人心灵清澈的感动，我以为周萍的这三篇文章都可以算是。

其次，有人认为，周萍所教的是常识，比如细节描写、情景交融、视角选择等。

我也觉得是常识，但我觉得意义不一样，这些熟悉的常识，学生因为太熟悉了，反而被遮蔽，或者说，这些常识本来都是名词。但是，周萍用自己的作品唤醒了这些常识，使得常识复活了，变成了动词，有可能在学生的心里打下烙印，甚至会给学生的创作带来巨大的影响。这就是作品的力量。很多时候，我们虽然不宜夸大一节课的意义，但同样也不应该忽视一节课的作用。

最后，作品文道合一，师生情、蕴涵的夫妻恩爱以及最后的母女真情，都温婉动人。相信，很多学生听过课后，一定会有一个愿望，将来一定要给爸爸妈妈写一篇好文章，那么，如何去写？就会想起这节课，以及这节课给他们带来的东西。这就是感动之后的意义所在。

第四堂课，执教者是宁波万里国际学校的一位老师，他还是《好好学习，天天向上》栏目的编剧。因此，他上的就是自己编剧的一回。他删去了标题，让学生自主命题。

这一步切口很小，上手很快，课堂气氛容易活起来。事实也果然如此。

老师让每个学生都把标题写在黑板上，这样一个个来辨析。这是一步妙棋，拟标题，恰恰就是概括全文的要义，老师正好结合这个概括，分析编剧写法中的讲究和奥妙，学生很有启发。

一个一个标题分析下来，学生无形中把文本梳理了很多遍。文本全部熟悉了，剧本的特点也掌握了，老师很自然地拓展开，让学生临时写剧本，并且现场表演。尽管受到时间限制，方式陌生，但我觉得学生的写作和表演，依然可圈可点。

因为这还是一个未成熟的剧本，下课的时候，老师说，会将学生的想法吸收进剧本，拍成电视剧，这相当于师生合作完成的一部作品。这样的课堂，这样的体验，相信是相当难得的，并且不可复制。

玫瑰的担当和主题教学的演变

——听窦桂梅老师的《三打白骨精》

在小语界，玫瑰（窦桂梅老师的昵称，下文均称玫瑰）是最出名的一个，也是最不安分的一个。她不断地挑战自己，向未知探索，留下了一个个或深或浅的脚印。玫瑰的《三打白骨精》就是一个非常有特色的案例，从中可见玫瑰的担当和主题教学的发展。

玫瑰向何处去

玫瑰向何处去，一直就是小语界的一个话题。从“三个超越”到“主题教学”，玫瑰一直在“为生命教育奠基”。如何“超越教材、超越课堂、超越教师”呢？玫瑰试图借助教材主题的“牵一发”，而“动”教材知识与能力体系的“全身”，实现课堂教学高效和优化，经由温度、广度、深度，通过一个个智力挑战的梯度，最终抵达一个个高度，而这种高峰体验，应该能够唤醒、感染学生，实现阅读的拓展、思想的延伸、意义的建构乃至人生的洗礼和奠基。

在玫瑰的课堂中，总能提炼出有生命力的主题：《圆明园的毁灭》中的“毁灭”、《秋天的怀念》中的“好好儿活”、《晏子使楚》中的“尊重”、《游园不值》中的“不值”、《珍珠鸟》中的“信赖”、《牛郎织女》中的“美满”。

在执教《圆明园的毁灭》时，玫瑰问：“我们应该思考圆明园的毁灭，毁灭的究竟是什么？必须毁灭的是什么？不应该毁灭的是什么？永远也毁灭不了的是什么？”“毁灭”贯穿了整个课堂，牵涉每一个环节，并给学生打下深刻的人生烙印。《晏子使楚》中，玫瑰把“尊重”作为课堂的落脚点，从对晏子的尊重，走向对人的尊重的思考；从对人的尊重，导向对国家的尊重的思考；从对国家的尊重，引向首要是自我尊重的思考。“尊重”这一“意义主题”被逐层推进，逐步拓展，直至达到了对文本的极限超越。但这种超越，又绝不是过度阐释，而是适度的可行的。

玫瑰的意义主题都源于课本，但又高于课本。经过教师的提炼和打磨，主题有了灵性和色彩，是知识主题、写作主题的升华，也是思想主题、文化主题的生发和燃烧。惠特曼说：“有一个孩子每天都向前走去，他看见最初的东西，他就变成那东西，那东西就变成了他的一部分。”当我们在孩子成长过程中，能够和他们共同经历“和平、尊重、爱心、宽容、乐观、责任、合作、谦虚、诚实、朴素、自由、团结、专注、想象、宁静、勇气、敬畏、热忱、虔诚、感恩、纪律”等意义主题，并且将这些编织成一张美丽的网，我们还担心孩子们不能保存纯真、快乐与勇气吗？

我们完全可以想象，这些师生共同探究出来的主题，散落在孩子们的心田里。这些梦想的种子，或者静静沉睡，或者单薄地醒着，但总有一天它们会发芽，生长，开花，结果，并且枝繁叶茂，让孩子们充满对生命的敬畏，对远方温暖生活与日俱增的爱和关怀。

聊故事和对话

从《牛郎织女》开始，玫瑰说得最多的就是聊一聊故事，这是课堂情境和教学形式的一种选择。“从聊故事里面的故事，到聊故事后面的故事”。“聊”是一个很有魔力的词语，“聊”贴近了孩子，营造了一种和谐融洽的氛围和情境，在这个情境中一切都是随意的、自由的、轻松的，而故事更加蛊惑人心。聊故事就是一个精心的包装，也是此类文体很好的一种教学手段。

其实，“聊”也就是对话。那么，什么是对话？什么是真正的对话？对话的目的是什么？对话应当遵循什么样的原则？怎样才能有效地开展对话？理清这些对在教学中开展对话很重要。

戴维·伯姆在《论对话》中指出：“对话……突出了参与各方的平等性……参与者表达意见和观念的自由与权利……”

在对话中，每个人都认真地倾听他人的意见和想法，每个人都彻底表达出他内心深处最真实的想法和看法，然后，不同的观点和意见之间彼此碰撞、激荡、交融，从而让真理脱颖而出。对话的目的是为了实现最自由、最彻底、最无拘无束的交流和沟通，在对话的过程中去探索和发现真知灼见。

在具体的对话中，教师引导学生在关注文本创作的背景中，通过语言文字媒介，与文本对话，与作者对话，与作品中的人物对话。通过对话，学生受到了经典的濡染，甚至走进大师的心灵世界，感受到灵魂的高贵和思想的纯真、艺术的震撼和精神的历练。

在聚焦教学内容的基础上，玫瑰这样总结她的对话：第一，努力使学生具有批判意识，努力让他们成为现实世界的适应者和未来世界的改造者；第二，努力激发学生的创造力，依据学生的“最近发展区”，把学生的创造力努力提到最高；第三，注意“人性化”教育，决不把人变成机器，让人成为再创造者和智慧的拥有者。第一点在《圆明园的毁灭》的教学中有明显体现；第二点在《晏子使楚》的教学中体现较充分；第三点在《牛郎织女》《三打白骨精》等的教学中，通过“聊”的方式来体现。

玫瑰一开场就和学生火热地聊起了《西游记》中的唐僧师徒及形形色色的妖怪。通过聊人物，转到聊情节和地点，在自然的聊中顺势引出了小说的三要素。开场那轻松随意的聊实际上含金量极高，开门见山地铺好了教学主线。然后玫瑰开始让学生聊自己完成读书报告单的收获和存在的困惑，以倾听者的姿态关注学生的感受。随即玫瑰开始浓墨重彩地和学生详聊环境、情节和人物。“聊”字玫瑰始终不离口：“咱们先得从故事的起因聊起”、“聊聊孙悟空是怎么打的”、“继续聊”。在轻松平等的对话氛围中，学生受到了玫瑰的激情感染，也纷纷开口要“聊”了，有人说想聊聊唐僧，有人想聊白骨精。在“聊”白骨精“聊”出的观点有偏颇时，玫瑰也只是从容地说：“一会儿和你再聊。”有师生之间的聊，还有生生之间的聊。学生分饰角色采访唐僧和悟空，聊得精彩纷呈。

编织有意义的主题

玫瑰这次的主题是“向善”。这个主题的选择着实让我大吃一惊，因为孙悟空“三打白骨精”，说什么也得在悟空身上“寻根究底”吧？但细细一想，还是能够看出教者的匠心。

首先，是文本定性的选择。王荣生在《语文科课程论基础》中，把语文教材里的选文，分为四种类型，即“定篇”、“例文”、“样本”和“用件”。玫瑰在这里把《三打白骨精》处理成“用件”，她的工夫在课外，目的和着眼点在于导读《西游记》，而唐僧师徒西天取经，取的就是劝人为善的“三藏真经”（第八回，如来语），那么，用这样一个贯穿全书的“向善”主题来串联课堂又为何不可呢？

其次，从文本自身来看，唐僧之所以惩罚悟空，是因为悟空“无心向善，有意作恶”；同时，我们更要注意到悟空的“三打”，因为是惩恶扬善，因此也是一种最大的“向善”。

最后，从课堂教学的艺术上来说，由于唐僧凡胎肉眼和悟空火眼金睛的不同，他们对“善”的认识自然也不同，因此就有了矛盾，有了冲突，而冲突正是作品张力的元素。孙绍振先生认为：“把人物打入第二情境，把人物置于冲突的情境中，人物性格才能够突出地表现出来。”好的教学过程也就是冲突的形成、展开和解决的过程。玫瑰通过让学生采访唐僧和悟空，凸显了师徒二人的矛盾及其成因。在和学生共同分析矛盾的原因在于对“向善”的理解不同并提出了解决方法后，玫瑰提出是否可以避免矛盾营造圆满结局。在教师精心创设的冲突情境中，学生在深入思考之下顿时领悟到情节塑造的矛盾冲突手法的魅力所在。良好的教学就是在这种动荡的冲突中，达到重新和谐的知识生成。

玫瑰用“向善”很好地串联了全文，并且很好地利用矛盾冲突推动教学的深入发展。白骨精和唐僧是骗与被骗的矛盾，白骨精和悟空是打与被打、陷害与被陷害的矛盾，唐僧和悟空是误解与被误解的矛盾，悟空和八戒是嫉妒和被嫉妒的矛盾。而所有的矛盾综合在一起，就是取经的一往无前和取经路上的坎坷磕绊的矛盾。

有效教学和理想课堂

语文课怎样教才是有效的，我以为：一是课堂前后的情智落差，实际上就是教学效果。二是熵，也就是用最少的时间获得最大的收益。三是思维训练和智力挑战。思维训练的课堂、充满智力挑战的课堂，才是有张力的、活泼的、灵性的、对学生有持久向心力的。

从这三个角度来衡量，玫瑰的课堂无疑是高效的课堂。

玫瑰的意图是“希望让学生以《三打白骨精》为‘引子’，尝试从文章体裁本身的特点出发，尽力以文学理论对于小说体裁的赏析方法作为理论依托，打破以往语文教学只见文字不见文学的屏障，让高年级学生不仅仅停留在文字的表面，而要带着理性的阅读兴趣，不是仅仅知道故事情节，而是用“语文”的视角对《西游记》这部古典文学名著，产生带有文学鉴赏意味的阅读理解。

从而，为即将走向中学的学生们种下一颗文学阅读审美的种子。”

鉴于这种用意，玫瑰设置了如下教学目标：

① 利用小说中“环境”的描写，渗透《西游记》中的环境描写。

② 借助小说中“情节”的研究，探究《西游记》中的写作特色。

③ 通过小说中“人物”的评价，导读《西游记》中的意义主题。

这三个教学目标明确、具体、集中。目标“明确”，才能有定向的作用；目标具体，才有利于落实；目标集中，才便于组织教学。尤其重要的是，目标之间还紧密联系。这种联系不仅是知识上的关联，还是逻辑和认识上的关联与深化。在玫瑰的课堂上，教师想教什么和实际在教什么是统一的，避免了王荣生教授所说的“阻隔、矛盾乃至对立、冲突”。

玫瑰的教学流程很好地完成了原初目标，分步展开了聊小说的要素、聊故事的环境、聊故事的情节、聊故事中的人物和聊故事的主题。在“聊小说的要素”教学流程中，玫瑰处理得比较简单，主要是梳理了小说的三个要素，为后面整个流程的展开做好了铺垫。个人感觉这里是否可以对小说尤其是神魔小说作一些简单的介绍。比如：小说刚开始不能登大雅之堂，于是称之为小说。由于小说的平民性，小说作者为了吸引眼球，在创作上大多设置虚构的、新奇的故事情节；而主题上则更多寄托了底层百姓的愿望和理想。于是这就有了几种情况，当老百姓被侮辱被损害时，他们凭借自己的力量摆脱不了，于是借助美好的愿望，有时寄托于现实中的英雄豪杰，于是出现了英雄侠义小说，如《三侠五义》《七侠五义》《小五义》等；有时寄幻想于封建统治者中的清官，于是出现了公案小说，如《包龙图》《彭公案》《狄公案》等。有时又寄托神仙鬼怪，因此诞生了神魔小说，如我们今天聊的《西游记》。学生应对神魔小说的起源有个简单的了解，应对背景有个清晰的认识。

玫瑰从三要素的“聊故事的环境”入手。环境既是故事开端的情景，又是人物活动的自然和社会场景的展开，更是故事发生和情节发展的推动因素。玫瑰的流程推进是先看环境，再看在环境中人物如何表现，即情节，进而通过情节的发展展现人物的性格，再由人物性格的塑造联系到社会现实，从而把《三打白骨精》放在《西游记》中衡量、以“向善”的主题为抓手探究《西游记》的内在精神。本课教学程序的流转足见教师的功力，学生思维的持续、课堂内在联系的保持，都要归功于教师的运筹帷幄、精心推进。

玫瑰对情节推进的分析提纲挈领，白骨精的“三骗”、孙悟空的“三打”、唐僧的“三责”，还有猪八戒的煽风点火都可谓简洁明了、逻辑性强。玫瑰超越了福斯特在《小说面面观》中所说的“低级形式”的“故事”，紧抓“比较高级”的情节。玫瑰紧紧抓住情节发展中的因果关系，和学生一道探究情节的发展：因为一骗，所以三打，因为三打，所以二责，还因为八戒的煽风点火导致重罚，最后的环境描写更是悲剧心理的烘托。玫瑰通过解析人物矛盾冲突，来分析人物的鲜明性格。

“教师即课程”，教师要教“课程的语文”。教师针对不同的学生，选择或创生有所差异的语文教学内容，从而使他们逐步达到共同的课程目标，这是一堂语文“好课”的最高境界。玫瑰敏锐地抓住一个特殊的数字“三”，由此导引出文学写作中的反复叙事。玫瑰通过“三打”的一波三折引出《西游记》第二十七回“尸魔三戏唐三藏　圣僧恨逐美猴王”的反复叙事，还引出了《三国演义》中“三气周瑜”、“七擒孟获”等情节的反复叙事，最后通过让学生替换读书报告单中妖精的名字，让学生领悟到《西游记》全书的反复叙事。玫瑰对反复叙事的展开点面结合，纲举目张。这种不变中有变、不同中有同，构成重章推进的反复叙事手法，散见于《西游记》中，教师通过介绍这种手法，把学生导入到整个《西游记》阅读中去。教师提供阅读的方法，破解叙事的奥秘，从文字本位、语感培养、读写熏陶，逐步过渡到文学进而向文化攀登，建构起一种注重语文素养的开放的面向未来的课程学习体系。这种意识既是超前的，又是极其必要的。人从自己的需要出发创造了文化，因此我们可以把这种客观化了的文化作为媒介来了解人的需要，进而了解人的本质。博尔诺夫认为“人不能通过反省来认识自己，只能绕道通过自身的客观化来认识自己”。一切脱离文化的学习，必然是苍白的、虚弱的。

向课程更深处走去

这节课中，玫瑰逐渐透露出三个变化。

主题朝话题延伸

过去的知识单元逐渐让位于主题单元。主题单元的包容性和广阔性，实际上给我们提供了一个开放的话题领域。教师可以通过组合、删减、变形、改写等方式，来实现话题的最大拓展，提倡包容性，承认差异性，鼓励个性，引导学生看到事物的两面性，认识世界的多元性，增强批判性，鼓励创新性，倡导灵活性，让学生形成丰厚的人生积累和文化积淀。

在《三打白骨精》意义主题的深入探究中，玫瑰进行了多元主题的补充，如胡适的“滑稽说”、崔岱远的“管理说”，最有意思的还有自己孩子对主题的认识——在求学路上战胜自己的弱点不断前进。这种补充可以看成是玫瑰从主题向话题的延伸，这种延伸有助于学生进行比较分析，并在此基础上得出自己的结论。

“只读”向“可写”转化

“只读”和“可写”，是法国当代结构主义大师罗兰·巴尔特提出的一对概念。“只读”又叫“作者文本”，“可写”则为“读者文本”。“作者文本”使读者成为多余物，使读者只能以“屈从的”态度面对文本；“读者文本”则赋予读者一种角色和功能，要求读者自觉地阅读文本、“参与”并意识到写作和阅读的相互关系，给予读者以共同创作的乐趣。

玫瑰很好地借鉴了“作者死了”的观点，把“作者文本”演化成“读者文本”，读者的地位大为提高，读者不仅是一个“读者”，还可理所当然地在作品中“写入”自己的看法和见解。这不仅是被容许的，而且是被鼓励的。玫瑰鼓励学生对唐僧师徒的矛盾成因寻求合理的解释，让学生设身处地地理解师徒二人的想法；玫瑰鼓励学生大胆地聊聊对主要人物的看法，让学生积极对文本进行富于个性特色的解读。如此一来，阅读的过程成为了唤醒个性的过程、认识审美的过程，成为了文学积累、语感增强的过程，成为了文学熏陶、文化内聚的过程。

从生成走向绵延

玫瑰的教学，预设性较强，好像所有的流程都走向预设，但又为教学内容的“生成”留下了广阔的空间，常常获得很多未曾预设的精彩。这些曾经的临时性共识，随着时间的推移，随着学生的长大，随着知识的深化，会不断更新换代。学习永远在路上，一切都有待于课堂结束之后的绵延。绵延是我取自柏格森的一个概念。在柏格森看来，绵延是一种不能用知性和概念来描绘，只能用直觉来把握的、不可预测而又不断创造的连续质变过程；是包容着过去，而又突向将来的一种现时的生命冲动。从这个层面上来看，课堂的结束只是空间授课的结束；在时间的绵延中，下课只是一个新的开始，是过去之物连续不断的一个前进过程，它与未来连接，并且在前进的过程中不断壮大。

如何绵延呢？玫瑰把课堂导入名著，把认识引入文化的营垒中，让学生不断产生新的问题。在用结构替换法展示了《西游记》全书的反复叙事手法后，玫瑰趁势引入了新的难题：“难怪有人说，一切经典的文学作品，之所以流传千古，也许根由是它所创造与生发出的结构。同学们，《西游记》藏着的密码多着呢。比如人物名称的密码，为什么叫‘悟空’、‘悟能’、‘悟净’呢？比如故事中的数字密码，像刚才说的孙悟空金箍棒的重量、御花园蟠桃的成熟年限、人参果的成熟年限等，太多了。只要读进去，就会发现《西游记》真是奥妙无穷！”学生的思维随着问题的提出而不断推进、跌宕起伏、摇曳生姿。

当这堂课结束之时，在展示了多人对《西游记》主题的认识后，玫瑰向学生深情地呼唤道：“亲爱的同学们，相信，当你把这本小说从头至尾好好读过以后，你一定还会发现更多的妙不可言之处。相信，你也会像他们一样，说点什么的！总之，考查明代社会不可不看《西游记》。外国人研究中国，也更不可不读《西游记》。”这深情的呼唤，我想一定能唤起学生深入思考并积极探索的勇气与渴望。

思维，永远从问题开始，而答案，却成了谋杀思维的刽子手。思维，在找到答案时往往突然死亡。因此，要保持绵延的态势，就要保持新问题的不断产生。从这个角度说，课堂是让学生“自己带着问题来，生出新问题去”，如何让学生在离开语文课堂之后，不离开语文呢？答案是让问题伴随着每个学生，在绵延中潜滋暗长。

万里写入胸怀间

——听黄厚江先生的《蜀道难》

终于有幸亲赴苏州中学，听了黄厚江先生的一节课——《蜀道难》。

大师风范，感慨良深。

鲜明的指向性，强大的逻辑性

这是我第一次听黄先生的课，黄先生的报告倒是听了两次。

印象最深的是，黄老师所说的一则故事。黄老师特别善于讲故事，三言两语，便妙趣横生。这是不是语文大家的一种看家本领？

黄老师说，他们办公室里还有一位同事，他家有一个胖小子，常常来办公室玩。小胖子特喜欢下棋，常常缠着黄老师来一盘。黄老师拗不过，就和小胖子对垒，小胖子非常厉害，三下两下，黄老师就招架不住。这个时候，小胖子就开始骄傲了，又是抖腿，又是哼着小曲，又是背着手，慢慢踱步…… 总之，用尽各种方式，表达对黄老师的蔑视。后来，小胖子每下一招棋，就吹着口哨，出去溜达一圈。想用这种方式来羞辱黄老师。黄老师趁着小胖子踱步，偷偷地移动了小胖子一颗棋子。小胖子回来后，继续下。风云突变，黄老师终于险胜小胖子。

最后，小胖子偏着脑袋，慢条斯理地对黄老师说：有意思吗？

“有意思吗？”这是一句质感强烈的话。任何时候，面对文本，我们都要不断追问。作者这样写，有意思吗？面对任何一个教学环节和细节，我们还是要反复追问，有意思吗？

我觉得正是这种有没有意思的追问，使得黄老师的语文教学，指向性极其明显，每一个环节和步骤，都匠心独运，恰到好处。

譬如，《蜀道难》的“读”，就很有匠心。

第一次是全班背读。条件很宽松，背上了就背读，背不上的就看课本。这是老师对预习的检查，掌握第一手学情，为下面的课堂教学服务。比如下字音的检查、断句的理解等。

第二次找了一组同学，对“噫吁嚱”三个字进行诵读。

之所以用了五个同学，就是要找出他们读的多种差异。之所以找出多种差异，就在于直观地告诉学生，古诗诵读的多样性。根据重音、停顿和字音延长，这三个字有无数种读法。那么，究竟哪一种读法更好呢？老师指导，关键是要读出自己的理解。如何理解李白开篇的“噫吁嚱”呢？

那么，就要体悟那种异峰突起的突兀感，劈空而来的惊悚感，叹为观止的讶异感。这就是诗仙的诗歌风范，一落笔就是高潮，一出手就是经典。

第三次是两个人赛读“蜀道之难，难于上青天”。通过赛读的评判，第一句要读得豪迈，第二句要读得低沉，第三句要读出感叹。实质上落实了这三个关键句在文中的作用。结构上的作用，是把文章串起来，把文章的层次向前推进；内容上的作用，是要突出情感变化，显示文章脉络。

第四次是师生合作诵读。老师读反复的这三句，学生读其他部分。这个环节妙不可言。

一是昭示文章脉络之清晰，一是体悟“其他部分”与老师读的这三句之关联。引出下文对蜀道险峻、游人历险、守道之人凶残的条分缕析。所有的这一切都指向那三句“蜀道之难，难于上青天”。因此诗眼在于一个“难”字。

那么，作者写“难”有意思吗？究竟他有哪些难言之隐，难言之意？正好交给学生去探究，这是课堂的核心部分，也是最出彩的部分。

第五次仍然是师生合作。学生按照自己的诗句排列，自由诵读，体悟韵律起伏之美，老师据此画出高低不平的图谱。当老师描画出排行的边缘线，山势险峻的蜀道，跌宕起伏的情感，豁然于眼前。

此环节的作用在于对李白诗歌艺术的探究。乐府诗不拘形式，不守规矩，长短不一，通过诗句的长短，既可以表现蜀道的奇险，又可以表现出感情上的起伏和变化。李白奔放的情感和飘逸的诗风，李白如神仙一样的奇特的想象和联想，都和这样的语言形式形成内在的统一。

黄老师这样的理解是有道理的，李白善于并乐于表达直观形象。“抽刀断水水更流，举杯消愁愁更愁”就是一例。李白为了表达抽刀无法断水之意，故意把两个“水”连在一起，给人断水之下，“水”依旧绵绵不绝之感。同理，李白不避熟字，“举杯消愁愁更愁”一句中，连用三个“愁”字，无非是要突出，尽管你举杯消愁，但“愁”依然滚滚而来，不可遏止。

两点困惑

毫无疑问，这是一堂极其精彩的课，但有个疑问一直萦绕着我。这堂课上完之后，学生对李白“谪仙人”的崇敬有没有增加？学生会不会觉得李白也不过如此？

想来想去，我的感觉是黄老师这堂课太精致了，这种强大的逻辑和精致，甚至课堂上的这种理性，会不会构成对李白诗歌蓬勃生命力的一种抑制？

李白斗酒诗百篇，恰恰是兴之所至，不讲道理，无理而妙的。

比如前面刚刚说了“西当太白有鸟道”，后面又说“黄鹤之飞尚不得过”，岂非自相矛盾？再比如“黄鹤之飞尚不得过，猿猱欲度愁攀援”，如果去掉一个“尚”字，音节该是多么和谐，而且并不影响表意。在我看来，这个“尚”字显得笨重。但李白就是李白。正如伟大的音乐家贝多芬一样，他能设计出世界上最好的乐式，但又从不在乎乐式，甚至喜欢捣毁乐式。李白也是如此，他岂在乎这些章式句法？李白曾嘲笑腐儒：“鲁叟谈五经，白首死章句。问以经济策，茫如坠烟雾。”

一个是洒脱不羁，一个是条分缕析，是不是这两者的矛盾，使得李白的那种谪仙之“气”未能淋漓尽致地宣泄出来？

第二个疑惑是三个分层段落的界定，好处是文章一下子豁然开朗，下面的研讨脉络清晰，如风行水上；但是不是有点“主题先行”？后面的几种主旨的探究亦然。让学生在文章中找找原因，固然能够引导学生多次进入文本学习；但是不是变成了对结论的一种求证，而不是对未知的一种探究，而唯有对未知的探究，才能使得课堂充满持久的张力和智力挑战。

没有简单的文本，只有简单的老师

——听姚冬芬老师的《文艺评论家和部长》

《文艺评论家和部长》教学实录

执教：姚冬芬

评点：王开东

《文艺评论家和部长》

［波兰］斯特法妮亚·格罗津斯卡

“你看斯罗塔新创作的小说怎么样？”部长问道。

评论家回答说：“部长，我认为他创作的小说是好的。”

部长摇摇头。

“我是说，从某种意义上讲是好的。”评论家赶忙更正。

部长摇头。

“我说的‘从某种意义上讲’是针对咖啡馆那些为数很少的知识分子。”

部长摇头。

“确切地说，就是针对那些没有鉴赏能力的人，刚才我没有表达清楚。”

部长摇头。

“总的来说，这是一部坏小说。”

部长又摇头。

“当然，也不能全部否定。”

部长摇摇头说：这衣服真别扭。

教学步骤：

（一）小小说《文艺评论家和部长》评点交流

师：小小说《文艺评论家和部长》虽篇幅短小，但读来意味深长、耐人寻味。课前我们要求选取两个角度对这篇小小说加以评点。现在我们每一小组先组内交流一下，每一组推荐一个同学在全班作交流发言。有新的想法可补充进去。

生：部长在听到这些话时的冷漠以及评论家毫不掩饰的溜须拍马之情，着实令人心寒，这种现象在如今这个社会已是屡见不鲜。小小说抓住了这对矛盾，或者其实根本不能称之为矛盾，在这段对话中，作者有意让部长在中间不发表任何言论，让读者对部长这一人物产生了浓厚的兴趣。继而作者又用带足调侃意味的“这衣领真别扭”一句来收束全文，出乎意料，使小说起到了“言有尽而意无穷”的艺术效果。作者意在讽刺社会上人们相互之间的虚情假意以及“变色龙”的存在。文章语言凝练却又发人深省，有很强的张力，结尾极富哲理性。

师：你主要对小说的构思和艺术效果进行了评点。

生：作者描写文艺评论家，是用了一连串的语言，从他一开始肯定小说，到否定又不完全否定。通过简洁的语言描写让读者看到了评论家阿谀奉承、见风使舵的嘴脸。小说写部长只用了“摇头”一个动作，可谓独具匠心，使小说行文集中又能以小见大。

师：重点关注了小说的精到的语言以及刻画出的人物形象。

生：这篇小小说短小精悍，文字很少，但却把评论家和部长的对话写得很生动，内涵丰富。评论家一开始还有自己的想法，但渐渐变得很含糊，最后改变了最初的想法。我们从中可以看到领导对评论家的影响有多大。可能这位部长平时就是一位喜欢听好话，喜欢奉承拍马的人，所以下面的人就投其所好、见风使舵。作为一位领导就要有一身正气，要敢于、乐于听真话，才能听到群众中真实的声音，才能真正体察民情，真正领导好一个部门，当好一方的父母官。

师：读小说不仅读出了人物形象，而且读出了社会，读出了自己，联系现实，联系自身，这也是一种评论方法，更准确地说是读后感。

生：小说讽刺了趋炎附势、没有原则的小人。出现这样的小人一方面是因为如今官场腐败，下属一个个都唯命是从，一切依照上级的意愿，点头哈腰，没有一点点自己的主观意见。有些官员，即使有了主见，但一遇到上司，那点主见也就灰飞烟灭了，为了讨好，为了攀升，他们放弃了客观与真相，抛弃了人格和尊严，一次又一次出卖自己的灵魂，真是可悲。

师：有点愤世嫉俗，有批判精神。对一个社会来说，能容忍批判是文明的标志，但是对于我们涉世未深的青年来说，还是要更多地看到社会已变得越来越进步、越来越民主和宽容了。任何国家跟我们个人一样总有缺点，但不能凭某一缺点就否认一个人，否认社会。

（二）介绍小小说的特点

师：刚才大家对这篇小小说赞不绝口，看得、评得饶有兴致。确实这篇小小说尺水兴波，跌宕起伏，妙趣横生，非常吸引读者。下面我们来了解一下小小说这一体裁的特点。

1. 篇幅短小，以小见大。生活面要小，反映的内容和意义并不小。

2. 立意新颖，意味深长。

3. 情节严谨，精选镜头。可用悬念、误会、伏笔等方法推动情节的发展。

4. 结尾出人意料，给人以惊奇之感。

师：其实，小小说的特点和艺术效果也在启示我们，在写记叙文时要努力达到精选镜头、善用铺垫、立意深刻、起伏跌宕等内在要求，才能产生言有尽而意无穷、令人回味的艺术效果。

（三）赏析评点文章

匠心独运　幽默讽刺

小小说《文艺评论家和部长》，蓄势技法运用自如，在其夸张和变形处理下，使得这篇短小精悍的文章隽永蕴藉，令人回味无穷。

摇头的含义是什么？部长又为什么一而再地摇头？这都令评论家不解。文章没有对这两个人物进行浓墨重彩的细描，只是由部长的一个反复及一连串不断更改的语言组成，情节看似简单，但人物形象却呼之欲出，栩栩如生；文章所讽刺的主题也跃然纸上，淋漓尽致。

小说中的蓄势笔法使用独具匠心，如同泰森的拳击，拳臂后撤，然后猛然出击，其力无比，扣人心弦；又似毛泽东的“敌进我退，敌退我进”的巧妙战术，令人叹服。部长的频频摇头，吊足了读者的胃口，让人心生疑惑，为之不解。结尾的“这衣领真别扭”，堪称全文的画龙点睛之笔，又像是马三立抖得极响的“包袱”，恰到好处，令人哑然失笑，心有所悟。

小说幽默的讽刺效果至此水滴石穿，发人深省。这个趋炎附势、见风使舵、善于拍马溜须的文艺评论家头脑之“灵活”，使人禁不住想起了契诃夫笔下的奥楚蔑洛夫来。这种人虽然名声不好，可现实生活中，总是占尽便宜。何时才能彻底清除产生“变色龙”的土壤呢？

总之，全文实笔绘其形，虚笔揭其神，做到了虚实相生，形神兼备。

师：（课堂朗读）这篇评论文章写得很成功。其一，重点突出，评析了这篇小小说是如何蓄势的，又产生了怎样的艺术效果。其二，在评点艺术效果时，作者用了一连串的类比、联想，形象生动，很有感染力，是这篇小小说的二次创造。值得学习。

评《文艺评论家和部长》

洪　山

两个人物，几句对话，简洁得像郑板桥的墨竹：疏疏朗朗的几笔，不加渲染即活现出摇曳生姿的竹之神韵。本文仅百来字，却惟妙惟肖地画出了风派评论家丑恶而又可笑的嘴脸。就像契诃夫笔下的变色龙奥楚蔑洛夫，没有良知甚至没有灵魂。他们如同屋顶上的风信鸡，朝向随风而定，十足的权势崇拜者。这样的人物，古今中外都不乏典型。试留意一下，在我们身边，不也常可看到他们的身影吗？其实他们也颇可怜——整天小心翼翼地窥测风向，还要看人脸色说话，不断地转呀转，活得也很累。

美国小说评论家罗伯特·奥佛法斯特认为微型小说表现手法上的特征应具备三个要素：1. 构思新颖奇特；2. 情节相对完整；3. 结尾出人意料。本文全以对话构成，没有人物描写，视角独特，能见人所未见，其奇巧构思，给人耳目一新之感；至于情节的相对完整，主要是要求其内在联系必须相对完整，有波澜起伏，能给人以完整的审美感觉，尽管其结构的外在形式可能是残缺的，甚至可能只是一个横断面；而本文的结尾确乎出人意料：读着读着，还真以为部长是在与评论家探讨文艺批评问题呢！直到读完最后一句，才恍然大悟：“啊，原来如此！”这就是所谓的“欧·亨利式结尾”。常说“文似看山不喜平”，小小说篇幅特小，更易因一览无余而显得过于平淡。若能在结尾处笔锋一转，逆向而行，既使人始料不及，又能在情理之中，给人以起伏跌宕、峰回路转的美感。不过，话又说回来，如果每篇小小说都要按这模式去套，就成了新八股，千篇一律，岂不太单调了？其实文无定法，不管怎样的表现形式，只要用得恰当，同样可以收到良好的艺术效果。

作者斯特法妮亚·格罗津斯卡是波兰当代著名女作家，作品富幽默感，讽刺辛辣尖刻，针砭时弊入木三分。从本文中不难看到她的这种风格特点。

师：此文开头评点了小小说的语言风格：简洁。但评点得很有艺术性，用郑板桥的画来形容此文简洁的文风，评论语言也很有美感。结尾处的评点方法也是一样，朗读感受一下。

（四）换个思维训练

师：刚才我们从鉴赏的角度去欣赏了这篇小小说，现在让我们换个思维，从出题的角度来想一想，出一道现代文的阅读鉴赏题。（写下来，并组织好答案）

思考后交流。

生：这篇小小说有什么现实意义？

（学生讨论并交流，再请出题人回答自己的问题）

师：这道题有点探究的味道，问题开放度较大。还要出得更贴近文本一点，更具体一些。

生：这篇小说的结尾写“这衣领真别扭”是否另有深意？

生：小说为什么要多次写到部长的摇头，用意是什么？

师：此题抓的细节很好，跟我想到了一块儿了。（联系教师所出的第2题，重点分析答题层次）

（五）教师展示所出的题目

问题：

1. 比较上文与《变色龙》在写法上的异同。

相同点：本文和《变色龙》类似，都将一个小人的嘴脸刻画得异常精细。

不同点：本文随部长摇头的反应，将文中提到的那篇小说从“好的”逐渐转化成“坏小说”。完全是看部长的脸色行事。《变色龙》中是面对他人对狗的所属的界定而变，本文更加直接，是面对部长的摇头动作。本文更加短小精悍。

2. 小说中“部长摇头”写了六次，起了什么作用？

参考答案：①部长摇头这个动作是贯穿全文的线索。②这个动作也是故事情节发展的必要因素，推动了情节的发展。③这个动作使得文章层层深入，逐步刻画出评论家的虚伪和迎合（对刻画形象的作用）。

3. 小说的结尾有什么艺术效果？

参考答案：①小说的结尾，很有喜剧效果，同时发人深省。②原来摇头的原因不是因为对评论家言辞的不满意，而仅仅只是因为衣领太紧，给人以会心的一笑。③这个出人意料却又在情理之中的结尾讽刺了趋炎附势、见风使舵的小人，耐人寻味。

师：在展示题目和答案时，要注意对答题层次的分析，回答问题要有层次，体现思维的严谨性；同时回答要落到实处，比如刻画出的人物具有什么特点就一定要交代出来，不能大而化之。

课堂总结：

1. 阅读素材因为有了我们高质量的思考，才能点铁成金，才能提高我们的阅读鉴赏水平，同时，内化为我们的写作能力。

2. 小小说阅读具有现代文阅读的共性，又有其个性。它要遵循小说的文体特点，紧扣三要素而行，所以无论是阅读鉴赏还是答题都要注意小说的文体特征。

课堂点评

姚冬芬老师的这堂课，很好地落实了生态课堂的理念。在自然生成的过程中，让学生充分享受了更新的快乐。成长的快乐。而这一切还都是以一种风行水上的方式，浑然天成地达成，这就不能不让人惊叹。本文试图从三个方面对这节课作剖析。

（一）阅读初感和阅读更新

姚老师很好地把握住了阅读初感和阅读更新的“度”。

从伦理学的意义来讲，学生的阅读初感是学生宝贵的人生经验和个性表现，尊重学生的阅读初感就是尊重学生的人格。成长是个体知识系统的内在更新，任何人无法代替。这种尊重是无条件的，绝对的。但从教学的意义上来讲，我们讲尊重学生的阅读初感却是有条件的。

阅读教学的目的就是促进学生与文本的对话，学生的阅读初感作为对话中不可或缺的一极，是语文教学的基本出发点。正是在这个意义上我们必须尊重学生的阅读初感。但尊重学生的阅读初感，不等于迁就学生的阅读初感。阅读教学之所以存在，就在于阅读初感有缺陷，需要提升，需要拔高。老师平等对话中的首席地位的体现，很大程度上就在于如何引导学生，在生生对话、生本对话、师生对话中，提升学生的阅读初感。

可以说，每个学生在老师和其他同学的共同帮助之下，通过对话，获得和自己的阅读初感有落差的体悟，这才是阅读教学最终效果的体现。

在这节课中，姚老师充分关注了学生的阅读初感，让学生对小说进行个性化的评论。老师相机点拨。

接着姚老师又呈现了微型小说的特点，对学生的阅读初感作了一个总结。但这不是结束，很快，姚老师又呈现了自己创作的评论，给学生打开了一扇窗，这是课堂上的第一个高潮。有比较就有鉴别，有鉴别才能提高。可贵的是，姚老师觉得还不够，又大胆引进了著名评论家的同题评论，引发了课堂的第二个高潮。这个源头活水，无疑又让学生更上一层楼。学生就是在这种拾级登高中，收获了成长的快乐。

（二）原生价值和使用价值（教学价值）

一般来说，文本有两种价值主体，一种是它的原生价值；一种是它的教学价值。一方面，这两种价值并不是完全统一的，确定了它的原生价值并不同时就确定了它的教学价值，同样，确定了它的教学价值却不意味着就排除了它的原生价值的存在；另一方面，不管是它的原生价值还是它的教学价值，都是内隐的、综合的，都存在相当大的灵活性、自由性。

实事求是地讲，现在的老师都专注于文本的原生价值，但普遍对文本的使用价值估计不足。

姚老师这节课最精彩的地方，还在于比较完美地实现了文本的原生价值和使用价值，把这则小材料的价值发挥得淋漓尽致。不仅完美地解决了文艺评论的写作问题、微型小说的阅读和特点问题，更重要的是结合小说的特点来解决现代文阅读的命题问题，可谓以一当十。

（三）解题者和命题者

在多层次夯实了文本之后，姚老师觉得还不够，就文本进行命题获得了一种新的视角，对这个文本进行重新审视，这是本课的神来之笔。姚老师让学生在达到对文本的高度认识之后，突然让学生自主命题，“刚才我们从鉴赏的角度去欣赏了这篇小小说，现在让我们换个思维，从出题的角度去想一想，出一道现代文的阅读鉴赏题”。（让学生写下来，并组织好答案）

让学生站在命题者这边，让学生揣摩命题者的意图，并且自拟答案，充分调动了学生的自主性和创造性。更有意思的是，老师最后亮出自己的三道命题，涵盖了学生的所有命题，究其原因，乃是小说的文体使然。学生到此更是大开眼界。对小说的命题更是有了切身的体验。从课堂效果来看，这是本课的第三个高潮。

经常有意识地让学生站在命题者的角度，能够使学生获得多重认知，有助于学生还原命题者的思维，更有助于学生优化自己的解题思维。但仅仅站在这样的立场上来评价这个环节，我认为依然是肤浅的。因为这还仅仅是分析这个环节的使用价值，实际上，这个环节还让学生站在更高的基点，对文本进行审视，从而有了更深的认识，特别是对文本的整体有了更通盘的把握。

稍感遗憾的是，在学生评点、教师评点以及引入的评论中，大多把批判的矛头指向了文艺评论家，未能充分挖掘文艺评论家扭曲的背后，未能从社会土壤、时代风习中寻找原因。但这只是白璧微瑕。

由此看来，没有简单的文本，只有简单的老师。

和诗意一起栖居

——评史金霞老师的诗歌教学

在文字出现之前，在远古的气息飞翔于我们的心灵之际，就诞生了诗歌。诗意是潜伏在人生命中的本能和冲动，所以荷尔德林说："人类诗意地栖居在这个星球上。"从本质上讲，我们每个人都是诗人。

也许，生命里不能没有诗，就像生活中不能没有阳光。

还记得初中一年级的时候，一个实习的老师，给我们讲《再别康桥》。那是一个混乱的嘈杂的潦草的下午，然而，当那些美妙的句子组合在一起，龙飞凤舞地出现在黑板上；当录音机里的音乐和朗诵响起来，犹如天籁之音，就像鹅卵石上清澈的水一样，安静地流淌，能够照出人的心灵和影子，像夕阳中的新娘。此时，我们都手足无措，感觉到自己的麻木和粗鄙，一种有关美好高尚清洁的东西，充盈在心里，我们都挣扎着想表现得灵气十足，诗性的光辉笼罩着我们，那个下午因此而变得美丽。

那节课上，那个粗通文墨的小伙子，只用了一首诗歌，就通过绵长的想象力和潜滋暗长的情感，在我的心里播下了一颗种子。这是一颗梦想的种子，它一直存在于我的内心，发芽，生长，开花，枝繁叶茂，使我对远方和生活充满了与日俱增的期待。

诗歌确乎有一种超凡脱俗的力量，这种力量与想象有关，与情感有关，并使我们获得生命极致的体验。一首好的诗，能够在你的心灵上打开一扇明亮的窗户，使你看见寻常看不见的美，一种隐藏在生活的本质之中，却需要触角和艺术感染的美。由此，我感受到很多艺术欣赏的反思性，有时候，不是我们在阅读诗歌，是诗歌在阅读我们，阅读我们的粗俗和满面尘灰，阅读我们的贫乏和不足，是诗意，参与并改变了我们的生活，并责无旁贷地成为我们一种爱的宗教。

然而，什么时候我们整个社会忘记了诗歌，忘记了一种精神和灵魂的高贵？在满大街的情歌绵绵中，我们忘记了唐诗过后的宋词，忘记了现当代那些精神贵族的低吟浅唱。

正是在这个背景之下，史老师的这个诗歌课程显得尤为可贵。

之所以说它是一个课程，原因在于它不是片断的、松散的、冲动的、诗兴大发的率性而为，而是系统的、逻辑的、立体的、符合学习心理的整体关照。从“我们为什么需要诗歌，到我们怎样学习诗歌的原因探究，到具体的涵咏诗歌的方法，到发而为声的诗歌朗诵的体验活动，最后，用青春为旗，从心灵深处流淌出的诗歌创作”，我以为这样关照诗歌，亲历诗歌诞生过程的创造性学习，符合“做中学，学中做”的诗歌学习原理，是亲近诗歌、亲近心灵的绝妙之作。在这里，“知识与技能，过程与方法，情感、态度与价值观”交融在一起，在学生的青春中打下印记，使他们在黑暗的前进的路上，能够握紧光亮和温暖的诗情，为可持续发展提供动力支持。

而常规的诗歌教学，由于没有上升到课程的高度，教学改革仅仅着眼于“怎么教”，体现为教学方法的种种探索，充其量也只能是方法至上的实用主义权威。教学方法固然是重要的，但方法只是达成目标的一个手段，如果目标本身就有问题，结果可想而知。同时，教学方法受制于教学内容，“怎么教”服务于“教什么”，“怎么教”很大程度上还可以归结为“教什么”。王荣生教授认为：“建立课程理念，建立以教学内容为抓手的教学分析和研究框架，更有利于促使教师自觉地反思自己的教学，在反思中有意识地发展自己的专业知识和专业能力。”史老师显然有了这种自觉。

《放飞青春的纸鸢》实际上还是一个寓言，纸鸢是属于年轻，属于青春的。我们应该把青春还给这些孩子，把诗歌和美好的情感还给他们，否则，当他们青春不在的时候，这种残缺和损失就永远不可能弥补。在《风筝》中，鲁迅写到，很多年之后，当他给小弟弄了一个大大的风筝时，弟弟已经漠然了。当他向小弟表示忏悔，当初不该武断地踩碎他的风筝时，弟弟的表现竟然是："'有过这样的事吗?'他惊异地笑着说，就像旁听着别人的故事一样。他什么也不记得了。"这是一种怎样的悲哀?

除了整体的课程诉求之外，史老师的诗歌教学，还有哪些特别之处，使其赢得比较大的成功?

我想这里有必要探究我们传统的诗歌教学，为什么是苍白的、落后的，也必然是失败的。

很多时候，传统的诗歌教学已经不是在教学诗歌本身，而是在教学诗歌考试。这种教学指向必然充满"唯理性倾向"和"肢解式模式"，诗歌的审美赏析的价值取向已经荡然无存。这种诗歌教学对付考试，可能是快速的、有效的、成功的，但也必然是单薄的、干瘪的、失血的。

诗歌不是为了了解，而是为了感动。一旦失去了情感的波澜起伏的动荡，失去了风光旖旎的含蓄韵致，失去了个性化的石破天惊的解读，诗歌除了文字的简短，除了高考八分的分值，它还剩下什么呢?

华兹华斯说："诗歌是强烈感情的自然流露，诗人的眼睛对于天上和地下的东西无所不看，是创造性活动潜入对象中心的幻想。"

正是因为诗的这些特质，雪莱明确提出："心灵有两类活动，叫做推理和想象。在通常的意义下，诗可以界说为'想象的表现'。"

由此看来，那种肤浅的模式和唯理性的倾向是多么的幼稚和乏味。鉴于对诗歌的热爱和清醒的认识，史老师没有把诗歌简单地指向高考，而是一切为了学生的发展奠基，创造出一种全新的诗歌教学形式。

"亲之爱之，是以知之"，是通过零距离的亲密接触来感受诗歌的美（诗的意境和情感）。"连类例比，举三反一"、"探微揣摩，味其甘旨"，是在"三"的玩味中学会鉴赏诗歌的美（诗的内容和形式）。

"讽咏之间，神交意通"，是在熟读成诵中内化诗歌的美（美的体验和个性）；最后的"醉舞在诗歌的长空中"，则是在实践中创造诗歌的美（美的思想和行动），在游泳中学会游泳，在写诗中学会读诗。这样的诗歌学习，是审美的，也是灵性的、诗性的，因此，必然是多姿多彩的。

学生通过对诗形象的品读，借助联想和想象，体悟意蕴，进入意境，把握诗歌的情感美，进而学会欣赏，学会表达，学会创造。从无我，到有我，再到无我，这是一个拾阶登高的过程，也是获得审美愉悦、人格提升、个性张扬的过程。

在这个过程中，教师的人格魅力不可低估，教师的平等参与至关重要。当很多学生嘴里喊出“霞姐”的时候，教学已经成功了一半。

如果，让我戴着放大镜来吹毛求疵的话，我觉得史老师的这个课程，还有两点不足。

第一是温度有余，深度不足。

柏拉图说：“凡是高明的诗人，无论是史诗或是抒情诗方面，都不是凭技艺来作成他们的优美的诗歌，而是因为他们的灵感，有神力的凭附着。”

诗歌固然是灵感之下的妙手偶得之，固然是借助强烈想象的情感的自然流露，但隐藏在诗歌背后的一种智性之美，却需要不断地反复地挖掘和体味。这种深度不足，我的理解是学生热爱诗歌了，但还没有真正地了解优秀诗歌的特质。

体现在学生创作的诗歌中，就是不少诗歌表现出“有意无象”、“有象无意”，或者是“意象选择不当”、“意象不集中”等毛病。

第二是热闹有余，宁静不够。

在我以为，诗歌像一道潺潺的小溪，像一泓静影沉璧的湖水。需要的是宁静，要悟读，甚至是独悟。林徽因在月光下，焚一炷香，瓶里插一枚莲花写诗，我们读诗，至少也需要一种宁静和含蓄，我在史老师的诗歌教学中，隐约感到了一丝热闹和急躁，这自然是考试语境下，“偷得浮生半日闲”一种慌张心境的透露，但仍然玉璧微瑕。

要知道，热闹永远和诗歌无关，诗需要的是安静，用眼神和她交流，嘴角边带一丝浅笑。

三个馒头引发的闹剧

——对王荣生教授文本解读的一点异议

暑假在苏州大学学习期间，聆听了王荣生教授的讲座——《教学内容的确定》，尽管王教授准备不足，但出于对王先生的尊敬，我依然听得极为认真。

王教授对语文教育的最大贡献是提出语文教学内容的确定问题。当很多人孜孜以求“语文怎么教”的时候，王教授一针见血，“语文首要的不是怎么教的问题，而是教什么的问题”。第一次听到这句话，简直醍醐灌顶、拨云见日。后来，我又斗胆加了两句话。

语文教学首要的不是怎么教，而是教什么；首要的也不是教什么，而是为什么教；首要的也不是为什么教，而是谁来教。

语文教学最终还是“人”的问题，“谁”来教最为重要。首先，要解决好教学者的专业发展问题；其次，还要确定好“我为何而教”，我要引导学生向哪里去；再次，才是确定教学内容；最后，才是决定怎么教的问题。

讲座中，王教授极为推崇上海版教材的《童年的馒头》，并细致点评了其中的几个核心词语，告诉老师“唤起、补充学生生活经验”的重要性。

尽管这个观点并不新颖，但对教学又确乎重要。只是王教授所推崇的这篇经典作品《童年的馒头》，虚假滥造，恶俗不堪，王教授如此高抬，未免让人哑然失笑。

先看作品。

童年的馒头

聂作平

如今的幸福时光使我欣慰，不过有时心底也会泛起一缕儿时的苦涩。那时候，娘拉扯着我和妹妹，家里穷得叮当响。我在5里外的村小上学，6岁的妹妹在家烧火做饭，背着那个比她还高半截的竹篓打猪草，娘起早摸黑挣工分，日子清贫得像一串串干枯的灯笼花。

有年六一，学校说是庆祝儿童节，每个学生3个馒头。我兴冲冲地对娘和妹妹说：明天发馒头，妹妹一个，娘一个，我一个。妹妹笑了，娘也笑了。

那天，学校真的蒸了馍。开完典礼，手里多了片荷叶，荷叶里是三个热腾腾的大馒头。

回家路上，看着手中的馒头，口水一咽再咽，肚子也发出咕咕的叫声。吃一个吧，我对自己说，于是先吃了自己那个。三两口下去，嘴里还没品出味儿，馒头已不见了。又走了一段，口水和肚子故伎重演，而且比刚才更厉害。咋办？干脆，把娘那个也吃了，给妹妹留一个就是。娘平时不是把麦粑让给我和妹妹，她只喝羹吗？娘说过，她不喜欢麦粑呀！

……我回家时，呆呆地看看手中空空的荷叶，里边连馒头屑也没一星了。我不知道自己怎样进了门，怎样躲开妹妹的目光。娘笑笑，没吭声。

呆立间，同院的二丫娘过来串门，老远就嚷嚷："平娃娘，平娃娘！你家平娃带馒头回来了吗？你看我家二丫，发3个馒头，一个都舍不得吃，饿着肚皮给我带回家了！"

娘从灶间抬起头，"可不，我家平娃也把馒头全带回来了！你看嘛……"娘说着打开锅盖，锅里奇迹般地蒸着5个白中带黄的大馒头！"你看，人家老师说我家平娃学习好，还多奖励了两个呢！"

二丫娘看看我，我慌乱地点点头……

那天晌午，娘把馒头拾给我和妹妹，淡淡地说："吃吧，平娃，不就是几个馒头吗！"妹大口大口咬着馒头，我却哇的一声哭了。

后来，我发现，就是在那一天，我的童年结束了。

王教授重点分析了三处。

第一处是"我在5里外的村小上学"。现在学生对5里路没有概念，认为打的就是一个起步价，很快就到达。这样就无法体会漫长路途带给一个孩子的饥饿，以及这个孩子思想斗争的艰难，最终吃掉所有馒头的无奈。

第二处是"日子清贫得像一串串干枯的灯笼花"。这个比喻的精妙之处，学生因为缺少生活经验，也很难理解。灯笼花的形态就是一串串的，因失去水分而很容易干枯、萎败。这个比喻写出了"我们"家日子的干枯、拮据，而这样的日子还是一串串，连绵不绝的，看不到希望的。

第三处是"锅里奇迹般地蒸着5个白中带黄的大馒头"。为什么是白中带黄的馒头，一定是家里用完了所有的白面，再加上其他的高粱面、麦子面什么的，才凑成了这五个馒头。

补充学生经验，拉近学生和文本的距离，这些细节的分析肯定是有价值的。但是，备受王教授推崇的作品本身呢？皮之不存，毛将焉附？如果作品自身有问题，作品中的这些所谓的细节，又价值几何呢？

在我看来，《童年的馒头》是一篇煽情矫情之作，对母爱的理解有偏差，对学生的思想教育有害无益。

首先，情节严重失真。

学校发3个馒头，娘怎么知道我一定都吃掉？要知道当我承诺的时候，“妹妹笑了，娘也笑了”。就算娘了解我，算定我一定要吃掉所有的馒头，她又怎么能算定二丫一个馒头也不吃呢？就算母亲算定二丫一个也不吃，她又怎么能算定二丫娘会跑过来炫耀呢？就算她算定二丫娘会过来炫耀，她有没有必要在那么艰苦的年代里，在我已经吃了三个馒头的情况下，还要用光家里所有的面，再做5个馒头？

其次，教育方式失误。

退一万步，就算作者上面所述都是真实的，那么，娘的教育方式也极不妥当。

我许下了诺言，但第二天，我还是忍不住口馋，吃掉了所有的馒头。“娘笑笑，没吭声。”她并不责怪我的不懂事，因为我还小，不责怪我无可厚非。但娘用蒸着的5个大馒头来维护了“我”的自尊心，让“我”真切地感悟到生活的艰辛和亲情的温暖。这就有点过了。

我在想，这种谎言能够给我带来自尊心和温暖吗？孩子会不会理解成这是一种更大的批评？而且这种农村攀比式的教育，和让孩子直面自己的馋虫所带来的羞辱，哪一种更具有教育的价值？

就算重蒸馒头，也应该让“我”自己劳动，“不蒸馒头争口气”，兑现对6岁妹妹的承诺。

最后，后果不堪设想。

想想看，二丫娘是炫耀来的，是找乐子来的，是找快感来的。在农村，这种陋习极为常见。

可是，二丫娘却吃了一鼻子灰。二丫娘回去之后，会怎么样？

我想她一定要痛骂二丫。“人家平娃还多奖励了两个馒头，你个死人，怎么多一个馒头也没有奖励？”

因为在农村，又是邻居，几乎可以肯定二丫是和平娃在一所学校上学。二丫受了责骂，一定要弄清奖励馒头的真相，为自己洗清冤屈。也就是说“我娘”的这个谎言，是一个拙劣的谎言，一定会被揭穿。

而我关心的是，揭穿之后，会怎么样？

二丫娘一定会再次找上门来旁敲侧击，娘一定会哑口无言，“我”一定会无地自容。

如果这是一篇真实的故事，那么，“我的童年的结束”，一定会与5个馒头无关，而只和谎言的被揭穿有关，而作者对这个故事进行了改写，这就是隐藏在作品背后的秘密。

香消于风起雨后

——评董一菲老师的《采薇》

董一菲老师是我很欣赏的一位老师，课堂上旁征博引，信手拈来，挥洒自如，充满了浓浓的语文味。尤为可贵的是董老师和学生之间，关系默契，精神和谐，让人艳羡。

《采薇》一课保留了董老师一贯的课堂风格，轻舟流水，水波动荡，互动频繁，交流默契，确实是一堂优质高效的课堂。但任何课堂都是遗憾的艺术，完美的课堂，既没有可能，也没有必要。作为旁观者，我本着认真学习的态度，拟从四个方面对董老师的课堂进行探讨。

一、精致美丽，但要注意智力挑战

沈从文说，美丽是愁人的。

董老师的课堂自然是美的，结构匀称，语言洗练，优美的引用随处可见，潜移默化地熏陶了学生的思想情感。比如：“一名戍卒带着深刻的矛盾和极度的痛苦，回忆和他的生命与青春如此密切相关的战争，那份保家卫国、建功立业的骄傲情怀，都通过叙事表现出来。一点点地勾描，一点点地雕刻。于是边关所有的日子就这样流逝了，边关何处，家园何在，大敌当前，八方多难。又怎一个‘永别了，武器’了得。”

这是董老师对叙事元素的小结。其中有很深刻的感慨和寄托，“永别了，武器”的引用，可谓神来之笔。

还有结尾提纲挈领的总结："《诗经》是我们祖先第一次深情的吟唱，从它诞生之日起如同日月经天，江河行地……另外推荐两本书：一本是安意如的《思无邪》，一本是鲍鹏山的《附庸风雅：第三只眼看〈诗经〉》。"

我有理由相信，董老师这样的点染，肯定有极大的鼓动作用，尤其是两本书的推荐，使得课堂的连续性得到了有效保证。很多时候，下课了，就意味着我们的课堂死了，但董老师的课堂还在延续，下课是另一种开始，而不是结束。

叶澜曾经指出："没有教师精神的解放，就很难有学生精神的解放；没有教师的主动发展，就很难有学生的主动发展；没有教师的教育创造，就很难有学生的创造精神。"那么，我们是不是也可以说，没有教师的审美和对古典文化的热爱，也就很难有学生对审美和古典文化的热爱？

很显然，董老师的诗情画意激发了学生，从学生的回答中，我们完全可以触摸到董老师对学生的影响。

比如有学生说："采薇起兴的是戍卒生活的艰辛，棠棣起兴的是将士精诚共御外侮。"还有学生说："'昔我往矣……今我来思'，一往一来，高度概括了人生的短暂，人生的变化无常，从青春到白发，从欢乐到痛苦，时间在一往一来中积淀成人生的悲剧和无奈。"这些妙语，几乎都有董老师的影子，打下了董老师的独特印记。这种熏陶和潜移默化的影响，善莫大焉。

但是，美的课堂注重形象的渲染，给人直接的兴发感动，最容易滑向的歧路就是缺少深度，以至形成审美疲劳。课堂唯有不断追问，对学生进行思维训练和智力挑战，才可能使学生获得持久的语文兴趣，以及语文素养的不断提高。

比如，学生在回答问题的时候说："老师，在鉴赏《氓》的时候，你说《氓》的比兴手法有声有色。'淇水汤汤'是声音，'桑之未落，其叶沃若'、'桑之落矣，其黄而陨'是色彩，碧绿金黄构成对比。《采薇》的两处比兴，也作了色彩的处理。'采薇采薇'，漫山遍野都是绿色；而'彼尔维何，维常之华'却是无尽的绚烂。这样在表达感情上也就有了起伏。"

老师则说："用已知推导未知是智慧，这个发现好！这个小组的同学谁接着发言？"

对于这一段，董老师的处理就有不妥。学生说："这样在表达感情上也就有了起伏。"究竟是什么样的起伏？这种复杂的情感起伏，正是诗歌最精彩之处，老师似乎不应该错过。

《采薇》表现了一个底层士卒在玁狁入侵、国难当头的形势下，出征抗敌的感情经历。先是渴望回家，渴望回家而不得，就渴望“抵万金的家书”，渴望家书而不得，就忧愁成病。但一旦战争来临，又义无反顾，奋勇杀敌。怀家思亲的个人情与为国赴难的责任感纠缠在一起，这是第一层起伏。第四、第五节诗歌先是尽情展示戍卒一往无前的英雄气概，战无不胜的民族自豪感，但战胜归国之后，除了满头白发，一身伤病，亲人飘零，几乎一无所有，还要独自承受时间的飞逝，生命的消耗，以及战争对生活价值的否定。于是，情感再次起伏，在痛定思痛的“我心伤悲”中，诗歌戛然而止。

与这种复杂情感相适应的，还有该诗艺术风格的起伏。或清丽，或低迷；或明快，或含蓄；或俊秀，或直切，形成了刚柔相济、阴阳互补、相反相成的风格特征。正因为如此，本诗号称“绝世文情，千古常新”，老师岂可不察？

行云流水的课堂之美，往往以损失探究为代价。

比如：学生说：“采薇起兴的是戍卒生活的艰辛。”为什么采薇起兴能反映戍卒生活艰辛？这个追问恰恰是对标题以及诗歌手法的求索，意义重大。

诗歌以“采薇”起兴，既是起兴，又是就近取喻，简直妙不可言。边关士卒的“采薇”，与家乡女子的“采桑”截然不同，薇菜可食，戍卒采薇目的是充饥，由此可见戍边生活之凄苦。

薇“作”、薇“柔”、薇“刚”，不仅是时间的流逝，还是生活的恶化，再加上年老无成，成家无望，死生无常，怎不让人痛心不已？而这一切都是“玁狁之故”，怎不让人燃起对敌人的刻骨仇恨？

学生列举的《氓》的起兴也是如此，“桑之未落，其叶沃若”、“桑之落矣，其黄而陨”，就近取喻，不仅是叙事时间的变化，更是女子的容颜从鲜艳欲滴转为枯黄凋零的一种象征，兴中有比，比中含情，情中有叹，这是《诗经》起兴的一大特色，正好互文参读，岂不很好？

二、旁征博引，但要注意辩证分析

引用是高效的，但也是危险的。

很多时候，我们的引用注重了形的相似，而忽视了质的区别；在引用的过程中，我们只满足于外在的形似，却抹杀了内涵上细微的差别。久而久之，学生就会不够严谨，随意比附，夸夸其谈，眼高手低，这一点，老师不能不警惕。

生：借助“薇”的成长过程表现时光的流逝十分巧妙，非常像电影镜头，体现了四季轮回。如果我是导演，我要在镜头的叠加中表现抒情主人公年少无邪的脸、青年血气方刚的脸、壮年沧桑的脸，就不再表现他的暮年了，这太残忍。老师不是说“国风好色而不淫，小雅怨悱而不乱”吗？

师：很有想象力。杜甫在《兵车行》里说，“去时里正与裹头，归来头白还戍边”，一个士兵整个一生都在征战；“岁岁金河复玉关，朝朝马策与刀环”（柳中庸），太悲苦了。你对《采薇》的感情基调把握得很好。

生：都是“采薇”，我们初中学的王绩的《野望》中的“长歌怀采薇”表现的却是隐逸情怀，这说明任何比兴都不能断章取义。

应该说，此处学生借助电影镜头，展示流逝的时间对戍卒的戕害，非常有想象力和创意。董老师也很赞赏，于是引用了两处诗句，来印证学生的观点。一个是说，士兵一生都在征战，头白还戍边；一个是说，士兵征战的悲苦。

这个引用看似巧妙，辨析下来，却有值得商榷之处。

确实，这两句诗都表示了厌恶戍边时间之长，哀叹征战的悲苦，正好与《采薇》合拍，构成了相似性；但仅仅是内容上的相似性还是不够的。教师引用或链接的诗句能否具有互文性、递进性，从而形成迁移、矛盾和碰撞，尤其是内在情感的关联，这才是最重要的。

但是，此处所引两诗的情感抒发，明显是诗人作为旁观者的情感显露，而《诗经》最大的特色就是主人公的自我情感抒发，《采薇》中是戍卒的顾影自怜和自我情感宣泄，这是两者的第一点不同。另外，引用两诗的情感是单一的，就是反战厌战恨战，但《采薇》诗的情感明显更为复杂。很难用词语的表面意义来代替内在情感的暗流涌动。

同样的道理，学生也是这样。有学生这样说：“都是‘采薇’，我们初中学的王绩的《野望》中的‘长歌怀采薇’表现的却是隐逸情怀，这说明任何比兴都不能断章取义。”

这个同学能够前引后联，貌似学以致用，但实质却有很大的问题。

本质上来看，两处的“采薇”，内涵都是一样，就是采薇充饥。但后者运用了两个典故，其一是《诗经》里的《采薇》篇，其二是古代有两个著名隐士伯夷、叔齐，他们坚持不食周粟而上山采薇充饥。“相顾无相识，长歌怀采薇”可以解释为“既然在现实中找不到相知相识的朋友，那就只好追怀伯夷、叔齐那样不食周粟、上山采薇的隐逸之士了。这两句诗写出了诗人内心的苦闷和怅惘”。所谓的隐逸情怀是这样来的，和采薇的比兴是没有多大关系的。

三、自主学习，但要注意一以贯之

董老师此课很大的亮点是学生的自主学习。如张玉新老师所言，高起点达成教学的高终点。董老师引导学生在最短的时间里完成了大容量的教学任务，而且取得了不错的教学效果，不能不归功于学生的自主学习。

上课伊始，董老师说："上节课我们疏通了文意，进行了扎实的朗读和背诵，这节课就上节课布置的几个问题，请同学们将查找到的资料和思考的结果展示出来，让我们共享学习的成果。"

此后，课堂一直就在这个框架里进行，基本上以学生的活动交流为主。课堂流程可以概括为：

第一，对比兴手法展开讨论；第二，分析《采薇》的叙事元素；第三，欣赏第四、第五节诗。

这个流程不可谓不简洁，但是也有缺憾。首先，第三点和第一、第二点不处于同一层次，分类不够严谨。其次，相对而言，把叙事元素放在最前面，也许更符合学生的认知规律，更有益于比兴手法和诗意的把握。最后，让学生分组研讨不同的内容，是不是剥夺了学生研究其他内容的机会，这也是我一直困惑的问题。

此后的自主学习交流，董老师基本退居幕后，很好地起到了一个引导者的作用。但当第一组学生游离出比兴的话题，老师囿于自己的分类，马上进行了干预，这个场景非常有趣。

生：另外"采薇采薇"三次比兴，有一种时光流逝的感觉。……这是一个复杂的比兴，而"彼尔维何，维常之华"就是一个简单的比兴。

师：看来还要补充一点就是两处比兴"一繁一简"。那么，在《采薇》的比兴里为什么要暗示时光的流逝？

生：时光流逝是为了表现抒情主人公思乡情感的加深。

师：一种情感总会失之于单纯，只有将人物的情感刻画得复杂微妙、痛苦焦灼，才会有一种深沉的冲击人心的力量。这个话题我们另一组同学再探讨，我们还说比兴。

生：借助"薇"的成长过程表现时光的流逝十分巧妙，非常像电影镜头，体现了四季轮回……

在这段对话中，先是学生提出"采薇之作、之柔、之刚，暗示了时光的流逝"，老师自然追问为什么要暗示时光的流逝？学生回答是"为了表现抒情主人公思乡情感的加深”。紧接着老师简析了复杂情感交织的妙处，含蓄地告诉学生不要把情感单一化，但始终没有忘记把学生自主研讨拉回到“比兴”的范畴之中。

有趣的是，当下一个学生的“镜头说”再次把讨论引向戍卒的情感——因时光流逝而苍老的忧伤，老师也终于忍不住引用诗歌印证学生的观点，但很快就又醒悟过来，再次干预了学生自主研讨的走向——

师：第二组同学来谈谈《采薇》的叙事元素吧。

其实，比兴怎么可能离开情感？课堂的分块承包，有时候是人为地隔离，不仅会影响对文本的多元解读，也会影响学生的自主学习。董老师在引导学生自主学习中作了可贵的探索，但放得还不够。还可以大胆一点，洒脱一些。

四、积累知识，但要注意课程意识

董老师和她的学生知识不可谓不丰富，这是读书积累产生的效果。但我觉得董老师让学生上黑板写 12 个月的别称，还有 10 种马的别称，意义不大。

一处是——

师：叙事主要集中在第二部分，我们就谈谈它，顺便问问阳月是几月，谁能把 12 个月的别称写在黑板上？

（生板书端月、杏月、桃月、槐月、榴月、荷月、巧月、桂月、菊月、阳月、葭月、腊月，其中有三个月学生没写出来）

还有一处——

师：在《诗经》时代，马在人们生活中扮有重要角色，人们对它的区分也非常细致，丰富多彩的马的称呼是其重要的体现。这一小组的同学谁能上黑板写 10 种马的别称？

（生板书骓、骒、驹、骠、骐、骃、骝、骟、鱼、龙等）

不如直接告诉学生十月是“阳月”，而对各类战马的描写，体现的是必胜的信念和爱国情怀，中国本来就有龙马精神之说的。让学生上黑板写，不仅浪费了时间，而且中断了逐渐展开的研讨思路、热闹活跃的研讨氛围，可谓得不偿失。

其实，这里涉及教师的一个理念问题，知识确乎是重要的，但知识多了，可能就会转化为信息，而泛滥的信息有时候反而是有害的。一切知识如果不能上升到课程的层面，成为课程结构中的一部分，这个知识很可能就是没有价值的。

其实，这首诗作为《诗经》中很著名的一首战争诗歌，董老师没有把它放在《诗经》战争诗的背景中进行关照，成为一个有关战争的微型课程，不能不说是一个缺憾。

《诗经》中的战争诗几乎全是民族之战和正义之战，这和后世的“武皇开边意未已”的战争完全不一样。这是戍卒既有思乡之情，又有战争意识的根源所在。

按照抒情主人公的身份地位来划分，《诗经》战争诗可分为四类：

一是《采薇》中的底层士卒；一是《出车》中的普通将士；一是《六月》中的最高统帅；一是《常武》中的周天子。四类人从下而上地涵盖了周王朝军队的整体，具有广泛的代表性和典型意义。战争诗准确而巧妙地塑造了他们的形象，反映出他们不同的面貌和内心情怀。

《诗经》最大的特点是，作者全部隐藏起来，由抒情主人公自己去观察、感受和体验，由他自己去干预客观环境，影响事变的进程，因而带有浓重的“主观”色彩。这四类抒情主人公，或有天子气象，或有全局特征，或专注于一隅，或集中于个人，淋漓尽致地展示了所属阶层的内心世界。

《采薇》从底层士卒的视角写凯旋。作为一个底层士卒，他的使命是奉命杀敌，诗中很少写总体形势和变化过程，主要是表现他对侵略者的仇恨和对统治者的幽怨以及对自己不幸遭遇的不平，特别突出的是“载饥载渴”的苦难和“莫知我艰”的孤独。其所见所闻和影响之所及，既不同于《常武》中的天子、《六月》中的统帅，也不同于《出车》中的普通将士，而是展现出底层戍卒的独有世界。

《江汉》写召虎征伐淮夷胜利而归，《常武》写宣王命卿士南仲和皇父征伐徐国胜利而归，“将军百战未死”，诗篇洋溢着建功立业的雄心壮志和宏伟抱负，字里行间充满了欢乐和自豪。战争的胜利意味着他们官位的升迁和福禄的增加，他们的喜悦和欢乐是由衷的。

《采薇》同样也是写征伐玁狁取得胜利，但其抒情主人公的心境却截然不同。“壮士十年归”，打败了敌人，甚至是“一月三捷”，但是，胜利不但没有带给他欢乐和喜悦，反而是“岂敢定居”和“忧心烈烈”，充满了悲哀和惆怅。如果说王师军事上的胜利意味着王公贵族事业的成功，那么，对于这个普通的底层士卒而言，胜利的果实却充满了苦涩。

只有把《采薇》放在这一系列战争诗歌中，才能清晰地看出戍卒内心的苦闷和深切痛苦的来源。

董老师也尝试过探讨《诗经》描写战争对后世的影响，但后世描写战争，比如《三国演义》中描写战争，明显取法于《左传》，与《诗经》的关系并不大。

对于战争，史怀哲说得好："善的本质是保持生命，促进生命，使生命达到其最高度的发展。恶的本质是毁坏生命，损害生命，阻碍生命的发展。"而战争作为一种极端的考验方式，必然对人性造成巨大伤害，必然带来一些人性的伦理问题。只要战争发生了，任何个体都不可能置身事外，都不可能脱离战争的损害。底层人民都是战争的受难者，真正罪恶的制造者是那些所谓的上层人物，那些战争的发起者——无论他们是有意的，还是无意的；无论他们有没有打着真理或者爱国的旗号。

正如弗洛姆在《爱的艺术》中所说："你爱你自己，爱你的爱人，如果这种爱不能穿越更广阔的空间，这种爱就是畸形的。"也许，这就是我们对待战争该有的态度。

我以一颗学习之心，真诚地探讨董老师这堂课，短尺不能量长物，一笑。

第三辑

文本解读·经历后破译

罗曼·罗兰说：“从来就没有人读书，只有人在书中读自己、发现自己或检查自己。”

文本解读本质上也是如此。一个字、一首诗、一本书、一部电影、一个孩子、一个班级……乃至一个独一无二的自己，都是一个结构，一个整体，一次生命的兴发感动，一段可以启发生命的叙事，一个有待破译的文本。因此，我们的文本解读是广义的，每一次破译都是我们生命的又一次经历，又一次丰富，我们在文本中真实地又活过了一次。

在文本阐释之前，文本处于遮蔽状态，没有什么意义。正如王阳明所说：“汝未见此花，此花与汝同归于寂，汝既见此花，此花颜色便一时明白起来。”

真正的文本阐释，就是把杯子里的水清空，不带任何前见，从真实文本中揭示出活生生的真理来，让“此花的颜色一时明白起来”。这个时候，没有观察者，只有观察。当我们不断地去弊，存在的意义就会不断涌现，同时新的遮蔽也会不断出现，而文本就成了一个意义不断涌现的存在。

深度阅读

——文本解读的六个境界

文本解读一直是一个难题。在文本的解读上，有很多方式方法，比如：知人论世，通过作家所处的环境和作者意愿来解读；“作者死了”的纯作品解读法；原型结构解读法；通过读者反应理论来解读。但在真正的操作中，却并非如此简单。

本文试着以《愚公移山》为例，来谈谈文本解读的几重境界。

一、主流观点

这是最简单的一种继承，继承主流价值观点。赞扬愚公，赞扬他面对灾难或困难，迎难而上、征服自然、改造自然的大无畏精神，赞扬他自强不息的人生态度。

愚公精神，实际上是儒家的一种明知不可而为之的康健的、积极的精神。它吹响了一个民族昂扬向上的号角，理所应当地成为了民族精神的象征。

毛泽东在“七大”中说：“现在也有两座压在中国人民头上的大山，一座叫做帝国主义，一座叫做封建主义。中国共产党早就下了决心，要挖掉这两座山。我们一定要坚持下去，一定要不断地工作。我们也会感动上帝的。这个上帝不是别人，就是全中国的人民大众。”“愚公移山”从此成为表现中国共产党人坚韧不拔、不懈奋斗精神的典型用语和口号。愚公移山的主流思想至此得到了强化和巩固。

二、逆向思维

肯定智叟，肯定他实事求是的态度和精神。智叟嘲笑愚公，“以残年余力，不能毁山之一毛”。愚公回答说：“我死有子，子又有子，子又有孙，子子孙孙无穷匮也。而山不加增，何苦而不平？”

实际上愚公的这个推断并不成立。首先，沧海桑田，朝云暮雨，愚公并不能保证山不加高；其次，愚公并不能保证自己“子子孙孙无穷匮也”；再次，就算愚公“子子孙孙无穷匮也”，也不能保证他们都能和愚公唱“同一首歌”；最后，从结果来看，愚公也并非通过自己的力量移山。这实际上从侧面说明了愚公移山的不可行。

三、辩证观点

一分为二地看待愚公和智叟，既肯定愚公身上大智若愚、直面困难、不屈不挠的精神，但又要批评愚公以为通过子子孙孙的努力，就真可以搬走大山的愚不可及。

对智叟而言，既要看到智叟面对大山理性思考、直面现实的态度，也要批评他在困难面前息事宁人、无所作为的消极无为。

也就是说，从感情上我们赞扬愚公，从理智上我们又不得不同意智叟。从战略上我们同意愚公，但在战术上我们又不得不认可智叟。

四、历史视角

《愚公移山》当然是一个寓言，但即使是寓言，也可以从它的本意上来获得认证。

愚公究竟该不该移山，得看愚公活在一个什么样的时代。

远古时代的中国人，有一种土地崇拜，具有根深蒂固的安土重迁思想。除非实在活不下去，他们是不可能背井离乡的。而愚公不过“惩山北之塞”而已，这就决定了他不可能搬家。在这种前提下，愚公只能采取移山的方式，尽管悲壮，但却令人尊敬。

如果放在一个好男儿志在四方的时代，放在一个计较付出和所得效益的时代，愚公移山自然是得不偿失，他确乎应该走出大山，干出一番大业。搬家显得比移山轻巧、实在，这一点毋庸置疑。但也不能忽略，愚公搬家是为自己，移山主观是为自己，客观上却是为他人，为大众。

五、原型结构

结构主义总是把作品放在很多作品当中，从他们的关系中来寻求意义。比较文学中的主题学，就有很多类似的主题，有一种相似的原型结构。

比如古希腊神话是很多文学的源头，很多英雄不满足现状，他们离开家，寻找美女海伦，寻找金羊毛，寻找圣杯等。总之，是一个任务促使他们离开家，又总要经历种种磨难、艰险、伤痛，最后终于成熟起来，然后，回家。从中，我们可以归纳出一个结构，就是“离家——经历苦难——对人生有了深刻的领悟——回家”。

《西游记》中的孙悟空就是如此。离开花果山，为了取经任务，经历九九八十一难，终于修成正果，回到花果山。

《红楼梦》中的贾宝玉也不例外，离开青梗峰，到了大观园这个花花世界里，经历了悲欢离合，生离死别，最后，终于又回到大荒山下，青梗峰旁。

西方的童话，常常有一个结构：一个主角、一个迫害者、一个协助者、一个战利品。主角一般都是在协助者的帮助下改变了自身处境，惩罚了迫害者，并最终获得了战利品。

比较这些原型结构的继承和发展，非常有意思。

在安徒生的《丑小鸭》中，丑小鸭是主角，它有很多的迫害者，但他最重要的协助者却是自己，他最终的战利品是自己变成了天鹅，他没有惩罚迫害者，反而显得更加谦卑，这就是丑小鸭的动人所在。

《海的女儿》中，小人鱼是主角，在追求王子的过程中，小人鱼的迫害者和协助者是同一个人，就是那个巫婆，所以，她没办法惩罚迫害者，自然最终也没办法获得王子这个战利品。但安徒生却让她获得一个永恒不灭的灵魂作为奖赏，这是对她高贵灵魂的补偿。

在《愚公移山》中，也有原型结构。那就是“一个平凡的主人公——面临不可能解决的困难——明知不可而为之——悲壮的精神”。比如“夸父逐日”、“精卫填海”、“后羿射日”等，就是这种原型结构。虽然最终的结果有异，但都是同一种主题，阐释的也是同一种精神。

六、民族心理

弗洛伊德和荣格告诉我们，写在我们任何文字中的，不只是作者的意识，还有作者的“个人无意识”，以及该文本偷偷呈现出的“集体意识”（社会文化）和“集体无意识”（人类原型）。

一个故事被视为经典或者神话，它一定是揭示了人类深厚的集体无意识中的某一原型，它一定是人类灵魂或者集体智慧的一个高度浓缩的“原始意象”，并在长期的发展中，最终转化为民族心理。文本分析的最高境界就是，分析寓言产生与流行背后的集体无意识。那么，《愚公移山》这个寓言背后的集体无意识，究竟是什么呢？

如果说愚公代表的是勤劳，那么智叟代表的是智慧。《愚公移山》呈现的实际上是人们对勤劳和智慧的态度。

列子所处的战国前期，生产力水平极其低下，人类刚刚进入铁器时代。在这样的时代，“聪明”在社会生活与个体生存中的价值，是远远低于“勤劳”这一品质的；况且从教育孩子这个角度看，强调由遗传决定的“聪明”，当然不如强调可以后天培养的“勤劳”更有实际的意义。大智若愚，大巧若拙，聪明反被聪明误等，就是这种思想的反映。直至今天，我们还在倡导“勤能补拙是良训”、“一勤天下无难事”、“天道酬勤”等观点。

所以，《愚公移山》实质上就是情商胜过智商的一场较量，这种“扬勤抑智”的思想逐步深入人心，成为一种文化积淀或者说集体人格。而对于我们而言，如何揭示出文本背后的集体人格，揭示文本背后的个人无意识、集体无意识，应该是我们文本解读的一种追求。

苏格拉底之死和多元解读之生

——苏格拉底之死的几种解读

公元前399年6月，雅典举行公民大辩论判处苏格拉底，苏格拉底最终获得了281票对220票的裁决：他被自由、民主、博爱、智慧的雅典民众判处死刑。

历史迷雾重重，这永远是一个难解之谜。

苏格拉底是讲“知识即美德”最完美的道德家，而雅典是最能宽容言论自由并实践“少数服从多数”的民主政体的典范，那么，雅典为什么要判苏格拉底死刑呢？正是这个奇怪的问题，使得苏格拉底之死成为西方思想史上的一块“心病”。

世界上赫赫有名的哲学家，都对苏格拉底之死发表了自己的见解。概括起来，主要有以下六种分析。

第一种，亚里士多德认为，苏格拉底代表着“真理”，真理抵挡不住“真实”，而“真实”就是“毒药”，因此，苏格拉底之死是“真理被毒药毒死了”。舍斯托夫由此演绎：“当人类的苦难比海底的沙子还重时，什么是思维正确的真理？什么是知识正确的德行？”托瓦尔则惊叹：“苏格拉底的死亡中最可怕的是雅典继续走他自己的路，仿佛什么也没有发生一样。”

一个没有伟人诞生的民族是可悲的，而一个诞生伟人却不知道敬重的民族更加可悲。

第二种，伯内特、泰勒特别强调，尽管苏格拉底反对雅典民主法制的内容，但仍然遵守雅典民主法制的形式，因此，甘愿服从判决饮鸩而死。因为守法是公民最起码的道德。法的内容是可以修改和改变的，但法的形式却绝不能改变，它的改变无异于取消法本身。即城邦无法无以立城邦，公民无法无以立公民。

苏格拉底的行为表明他既是法的批判者同时又是法的维护者，从而显示了公民最高的德行。

“雅典人啊，我敬爱你们，但是我要服从神，先于服从你们。”柏拉图在《申辩》中记载了老师的语言，让后人知晓苏格拉底在有机会“移民”去别的城邦的时候，毅然遵循他理解的规则，从容赴死。

第三种，黑格尔认为，“苏格拉底之死是人类会死、能死、赴死的典范。他为自己承诺的神义、真理、原则而死，也为自己承诺的公民职责与义务而死，即为思想言论自由，包括承担这种自由所招致的一切横逆并在此横逆中挺身为一自由人。”尼采也如是说：“苏格拉底在我们看来是一个不仅知道生，而且知道依照那种知识本能去死的人。”

在生死抉择之间，让人们看到了一个人的精神信念与信仰是何等高贵与不可侵犯，西方文化中的宗教精神，若隐若现地与此产生了某种联系。

“认识你自己”，不只引发了哲思方向的转变，更引起了一场哲学思维方式的革命，是苏格拉底，也只有苏格拉底，才把希腊哲学从天上拉到了人间。

第四种，不少人将苏格拉底的死同基督耶稣的死比较，认为他们有一个共同点，是“因死称义”。不同点如让·布伦所说：“耶稣真正被死亡所占有，他经历了死亡，苏格拉底则在思考死亡。”但需要解释的是，“耶稣是在万能的上帝的背景之上，他要在死的苦弱与无辜中显示‘信’、‘望’、‘爱’，所以他无须思考死亡，只需要经历死亡。苏格拉底则不同，他整个是人的背景，他只能以人的智慧和理智超越死亡的恐惧，从而提醒人们注意，他的命运就是赋予存在以可理解的意义，并最终赋予它一个辩护”。

苏格拉底超越了死亡的阴影和恐惧，向死而生，他的死，在行动上完成了其哲学信念与人生的统一，也在精神层面实践了其哲学理想。不仅如此，苏格拉底之死更为西方文化打开了一扇认识人的大门，它震撼性地将哲学的目光第一次从天国拉回到人间，为后来人提供了可追慕的先贤与榜样。

第五种，美国记者斯东为此殚精竭虑，他既爱雅典多数人民主制，也爱苏格拉底的自由言论与自由承担的德行，为什么偏偏一个所爱要判另一个所爱的死刑呢？斯东在这种痛苦中煎熬，美国人的个性精神，促使他耗费十年精力，写成了《苏格拉底的审判》。

结论是，雅典仍然是多数人的民主制，毕竟它长时间容忍了苏格拉底反民主的言论，而苏格拉底向来以精神贵族的姿态鄙视雅典多数人民主，把他们叫做像“狗”和“驴”一样的畜类民主，而且在法庭上，决不给雅典民主宽容自己的机会，使他们赢得道义上的胜利，宁肯用激怒他们判处自己死刑的方式，既显示自己的贵族精神，又给雅典民主留下永不磨灭的罪行。

苏格拉底在一生中三番五次被人告上法庭，最后在他70岁时，被法庭判为不敬神罪，处以极刑。一开始法庭让他交罚金，但苏格拉底却不想通过交罚金避免死刑，对法庭的裁决作出让步，因此他提出以30个米尼作为替换死刑的条件，显然这笔数目极小的罚金是对法庭判决的嘲弄与羞辱，以致于法庭一怒之下判处苏格拉底死刑。

后来雅典法庭采用各种各样的方式，暗示劝说苏格拉底逃走，直至最后明确表示，如果他们的判决不能使苏格拉底感到满意，他完全可以离开雅典，避免死刑，而如果他不选择离开，就必须接受雅典法庭的判决。但苏格拉底高傲地选择了拒绝。在程序正义和实质正义之间，苏格拉底选择了程序正义，那是整个雅典最大的精神亮色。

那么，民众为何要判决苏格拉底死刑呢？

两千多年后，法国人塞奇·莫斯科维奇在《群氓的时代》中这样解释：“道德的禁忌松弛了。人与人之间的差别消失了。人们通常都在暴力行为中表达他们的梦想、他们的情感，以及所有的英雄主义、野蛮残暴、稀奇古怪和自我牺牲。”“一个骚动的、情绪高昂的群体，这些就是人群的真正特点。它也是一股盲目的不可控制的力量。”

不可忽视，在苏格拉底的精神助产法面前，被问者往往感到无所适从，感到一次又一次被羞辱，被嘲弄，当这些被问者的数量逐渐增多，并成为审判苏格拉底的法官与陪审团的一名成员时，我们便不难想象苏格拉底的命运。

苏格拉底的命运常常让我想起《药》中的夏瑜，为民众而死，民众却认为他的鲜血可以享用。这是先驱者的可悲，但也未尝不是先驱者的骄傲。

第六种，最令人震惊的要算尼采的“评价重估”。他发现前苏格拉底哲学是对一切消逝的现象，“为何不是无而仍有存在”的惊异，到柏拉图已转变为哲学家与民众关系的思考，提出“哲学是药物”，“哲人是国家医生”的思想。这一点启发了尼采，他认为哲学与人民的关系是第一性的，哲学首先而且本质上是政治的。“这个世界上没有真理，只有解释”，但只能由少数哲学家来解释，像柏拉图《理想国》中的“洞喻”。苏格拉底的悲剧是一方面主张“知识即德行”，而且只属于少数贵族，一方面又向民众演示传授民主智慧，结果导致民众信仰秩序大乱，反使得自己落得被人民公审而判处死刑的下场。所以，在尼采的眼里，苏格拉底之死，成了坚持等级制、反对民主制、智慧不能下移的反证。尼采的看法成为政治保守主义者的思想资源。

苏格拉底之死是一个简单的事实，却引发了伟大哲学家们——世界上最聪明的人的诸多解释。

这个案例的教育学意义在于，文本解读的多元性不仅是应该的，而且是必然的。并且在解读的过程中呈现出丰富的超异的美妙。

赵本山卖拐和宋定伯卖鬼

——《宋定伯卖鬼》的另一种解读

这些年，小品《卖拐》很是火了一把，赵本山的“忽悠术”实在高明，愣把一个健步如飞的伙夫，给忽悠瘸了，买了一副破拐，被人“坑”了，“卖”了，还谢天谢地。《卖拐》把观众的心气吊得很高，本山也乐此不疲，卖完拐，就卖车，卖完车再卖担架。

我在想，一个东西“火”，肯定有“火”的理由，一个东西风行，肯定有风行的土壤。“卖”系列的长盛不衰，至少说明了两个问题：其一是没有哪个人不怕上当受骗；其二是没有哪个人不巴望着别人“上当受骗”，并从中获得精神上的抚慰和幸灾乐祸的快感。本山的“卖”人，让我想起了《搜神记》中的“定伯卖鬼”。

前人评宋定伯曰：“不怕鬼，已够人钦佩；进而捉鬼，又让人顿生敬慕之意；至于卖鬼，闻所未闻，更令人击节赞叹，拍案叫绝。”然而，且慢！我从鬼的身上看出了妩媚，从人的身上我却只看到恶俗。

综观鬼，可用“诚”、“信”、“善”、“怜”四字来概括。

见面伊始，定伯问：“谁?”鬼云：“鬼也。”面对陌生之人，鬼把自己的身份和盘托出，赤诚之心，苍天可鉴。

又因同道，鬼对定伯更增了几分好感，于是提出，“步行太疲倦，可轮流背对方”，定伯背鬼，“略无重”；鬼背定伯，却有“卿太重”之叹，然而鬼却并没有撂下挑子不干，反而自认倒霉，信守诺言，背着定伯，“如其再三”并不因其重而失“信”于人。

鬼对定伯并非没有疑心，然而，两次怀疑，都因其“善”而被定伯骗过，“以小鬼之心度大人之腹，不亦惑乎”？定伯执鬼之时，鬼伏在定伯身上，本可一击致命，却又因其“善”而“大呼索下”，寄希望于人类的善心。鬼哪里知道“狼啊，千万不要堕落成为人啊”这句名言，否则，也不会一错再错！

直到落地之后，“化为一羊”，又被“唾上口水”，终于成为囊中之物，可“怜”矣！

反观定伯，却“欺”、“蒙”、“诱”、“拐”、“卖”，无所不用其极。

当鬼自称“鬼也”，定伯“欺”之曰“我亦鬼也”，取得鬼的信任——骗你没商量！

鬼有疑心：“卿太重，将非鬼也?”定伯说谎不打草稿，“蒙”鬼说：“我新死，故重耳!”

定伯渡水有声，鬼复问：“何以作声?”定伯更是对答如流：“新死，不习渡水耳!”让鬼雾里看花，水中望月，弄不清事实的真相。

接着，定伯又“诱”鬼道：“我新死，不知鬼有何畏忌?”鬼于是语重心长地教导他说：“惟不喜唾。”这鬼真单纯得可爱！他哪里知道“外面的世界很精彩，外面的世界也很无奈啊”！

定伯得到了“降鬼法”，成竹在胸，他不生歹意才真的“见鬼”呢！

行欲至宛市，定伯忽担鬼于头上，急执之狂奔，是为“拐”。然而，智者千虑，必有一失，此时，定伯由于捉鬼心切，并未唾之。倘使鬼学学人类，翻脸无情，用“九阴白骨爪”杀死定伯，亦不为过；然而，鬼的不忍，终究铸成大错。

鬼被放下之时，化为一只羊羔，寓意可谓大矣！可怜的鬼哪里知道，在弱肉强食的人类眼里，只有恶狼才最安全。倘使鬼化为一头恶狼，包准宋定伯连裤衩都要跑掉。可是鬼却选择了化为一只温顺的绵羊，定伯不卖你卖谁？此时的定伯心平气和地给羊唾上口水，卖了五百钱，笑眯眯地去了。

呜呼！无论是本山《卖拐》，还是《宋定伯卖鬼》，常使我不寒而栗，“狼啊，千万不要堕落成人啊”，并非危言耸听，想一想，宋定伯那厮们，连鬼都卖，什么人不能卖啊?!

越王勾践的五宗罪

——《勾践灭吴》解读

中学课本选入了《勾践灭吴》，一般的教参都把越王勾践定位成一个忍辱负重、卧薪尝胆、知人善任、雄才大略的政治家。就节选课文来看，勾践卧薪尝胆，励精图治，历经“十年生聚，十年教训”，最终，“三千越甲可吞吴”。这种评价固然有一定的道理，但把勾践还原到完整的历史事件中，老先生就禁不起推敲了，他至少有五宗罪。

第一宗罪：变味的苦肉计

公元前497年，吴国大败越国。不得已，越王勾践委曲求全，向夫差求降。夫差命令勾践穿着囚衣，为他死去的父母守墓，还要给自己养马。每当夫差乘车出游，都要命令勾践手执鞭杖，徒步跟在自己车屁股后面，让吴国人尽情嘲笑和作弄。大丈夫能屈能伸，勾践此举，固然不失英雄情怀。但是，未免有伤人格。

更让人难以想象的是，有一次，夫差得了病，头痛不已，勾践竟然自告奋勇，说自己懂得医术，只要亲尝病人粪便，就可知道病症的轻重。于是，勾践亲口尝了夫差金灿灿的大便，然后，欣然说：“大王的粪便味道酸苦，与谷味相同，说明大王只是小疾，不多几天即可痊愈。”勾践忠心耿耿，亲尝粪便，可谓惊世骇俗，弄得夫差也感到难为情了，不久，就正式决定放勾践回国。

一个人的苦肉计施到了这等地步，就不仅是“苦”了，简直是“臭”，甚而臭不可闻！勾践不仅丢失了人的尊严，也扭曲了人的本性。试想一下，如果一个人尊严没有了，人性扭曲了，那么，人格在哪里？国家在哪里？可能有人要说，勾践是为了自己的国家，才如此忍辱负重啊！这实在是胡说！韬光养晦也要有度，按照这种方式复国，就算复国了，也会被后世的人耻笑。李清照曾咏项羽：“生当作人杰，死亦为鬼雄。至今思项羽，不肯过江东。”可能有人会对项羽的做法有异议，但对项羽挥剑自刎玉碎宫倾的壮举，任谁也要钦佩有加的。士可杀，不可辱！历史惊人地相似，当勾践最终战胜夫差，“勾践使人谓吴王曰：‘吾置王甬东，君百家。’吴王谢曰：‘吾老矣，不能事君王！’遂自杀。”好一个夫差，在极度的悔恨中，他没有成就越王的“一片好心”，而是挥剑自刎，并且用黑纱掩面，因愧对伍子胥于地下。夫差用自己的死捍卫了自己的尊严，用自己的死表达了自己的愧疚，也用自己的死结束了长达数年的吴越之争。

第二宗罪：可怜的美人计

从历史上来看，古希腊男人们为了争夺美女海伦，不惜发起战争，而中国的男人们却常常用女人来平息战争。这固然是男人的失败，但也未尝不是我们民族的耻辱！在强权的威胁之下，这些无耻的男人们，正忙着把自己的女人送来送去——苏护为了免罪，把美艳的女儿妲己送到纣王床上；闳夭之徒为了救西伯侯，用搜罗的美女四处贿赂，甚至大英雄蔡锷，也要借助妓女小凤仙来掩人耳目，而八国联军侵华中的赛金花，更是用自己的丰满之躯，献身于联军统帅，拯救多少男人于水火。外国男人是为女人挑起决斗，中国男人是送美女换取和平，从西施到昭君不一而足。

勾践最大的败笔是用一个倾国倾城的西施来施美人计，用如浣河水一样干净的西施来换得自己的自由。这种自由的换得，是屈辱的，可耻的，也是肮脏的。战争没有让女人走开，反而让女人来承担战争的后果，这就是勾践的德行！

所以，我格外尊敬西晋的石崇，这个污浊的男人，为了自己的绿珠，宁为玉碎，不为瓦全。这是一个古代少见的真男人，也不枉了绿珠爱他一场。

我不知道，当勾践灭吴之后，沉浸在胜利喜悦中的勾践们，还记得西施的肉体和灵魂的屈辱吗？

当然，我的担心是多余的。因为他们又从吴国获得了更多的“西施”作为战利品。难怪李白嘲讽道：“越王勾践破吴归，战士还乡尽锦衣。宫女如花满春殿，只今惟有鹧鸪飞。”

中国人总喜欢“把屠夫的凶残，化为一笑”。很多人宁愿相信，美丽的西施终于和自己的心上人范蠡，一道泛舟五湖，过上了幸福的生活。可实际上呢？

据杨佩的《浣纱王后》和张铮《东岳论丛》所载：骄横自大的勾践，在灭吴的当天晚上，就要西施“伴寝”，他把西施当做了自己的战利品，他要在西施身上发泄掉他对吴王的怨恨。这个时候的西施不是一个人，而是勾践战胜夫差的一个象征，成了勾践侮辱夫差的一种手段。勾践需要在西施的身上完成自己从侏儒到巨人的蜕变。他忘记了西施也是人，而且是一个为了国家赴汤蹈火的女中豪杰。忘记了此时落入深宫的西施，比彼时沦落在夫差手中的西施，心情更为痛苦万分！这种强盗行径自然遭到了西施的唾弃，她勇敢地对勾践说“不”！最终她以“不能伴寝”的“抗君之罪”，被勾践凶残地处死。我不知道西施死的时候内心有何感想。悔恨，失望，悲哀，还是绝望？但我实在是厌恶了勾践的嘴脸，一副小人得志的张狂嘴脸！

勾践啊，你凭什么要去践踏和杀害为你立了大功的一个小女子呢？

第三宗罪：恶毒的掉包计

勾践回国之后，不断地讨好吴国，每年勾践都让人编织最好的布匹，送给夫差。夫差自然很感动，因为勾践实在比自己的儿子还要孝顺呢！有一年越国歉收。“越大夫种曰：‘臣观吴王政骄矣，请试尝之贷粟，以卜其事。’请贷，吴王欲与，子胥谏勿与，王遂与之，越乃私喜。”其实哪里是越国缺少种子，这都是勾践用来糊弄夫差的。

后来有一年，吴国真的歉收了，向越国借种子，勾践居然下令，把所有的种子全部煮了一遍，然后才送给吴国，可想而知，原本就处在饥饿中的吴国老百姓，辛辛苦苦劳动了很长时间，结果秧苗没种出来，又错过了耕种的季节，人心开始大乱，国内因此动荡不安。这一年，吴国饿死的人不计其数，很多地方发生了人吃人的惨剧。吴国的国力因此衰微下去。吴王很生气，准备兴师问罪。勾践竟然大言不惭地说吴国的土地不适合种越国的种子，这简直是天方夜谭，而单纯可怜的夫差，居然还真的相信了。

为了自己的霸权，让无数的黎民百姓饿死，使繁荣富庶的吴国，一下子成为人间地狱！勾践，你好狠毒！

我想起了北岛的两句诗：卑鄙，是卑鄙者的通行证；高尚，是高尚者的墓志铭！

第四宗罪：凶残的反间计

为了解除心腹大患，勾践势必要除掉伍子胥。当初文种求降时，就遭到伍子胥的极力反对。他说：“勾践是贤君，文种、范蠡是良臣，如果让他们返回越国，将来一定会犯上作乱。”夫差不听劝告，结果放虎归山。

当越国要求借贷时，子胥再次劝谏：“大王如果执意借贷给越国，后三年，吴国将会成为一片废墟。”太宰嚭屡次和子胥争辩，对他怀恨在心。加上越王的贿赂，开始讲子胥的坏话，他说：“伍员外貌忠厚，实质上残忍，他连自己的父亲和兄长都不顾惜，难道还会顾惜大王吗？大王原先想要讨伐齐国，子胥拼命劝谏，等到伐齐大获全胜，反过来又要怨恨大王。大王如果不防备伍员，伍员一定会作乱。”

夫差开始不相信，就让子胥出使到齐国，后来，太宰嚭设诡计，夫差隐约听到子胥把自己的儿子托付给鲍氏，勃然大怒，说：“伍员果然欺骗寡人！”等到子胥回来了，马上使人赐属镂剑，让子胥自杀。子胥大笑曰：“我让他父亲称霸，然后，我又立他为王，他当初想把吴国分一半给我，我都不接受。现在，他竟然因为谗言而诛杀我！”

子胥又对使者说：“我死之后，一定要取出我的眼珠放在吴的东门，好让我看到越国大军的进入！”最后，历史见证了子胥说的一幕。而夫差自杀时，用黑纱蒙住自己的脸，说：“我没有脸去见子胥啊！”可见，夫差诛杀子胥，是因为中了勾践的奸计。而勾践诛杀文种，则完全是下三滥的卑劣了。勾践的所作所为，范蠡看得最为清楚，功成之后就找个理由逃走了。临走的时候还有点可怜老伙计文种，忍不住点拨了他一下：“大王这个人啊，阴险毒辣，只能共患难，不能同享乐啊，你还是跟我一起走吧。”文种陶醉在胜利的喜悦里，舍不得挪窝，说：“我干了一辈子革命工作，也该享受享受啦！”

范蠡没有办法，临走时，送给文种几句话：“飞鸟尽，良弓藏；狡兔死，走狗烹；敌国破，谋臣亡。”遗憾的是文种最终没有吃透“名利”二字，也没有想到“威就是恩，恩就是威”、“祸就是功，功就是祸”的道理。果然勾践上台后的头一件大事就是处死两个人，一个是太宰嚭，另一个就是文种。他笑眯眯地给了文种一把剑：“你给我提供了七条灭吴的计谋，我用了三条就把吴给灭了，剩下的四条我也不想听了，你去地下说给先王们听吧。”文种悔恨交加，热泪满面，终于自杀而死。比较子胥和文种之死，子胥属于中计误杀，文种是有意滥杀；子胥是危难时杀，文种是享乐时杀；子胥是沉重的杀，文种是戏弄的杀。由此可见勾践的心狠手辣！

第五宗罪：卑劣的自残计

吴越结仇的主要原因，就在于勾践。当年伍子胥罚楚鞭尸，做得过火了。楚国忍受不了奇耻大辱，就借秦兵复仇。勾践借着吴楚交锋，不暇东顾，开始骚扰吴国边境。

吴王阖闾两面受敌，一气之下，放弃和楚国交战，转头攻打越国。越国自然不是吴国的对手，结果，勾践招募了一些囚犯，许诺给他们家里大量的赏赐，让这些死士，在交战之前，对吴军大喊："我们都是越国的士兵，由于以前打了败仗，觉得羞愧，回去没法见故乡人，今天当着敌人面自杀！"然后，袒胸露乳，剖腹自杀，一批人死了，另一批人又如法炮制，一时间凄风惨惨，血流成河。这种血腥的自我屠杀，吓得吴军心胆俱裂，军心大乱，勾践乘机掩军冲杀，终于，在姑苏山打败吴军，击伤了吴王阖闾的脚大趾。吴军撤退，阖闾对太子夫差说："你会忘记勾践杀死了你的父亲吗?"夫差答说："不敢忘记。"当天夜里，阖闾在气恨交加中死去。

吴越争霸的硝烟早已经散去，但是勾践所炮制的反人类的自残罪，还是刻在历史的耻辱柱上……

明朝散发弄扁舟

——《渔父》解读

在浩如烟海的人物形象中，古代文人最钟情渔父。

渔父形象像一条河流，从中国文人的纵深地带经过和穿越，带给他们持久的魅惑和追慕，把文人在仕与隐之间挣扎的内心，照耀得"火树银花不夜天"。

经过漫长时间的淘洗，渔父不再是一个语词，更是一个叠加的意象，一个浓缩了丰富文化色彩和哲人前思的"那一个"，它不断出现，不断被书写，成为隐逸文化的一种象征，成为荣格所说的原型，渔父的背后有着强烈的源自民族记忆和原始经验的集体无意识。要考察隐逸文化，要研究古代文人的隐秘心理，很有必要对渔父形象作一番探讨。

渔父形象最早出现在《庄子》中。文章中的渔父须眉皆白，智虑高超，仙风道骨。

孔子愀然曰："请问何谓真?"客曰："真者，精诚之至也。不精不诚，不能动人。故强哭者虽悲不哀，强怒者虽严不威，强亲者虽笑不和。真悲无声而哀，真怒未发而威，真亲未笑而和。真在内者，神动于外，是所以贵真也。”

渔父一针见血地指出，孔子所谓的“性服忠信，身形仁义”，“饰礼乐，选人伦”，都是“苦心劳形，以危其真”。而渔父所谓的真，就是“受于天”，主张“法天”、“贵真”、“不拘于俗”。

这是道家清静无为的观念和儒家“明知不可而为之”价值观的一次微妙的碰撞。最终，孔子为渔父的思想所折服，如梦初醒，甘拜下风，尊渔父为圣人。累累若丧家之犬的孔子，似乎恍然明白了自己“再逐于鲁，削迹于卫，伐树于宋，围于陈蔡”背后的真正原因。

其实，这个故事明显是伪作，当是后世道学者借助庄子对孔子的冷嘲热讽。真正的渔父形象的源头还是《楚辞》。

屈原既放，游于江潭，行吟泽畔，颜色憔悴，形容枯槁。

渔父见而问之曰：“子非三闾大夫与！何故至于斯?”

屈原曰：“举世皆浊我独清，众人皆醉我独醒，是以见放。”

渔父曰：“圣人不凝滞于物，而能与世推移。世人皆浊，何不淈其泥而扬其波？众人皆醉，何不哺其糟而歠其醨？何故深思高举，自令放为?”

屈原曰：“吾闻之，新沐者必弹冠，新浴者必振衣；安能以身之察察，受物之汶汶者乎？宁赴湘流，葬于江鱼之腹中。安能以皓皓之白，而蒙世俗之尘埃乎!”

渔父莞尔而笑，鼓枻而去，乃歌曰：“沧浪之水清兮，可以濯吾缨；沧浪之水浊兮，可以濯吾足。”遂去，不复与言。

这个则是儒家思想和道家思想的一次真正的碰撞，火花四射，精彩绝伦。《楚辞》的本意，恐怕是要借助渔父来衬托屈原的高迈。面对社会的黑暗、污浊，屈原执著、决绝、不苟且、不合作、不低俗，明知不可而为之，始终坚守着人格高标，宁愿舍弃生命，也要放声呐喊，纵然理想破灭，也要精神清洁。

然而始料不及的是，一曲高歌，飘然离去，不复与言的渔父形象，反而给后人留下更为巨大的想象空间。成为或仕或隐者的一种理想寄托。

从《离骚》开始，中国的文人就被一种寻找、追求和向往的热情所充溢。不管这种期待何等渺茫，亦不管这种探寻何等徒劳，文人总是难以停止探求的脚步，他们的向往，总是在水一方，像反复推石头上山的西西弗斯一样，奔赴一个没有终点的旅程。“朝为田舍郎，暮登天子堂”的梦想新鲜欲滴，只是“苍龙永远在前，长缨却不知何时在手”，一股难言的苦涩充斥心头。正如希罗多德的《历史》所言：“人们所知道的最凄绝的悲痛，便是奋力去做许多事，却又一事无成。”伟大的文人总是伴随着伟大的痛苦，这种痛苦超出了一己之悲，成为人类挥之不去的情感模型。

好在我们还有渔父，给我们寻找了另一种人生和出口。

乐天知命，与世推移，任凭尘世纷纷扰扰，我自恬然自安。这就是渔父的立身处世。面对一池碧波，卸去满身疲乏，“也无风雨也无晴”。功名富贵与我何加焉？仕途经济与我何加焉？这是文人走出“读书只为稻粱谋”的伟大一步。也是渔父形象最激动人心之所在。

然而，这种脱离现实的对抗实际上是苦痛的，也不为主流价值所认同。但也许正因为它拉开了和现实的距离，反而又充满了一种乌托邦式的幻灭美感。

历史上最著名的渔父有三个。

其中之一是庄子。

庄子钓于濮水，楚王使大夫二人往先焉，曰：“愿以境内累矣！”

庄子持竿不顾，曰：“吾闻楚有神龟，死已三千岁矣，王巾笥而藏之庙堂之上。此龟者，宁其死为留骨而贵乎？宁其生而曳尾于涂中乎？”

这一小段之中，有很多重对比，意味深长。第一层对比是庄子和楚大夫。一边是轻松自若的濮水垂钓客——庄子，一边是满面尘灰的仕途奔波人——楚大夫。谁更能享受真正的生命乐趣？

第二层对比是庄子的两种选择。一边是楚国的相国高位，居庙堂之高；一边是濮水的烟波钓叟，处江湖之远。哪一种更能使生命云淡风轻和丰润灿烂？

庄子也知道，此可对智者道，难为俗人言也。于是打了一个形象的比方：楚国水田里的乌龟，它们是愿意到楚王那里，用死来换取“留骨而贵”呢，还是愿意“曳尾涂中”？两种选择的鲜活类比，这又是一重比对。难怪两个被仕途经济冲昏头脑的人，也都不约而同地作出了正确的选择。

最美妙的隐喻还有，朝廷的香火缭绕，可能正是污浊之所；而拖着尾巴的泥淖之所，恰恰是清洁之所在。

这就是庄子的选择，冷眼看穿，却又热肠挂住，永远保持自己的清洁，守护好自己的灵魂处所。

继承庄子衣钵的则是严子陵，他拒绝了好朋友刘秀的三请四邀，隐居在富春江畔——垂钓。这是渔父形象中最浓墨重彩的一笔，比庄子还要“庄子”。光武帝是有道明君，又是严子陵最好的玩伴，对严子陵又极为推崇。在屡次请严子陵未果后，刘秀亲自写信，言辞恳切：“古大有为之君，必有不召之臣，朕何敢臣子陵哉。惟此鸿业若涉春冰，辟之疮疮须杖而行。若绮里不少高皇，奈何子陵少朕也。箕山颍水之风，非朕所敢望。”

严子陵终于磨不过朋友的脸面，来了。光武帝和他同榻而眠，晚上严子陵的臭脚竟然搁到光武帝的肚子上去了，光武帝也不以为意。这一方面，可见光武帝的求贤若渴，另一方面，又可见他们哥俩当年的兄弟情深。免除了“伴君如伴虎”的祸患，严子陵只有荣华，只有富贵，只有功名，只有利禄。但他还是走了，挥一挥衣袖，不带走一片云彩。严子陵是一个真正的渔父，他的出现给渔父意象增添了许多浪漫情怀。难怪一代名臣范仲淹在《严先生祠堂记》中对他顶礼膜拜：“云山苍苍，江水泱泱，先生之风，山高水长。”现代著名作家郁达夫还曾特意去游览严子陵的钓台，并写下经典散文《钓台的春昼》。

后世又有《无双谱》记录这段逸事。

几人无故上云台，心事含羞未许猜。
名利当头叹归隐，清风拂水报招徕。
同眠卧榻真天子，六合难搜高士才。
不过茫然寰宇下，容他独自发闲呆。

庄子的归隐，是要保持清洁，担心被世俗沾染，更害怕与统治者同流合污。严子陵则是纯粹的归隐，湮没在山光水色之中，这是一种真正的天人合一。历史上的宁武子，“邦有道，则智；邦无道，则愚”。而严子陵则不论邦有道与否，我自隐逸，万钟与我何加焉？

与这两个渔父构成绝妙比对的则是姜尚，他的钓饵是自己的绝世才华，而钓的大鱼却只有文王一个。所以，他必须用直钩，用自己的苍颜白发，用自己的一腔孤傲，引起世人哄抬关注，用今天的话来说就是炒作。姜子牙终于钓来文王，出阁为相，成就自己的宏图大业。

两种渔父，两种走向。

一个选择儒家，一个选择道家；一个具济世情怀，一个有隐逸风范，如何论优劣，何必分高下。闻一多曾经说过，围绕着中国古代文人的只有两个字——仕与隐。要不先仕后隐，要不且仕且隐，要不先隐后仕，即使是不仕不隐之人，他内心中的痛苦也是可想而知。中国文人总在儒家和道家之间徘徊，穿梭。要而言之，文人选择“仕”能做到百分之百，文人选择隐，却万万做不到百分之百。

鲁迅先生在《魏晋风度及文章与药及酒之关系》中指出：“据我的意思，即使是从前的人，那诗文完全超于政治的所谓‘田园诗人’，‘山林诗人’，是没有的，完全超出人间世的，也是没有的。既然是超出于世，则当然连诗文也没有。诗文也是人事，既有诗，就可以知道于世事未能忘情。”连老子也说“吾不能学太上而忘情也”，遑论其他人？事因难能，所以可贵。这就是严子陵的价值所在。更多的渔父则是寄情于山水，相忘于江湖。除了这样，还能怎样啊！

想起了我最喜欢的一首无名氏的词，可做这种心情的注脚。

> 平生太湖上，短棹几经过。
> 如今重到何事，愁与水云多？
> 拟把匣中长剑，换取扁舟一叶，归去老渔蓑。
> 银艾非吾事，丘壑已蹉跎。
>
> 鲙新鲈，斟美酒，起悲歌。
> 太平生长，岂谓今日识兵戈？
> 欲泻三江雪浪，净洗胡尘千里，不用挽天河！
> 回首望霄汉，双泪堕清波。

每个文人都像卞和献宝一样，要把自己玉一样的美德贷于帝王家，哪怕被砍掉一条条腿，也在所不惜。卞和泣血是中国文人共同的悲剧。文人何曾想做一个渔父啊，实乃报国无门、功业未遂而归隐江湖也。

现在我们回头研究一个有趣的现象，为什么是渔父，而不是其他。渔父这个语词的背后到底叠加了哪些东西，从而被文人相中、接受、书写和鼓吹？

渔父成为最重要的意象，可能有以下几个原因。

第一是屈原。屈原披发行吟泽畔，在生死抉择之间，需要一个人来对话，揭示自己内心的挣扎和选择。因为在江畔，最该遇见的自然就是渔父，构成主客对话的“客”，这是自然的逻辑。渔父是老年男子，历经沧桑，风云看惯，淡薄尘世，能够提高对话的含金量和话语价值。渔父的出现当然是偶然的，但隐逸文化、出世文化聚焦于渔父却带有很大的必然性。唯有渔父才好引出极具道家特色的《孺子歌》：“沧浪之水清兮，可以濯吾缨；沧浪之水浊兮，可以濯吾足。”

歌词大意是，沧浪之水清啊，可以用来洗我的冠缨；沧浪之水浊啊，可用来洗我的泥脚。渔父不强人所难，不愠不怒，以隐者的超然姿态心平气和地与屈原分道扬镳，足见其淡泊和修为。

那么，为什么要引出《孺子歌》呢？因为《孺子歌》大有来历。据《孟子·离娄》记载：孔子曾听孺子唱过这首歌，孔子听歌后，告诉他的学生，清，才能洗冠缨；浊，只能洗泥脚。清还是浊，是由人们自己选择的啊。孔子非常注重士人的人生抉择，提倡人要有“杀身成仁”、“舍生取义”的精神，但是在中庸思想的指导下，又主张“用舍行藏”。孔子称赞颜渊说，如果用我，就出来做事；不用呢，就隐居起来。只有我和你才能这样啊。也就是说，儒家和道家有时候也能并行不悖。李白说：“人生在世不称意，明朝散发弄扁舟。”就是说，“入世不称意，才要出世；仕途不称意，才会归隐”，这也许就是渔父最终飘然而去，放歌一曲的原因吧。

第二是渔。

《诗经》中说：“籊籊竹竿，以钓于淇。岂不尔思？远莫致之。”就是说，上古时期，垂钓虽然还是一种谋生手段，但是“岂不尔思”已经包含一种别样的情致。特别是渔者，荡舟于碧波之上，隐没于绿荷之中，无论哪一种方式都让人清静高远，得意忘言。在庄、屈之后，即使仍然有人以打鱼谋生，但在文人笔下，渔父不仅没有了谋生之苦，反而多了几分闲情野趣，最能寄寓诗人对隐逸生活的向往。

第三是水。

《老子》说：“上善若水，水善利万物而不争，处众人之所恶，故几于道。”就是说，水是万物之本，品性谦逊，亲附万物而公正无私，可作为道的象征。这当然是最重要的原因。但别忘了，水远离尘土，从事实上也让文人暂时挣脱尘埃，正好和道家精神上超脱尘埃遥相呼应。而在碧波之上，世界白茫茫一片，什么都可以想，什么都可以不想，天地在我心，人能归于自己的内心，聚焦于心灵的道。

第四是舟。

而且一定是小舟，只有小舟才能获得随风飘荡之感，“纵一苇之所如，凌万顷之茫然”，这就是道家的“和光同尘”的最高境界。小舟还意味着人少，是“孤舟”，只能“独钓”，唯其独钓，只能与“江上之清风，山间之明月”相俯仰，不管，不顾，不为。

第五是钓。

钓意味着耳聪、目明，尤其是要沉稳、耐心，把握火候，等待时机，这种心理像极了隐者。他们纠缠于出世和入世之间，矛盾于兼济与独善之中。而且的确有不少隐者想走终南捷径，时机一到，就会欣欣然出山的。鲁迅先生对此曾有过精辟的论述。先生认为中国统治者只在两种情况下需要文人。第一种情况，统治者刚刚掌权，偃武修文，需要文人来加以粉饰，此时文人扮演的是歌功颂德的“帮闲”角色；另外，在自己的统治发生危机时，当权者无计可施，走投无路，病急乱投医，于是，开始垂听文人的“治国平天下”的意见，而此时的文人觉得英雄终有用武之地了，于是高高兴兴地“出山”了，这时的文人成了“帮忙”。鲁迅尖锐地指出司马相如和屈原之流，不过是统治者的“帮闲”和“帮忙”。屈原的《离骚》不过是“想帮忙而不得”的牢骚之辞。

所以孟浩然干谒诗说：“坐观垂钓者，徒有羡鱼情。”

在孟浩然的眼里，很多的垂钓者以隐求仕，大有斩获，所以他也蠢蠢欲动，希望得到贵人的引荐而走上仕途。他的这首《临洞庭湖赠张丞相》中的渔父，可以说是“渔父之意不在鱼，在于仕途之间也”。

尽管渔父意象并不纯粹，但仍然吸引了历代文人浑浊的眼光，寻找清新一缕的慰藉。

究其原因，乃是这一意象本身的洁身自好、“和光同尘”、“与世推移”的人生姿态，优游山水之间，去除世俗纷扰，保有本我或深藏“本真”的心灵追求，令后世的文人激赏不已，追怀不已。他们或咏以诗词，或布之以画，表达自己的思慕。

在诸多描写渔父的篇章中，创作者们大都取渔父形象本身的感性内容，寄托自己超越世俗的高迈情怀。要而言之，无非画饼充饥，借酒浇愁。

后世的渔父形象中，最为著名的当是柳宗元。

柳宗元的《江雪》和《渔翁》都以渔父“自寓”，反映了自己在长期流放过程中交替出现的两种心境。他有时不甘屈服，力图有所作为；有时又悲观愤懑，寻求精神上的解脱。《渔翁》中的渔翁，超尘绝俗，悠然自得，正是后一心境的外化。《江雪》中的渔翁，特立独行，凌寒傲雪，独钓于众人不钓之时，正是前一种心情的写照。

千山鸟飞绝，万径人踪灭。
孤舟蓑笠翁，独钓寒江雪。

王尧衢的《古唐诗合解》云：“置孤舟于千山万径之间而以一老翁披蓑戴笠，兀坐于鸟不飞、人不行之地，真所谓寄蜉蝣于天地、渺沧海之一粟矣，何足为轻重哉？江寒而鱼伏，岂钓之可得？彼老翁何为而作孤舟风雪中乎？世态寒凉，宦情孤冷，如钓寒江之鱼，终无所得，子厚以自寓也。”这是古往今来渔父最高蹈之处，也是最可悲之处。因为高蹈，所以可悲。因为可悲，所以高蹈。如同克尔凯郭尔对上帝评价中的一句话——因为荒谬，所以真实。

在那么多的渔父意境中，我以为最能给渔父画像的还是《江雪》。黄周星《唐诗快》就认为：“只为此二十字，至今遂图绘不休，将来竟与天地相终结始矣。”

当然还有柳宗元的《渔翁》：

渔翁夜傍西岩宿，晓汲清湘燃楚竹。
烟销日出不见人，欸乃一声山水绿。
回看天际下中流，岩上无心云相逐。

从渔父孤寂的生活中，我们看到柳宗元的影子，他的孤傲、他的决绝、他的不管不顾，当然也更能看到他内心的痛苦不堪。中国文人的心灵景观一览无余。

总之，中国古典文学里的渔父从来就不是真正的渔父，而是文人的渔父、意象的渔父、诗性的渔父。渔父中叠加了许多故事、许多人生，不断地被庄子、屈原、严子陵、姜子牙、柳宗元等反复书写，因而不复是简单的符号，而成为中国文人真正的“存在之家”。

后来的人，也正是在对“渔父”在不同的语境里的意义的反复聆听中接受密码，从而确认自己的存在。他们从中认出自己，从而由于获得一种安全感而感到愉悦或者惊惧。愉悦来自结构的相互辨认，惊惧来自对被欲望遮蔽的真实自我的重新发现。

原来你也在这里

——《长亭送别》《罗密欧和朱丽叶》解读

这周要讲爱情专题，板块叫“执子之手”。《诗经》上说：“执子之手，与子偕老。”意思是，握住你的手，和你一起变老。变老是自然的、普通的、现实的，也是可怕的。但能和相爱的人一起变老，就是最浪漫的事了。选择的两个戏剧也非常有代表性，《长亭送别》和《罗密欧和朱丽叶》，一中一外，一别一聚，一悲一喜，能够很好地产生碰撞。

早晨起来比较早，找来爱情歌曲听听，寻找感觉。听的是《后来》《月亮代表我的心》等。

当优美的铃声响起的时候，我突然有了切入口。今年我们铃声换了，是《在水一方》，这是一首非常怀旧的歌。

我问，同学们刚才听《在水一方》那样美丽的爱情音乐，有没有感触？我的感触是，文学中的爱情常常是有阻力的，是很难得到的，甚至是永远无法得到的，因而常常是凄美的。

比如，《在水一方》中，就是水的阻碍，是空间的隔阻。你永远不放弃，永远挣扎着追求，溯流而上，历尽艰辛，但伊人却依旧在水一方。

《后来》中爱情的阻碍，我感觉是时间的阻碍，“有些人一旦错过就不在”，是时间用一双魔力大手，改变了沧海桑田，也制造了爱情的无法挽回。于是，我们悲叹：“后来，终于在眼泪中明白，可是你已经消失在人海。”

《罗密欧和朱丽叶》中爱情的阻碍，我感觉是仇恨，两个世代的仇家，不断累积仇恨，人为制造情天恨海，阻碍一对青年男女的真心相爱。

《长亭送别》中爱情的阻碍，表面上是老太太，实质上是门第等级。老太太是相国家庭，尽管有所衰落，但仍然坚持三辈子不招白衣女婿，所以要逼迫张生获取功名。

这是我的第一个感触。第二个感触是所有的爱情都用外物映衬出美好。

《在水一方》中，根本没有出现伊人的美貌，也没有出现爱情的美好。但那种执著追求的动力之源，就是来自爱情的美好。特别是“在水一方”的水，清澈，流动，灵性，闪亮，弥漫……从指尖流过，从眼前滑过，无不让我们感觉到爱情的美丽和纯净。

《后来》中，也用一些物象来烘托爱情的迷离美好。“栀子花，白花瓣，落在我蓝色百褶裙上”，栀子花花瓣的纯白，弥漫散开的香味，还有落在百褶裙上的随意，最要命的是这百褶裙，还是蓝色的。所有这些美好的语码，都引人联想，让我们感觉到一种失去的，把握不住的爱的脆弱、芬芳和甜美。

《月亮代表我的心》中，当情人问到“爱我有多深”时，这个问题不能回答，也无法回答。所有最美好的东西，都是无法形容的。所以，只能说：“你去看一看，你去想一想，月亮代表我的心。”

月光皎洁、柔和、晶莹、纯美……象征着爱情的至纯至美，月亮不与太阳争辉，只默默地在背后，在夜晚散发光亮。这象征着为爱情心甘情愿付出一切的无悔和执著。

《罗密欧和朱丽叶》中相会的地点是后花园，我们都知道，后花园是一个最容易发生故事的地方，而所有的后花园都该是青年男女的天堂。在那里，情人们在略带潮湿的空气中，胆怯地走向堕落和欢愉，用身体寻找那不可言喻温柔的深渊。所有的真相都无法言说，但有一点却非常确信：我们是情人，我们无法停止不爱。

而在《长亭送别》之前，张生的幸福生活是从西厢房开始的。“隔墙花影动，疑是玉人来”。三五之夜，明月半墙，桂影斑驳，暗香浮动，这样的美景，衬托这样的迷醉的爱情，还有从后窗来的情人，莺莺怎么会不怦然心动？得成比目何辞死，只羡鸳鸯不羡仙。

第三就是爱情是文化心理的折射。

东西方生活差异很大，而文学是生活的反映，当然文学的差异也很大。借助文学的推波助澜，很多生活又逐渐积淀下来，成了文化，进而又形成了一种民族文化心理。

中国的民间文学中的爱情，一言以蔽之——癞蛤蟆吃上天鹅肉。

中国古代，皇帝一个人三宫六院，妃嫔超过万人。皇帝吃着碗里，护着锅里。皇帝当然只有一个，物以稀为贵，就让他淫乱好了。关键是其他的大臣、小臣、员外、庄主、老爷等，也都妻妾成群。正因为这一部分人的多吃多占，进一步造成了男女比例的严重失调，一些穷苦人根本讨不上媳妇。

但是，谁不想老婆。白天劳累还好，晚上长夜漫漫，睡不着，就仰望星空。开始想啊想，幻想天上掉下个林妹妹。就这样，《天仙配》就诞生了。

有时候，在田地里劳动，男人还在想女人，偶然看到一个田螺，在旱地上干涸，就想着要救她。沉迷在爱情想象中的人总是美好的，也许在心里幻想这个田螺来报答自己吧。结果，田螺真的变成了一个姑娘，以身相许。

还有一个穷苦青年，家里非常困难，根本娶不上媳妇。他家有一幅画，画上有一个美丽的姑娘，他就只有盯着画像解馋，做梦都希望画像里的姑娘走出来，和自己结婚生子。

结果，姑娘真的走出来了，和他吉祥三宝，成为幸福的一家。

还有那个许仙，偶然间救了一条小白蛇，替她细心地治好伤，却原来是白素贞，后来也成就了一段姻缘。白素贞成了白娘子，还帮助许仙弄了一间门面，开了一个药铺。

……

中国这样的故事不知道有多少，但情节大同小异。归纳起来，有几个特点，第一，所有的男人都很穷，否则早娶上老婆了，谁还那样想女人啊。不是说，有钱人终成眷属吗？

第二，所有的男人都笨歪歪的，根本不是女人喜欢的那种。活该打光棍。

第三，恋爱中，都是女人主动进攻，投怀送抱。

因为这样的男人实在是没有自信、没有竞争力的，所以，他们都幻想女人主动进攻，而他们照单全收。越是地位低的男主人公，故事就越能给人希望。

但是，因为现实的生计问题，他们又幻想七仙女会织布，这样男耕女织，小日子才能过得下去。

而田螺姑娘是只喝水，不用吃饭的。那个画中人，更是滴水都不要沾的。只让男人行使他们的权利，却又无须支付任何代价。

反观西方的民间故事，和中国大相径庭。一言以蔽之，王子娶走灰姑娘。

西方没有中国的一夫多妻制，男女比例没有失调，只是攀附现象比较严重。所以，更多的是灰姑娘和王子的故事。

无数的灰姑娘，穿着水晶鞋，期待着王子坐着马车，把她们接回王宫。安徒生童话和格林童话中，有太多这样的故事。时至今日，还有戴安娜和查尔斯王子的故事在不断上演。

但若仅仅把灰姑娘看成女性对幸福的追求，就未免太狭窄了。实质上，灰姑娘反映了底层人民改变自身命运的一种向往。比如安徒生笔下的丑小鸭、灰姑娘等，都可以看成安徒生自身的象征。在他的创作生涯中，他也确实多次迫切希望获得王室的承认。

因为西方的文化中，皇帝总是愚蠢的，国王总是阴险、狡诈的。而王子的形象却总是年轻的、英俊的、阳光的、宽厚的、仁爱的。因此，老百姓就把改变命运的希望寄托在王子身上。期待着仁爱的王子，用新政带领人民走出困境。

中国人却绝不相信皇权，更不相信太子。因为中国的孝道和政权的延续性，太子总是要听命于皇帝。在中国这样的君主专制的国家，统治者金口玉言，唯我独尊。普天之下，莫非王土；率世之滨，莫非王臣。把希望寄托在他们的身上，无异于与虎谋皮。那么，与其相信太子，不如相信鬼神和命运吧。

当死亡突然来临

——电影《九死》解读

《射雕英雄传》中，大魔头裘千仞作恶多端，在华山被众人围攻，无路可逃之时，突然哈哈大笑，质问道："说到是非善恶，嘿嘿，裘千仞孤身在此，哪一位平生没有杀过人，没有犯过恶的，就请上来动手吧！"

一灯大师长叹一声，率先退下。其余各人扪心自问，都觉得心中有愧。没有谁自认为占据了道德优势，能够对裘千仞进行审判。

这个情节常常让我想起耶稣救妓女的场景。当所有人都准备用石头砸死那个妓女时，耶稣就说："如果谁认为自己道德完善，从没有犯过错，就请动手吧。"

很多时候，我们被自己道德的外衣包裹，以为自己理直气壮，义正词严，大义凛然，所向无敌，那些内心里黑暗的过往，被我们有选择地忘记和遗失，漂浮在我们嘴边的言辞美化了我们的行为和动机，久而久之，我们被自己感动，以为自己真的就是那么高尚，那么纯洁，那么无懈可击。

但是，有没有一个特定的处境，让我们打破常规，用生与死为代价，来直面自己的龌龊和阴暗？不是主动地救赎，而是被动地直面。

你究竟是不是一个好人？有没有做过坏事？良心有没有受过谴责？谴责之

后有没有去补救？有没有想过你的所作所为对别人意味着什么？有没有想到你的某一个行为会导致他人的妻离子散、家破人亡？

《九死》就讲述了这样的一个故事。

一名蒙面枪手绑架了9个人，大难临头的9个受害者，看上去并无关联。俱乐部老板、演员、检察官、律师、警察、保姆、教父；还有一些不务正业的人，混混、黑帮头目、罪犯。在一间阴森森的黑屋子里，蒙面枪手宣布了自己的游戏规则，每十分钟要杀死一个人，直到他们理出头绪，自己为什么会被抓，否则只能一个个被枪杀。

一旦他们理出头绪，他们就会被释放，而蒙面歹徒就会自我了断。惊心动魄的死亡游戏开始了。

10分钟过去了，第一个人被枪杀；20分钟又过去了，第二个人又被枪杀，30分钟过去了，第三个人被枪杀……

血腥的场面，惊心动魄的时间流逝。

面对生死时刻，所有的伪善都被揭开，每个人都需要挖掘内心深处的恶。

一个阳光、快乐的男孩，在一次抢劫案中，因为中国妇女被击打头部，错误地被指认，从此陷入万劫不复的深渊。检察官玩忽职守，利用其他人的伪证，给这个男孩定了案。当这些人对着神父忏悔时，神父又保守秘密，导致男孩的冤屈得不到纠正。男孩被冤枉入狱，又在监狱里被罪犯强奸，感染了艾滋病。

出狱之后，感染了艾滋病的男孩本来可以有几年的时间，因为有了一种抗艾滋的新药。但审核的药剂师根据规定，这种药不提供给有犯罪记录的人，拒绝了他。男孩最后因为得不到救治而死。

在这个过程中，9个人，哪怕任何一个人认真一些，负责一些，或者人性一点，都可以挽救这个孩子。可惜他实在太不幸了，9个人相继犯错，让男孩死于非命，这是社会的残酷，更是人性的黑暗。

最后，正如审判者，那个慈爱的苍老的父亲所说，“我的孩子，他是那么美好，他有什么错，他唯一的错，就是和你们生活在一个世界里……”

这是一个很别致的故事。

之所以说它别致，是因为作品首先采用的是童话结构，无数的作品都是这种结构。绑架和被绑架，杀人和被屠杀。这是正义和邪恶之间的对抗。

在童话结构里，首先，一定要有危机和遭遇。这些人突然被绑架，这就是危机和遭遇。其次，巫婆一定要死。就是邪恶一定要被铲除，这个邪恶可以是外在的邪恶，也可以是内心的邪恶。在危机和遭遇中，邪恶被铲除，童话主人公也经历了巨大的考验，成长起来。然后，主人公过上了快乐幸福的生活。

这就是童话结构。

但是，当真相一点点被揭开，原先的童话结构突然被颠覆，好人突然变成了恶人，而所谓的恶人却并非那么邪恶。恶人被铲除之后，整个世界似乎更加暗无天日……

作品就由正义邪恶之争，转向对人性的探讨。童话结构开始向神话结构转化，而神话结构又与哲学追问息息相关。

这个探讨的结论是，人是邪恶的，有罪的。

正如海德格尔的“向死而生”所言，人也应该在邪恶中获得拯救。电影的价值在于，正因为人是邪恶的，我们更应该要认识自己，反省自己，杜绝自身的邪恶，从而获得救赎之路。

因为亚当偷吃了禁果，被逐出伊甸园，所以，人是有罪的。而正是带着这种负罪之身，不断地救赎，不断地自我净化，从而一步步走向高贵。

这就是这部作品的价值。也许，九死的不是那九个人，而是我们自己的隐喻，我们唯有不断地死，才能更好地生。

人啊，认识你自己

——“斯芬克斯之谜”解读

古希腊神话之所以成为整个欧洲文明的摇篮，其一在于其深刻而多元的人文内涵，其二在于其故事的多层面解读空间。“斯芬克斯之谜”即是最经典一例。

底比斯城外出现了怪兽斯芬克斯。她有美女的头，狮子的身子。她坐在一块巨石上，拦住了所有的行人，提出了一个古怪的谜语。猜不中的人，就被她撕碎吃掉。

俄狄浦斯为解救路人来到怪兽面前。斯芬克斯问：“什么东西早晨四条腿走路，中午两条腿走路，晚上三条腿走路。在一切造物中，唯他用不同的腿行走，腿最多的时候，正是力量和速度最小的时候。”

俄狄浦斯回答说："谜底是人，不会走路的小孩，即是生命的早晨，手脚并用爬行；而到了壮年，正是生命的正午，当然两条腿走路；等到了老年，已是生命的黄昏，只好拄着拐杖，三条腿走路。"

斯芬克斯羞愧至极，大叫一声，从悬崖上跳了下去，摔得粉身碎骨。

"斯芬克斯之谜"的解读，充满着挑战的恐惧。

那个斯芬克斯，她一半是天使，一半是野兽。难道不是人的隐喻？"从四条腿，到两条腿，再到三条腿"，从孱弱走向孱弱的东西，不就是人的写照？

斯芬克斯之谜，也许就是古希腊人对人的探讨。它的答案当然指向"人"。其实，每个人内心深处都在发问：人是什么东西？他为何而存在？他来自何方，去向何处？他为什么活着？

人既有对生命的新奇，也有对生命的疑惑，更有对生命之外不可知的恐惧，"斯芬克斯之谜"很好地追问了这一切。

但遗憾的是，这个简单的问题，那么多人都无法回答。这究竟意味着什么？可以说，这个疑问，同样是"斯芬克斯之谜"的主要构成部分。

斯芬克斯之谜，之所以难以回答，原因在于它的多重意蕴。

"斯芬克斯"，首先是人自身的隐喻。可怜的斯芬克斯，哪里是一个怪兽，她简直就是我们人类自己。人也是在"一半是天使，一半是野兽"中徘徊。每个人的心里都有猛虎在嗅着蔷薇。关键是谁最终能够获胜。是东风压倒西风，还是西风压倒东风？

一味地沉湎于天使的美，会让人失去进取之心，甚至堕落，这自然是一种死亡；而被恶魔控制，显然又会失去心性而沉沦，这更是一种死亡，两种结果都是被斯芬克斯吞噬。

其次，"斯芬克斯"还是人所处社会的隐喻。人们之所以无法回答，是因为他们无法面对斯芬克斯的"恐吓"和"诱惑"。那个来自狮身人面——天使野兽的"诱惑"和"恐吓"。

男人会在天使的诱惑前，意乱情迷，无法自持；女人会在野兽的脚下，战战兢兢，诚惶诚恐。故而，斯芬克斯的伟大在于，她用自己独特的造型，一种高超的行为艺术，揭示了人的生存困境。种种"诱惑"，让我们沉迷不醒，沉醉不知归路。而种种恐惧，又让我们裹足不前。"决心炽热的光彩，被审慎的思维盖上了一层灰色"。

其实，人生，就是一场与"斯芬克斯"的决斗：斯芬克斯牢牢地抓住人的两根软肋——"贪欲"、"懦弱"，并对之施以"诱惑"、"恐吓"。——不是她死，就是你亡，对有限的人生而言，这是一种非此即彼的选择。

俄狄浦斯虽然解开了斯芬克斯之谜，却最终逃避不了自己的命运。王子的高傲，使俄狄浦斯战胜了美女的诱惑；逃亡的悲凉，又让他战胜了死亡的恐惧，唯有他能够顺利解开“斯芬克斯之谜”。

但俄狄浦斯毕竟是凡人，他能战胜死亡的恐惧，却无法战胜神谕的恐惧，对“杀父娶母”命运的惧怕，使得俄狄浦斯慌不择路，正是他的不断逃离，反而促成了命运的兑现，这就是预言自动促成理论，当然也是神的鬼把戏。

于是，俄狄浦斯的悲剧上演了，众生的悲剧也开场了。

俄狄浦斯的悲剧还想告诉我们，在人从孱弱走向孱弱的过程中，一种终极没落的思想笼罩着我们，那就是每个人都有自己的“阿喀琉斯之踵”。在生命的某个时候，你必然要掉入某个陷阱之中，这个陷阱不是别人为你而挖，恰恰是你自己为自己而设。

俄狄浦斯一定要刺瞎自己的眼睛，因为这个陷阱是他自己设下的，正因为他的不断逃离，才一步步主动促成了这个悲剧。

德尔菲神庙前石碑上镌刻着的“认识你自己”，但究竟如何“认识你自己”，依然是横亘在人类面前的难解之题。

俄狄浦斯的命运昭示我们：人啊，要认识、该认识、须认识你自己，也能认识你自己。唯有认识自己，才能战胜诱惑和恐吓，并最终清醒地赋予自己人生的意义。

从斯芬克斯自身来看，她就像一个智者，她的谜语，如苏格拉底的“产婆说”，循循善诱，为我们人类指点迷津。那些猜不出谜底“人”的人，本质上是不了解“人”的，一个不了解“人”的人，是没办法认识自己的；而一个不认识自己的人，人生道路是不通的，尽管活着，实质上已经死了。这就是斯芬克斯拦住他们的道路，吃掉他们的真正原因。

实质上不是斯芬克斯吃掉了他们，而是他们自己糟蹋了自己，吃掉了自己，如俄狄浦斯一样瞎了眼睛，一个瞎子是要坠落悬崖的。

那么，当俄狄浦斯猜出谜底，斯芬克斯为什么要死去？

因为俄狄浦斯猜出了“人”的谜底，他很好地认识了“人”，就可能很好地认识自己。对于一个认识自己的人来说，作为障碍存在的斯芬克斯，就只能死去。她要跳下悬崖，把道路让开，因为一个认识自己的人，人生道路上就会畅通无阻，根本不会有任何的障碍。

这就是善良的斯芬克斯，用生命给我们带来的启示。

岂有柔情似旧时

——《氓》解读

在教学《氓》的过程中，我们不断感叹，不断唏嘘，为那个女子幻想的多情，梦想的炽烈，理想的破灭，还有“爱就爱了”的决绝。正如《诗经》中那声长久的浩叹：悠悠苍天，彼何人哉？

有人说，“女人婚前要睁大双眼，婚后要睁一只眼，闭一只眼”。《氓》中的女孩子却正好相反。想起了香港一个朋友的大作——《恋爱廿四史》，《氓》中女孩子的遭遇简直就是《恋爱廿四史》的翻版。且看这篇奇文：

1. 目光往来
2. 言语往来
3. 情书往来
4. 照片往来
5. 礼物往来
6. 手足往来
7. 嘴唇往来
8. 媒人往来
9. 仪仗往来
10. 戒指往来
11. 金钱往而不来
12. 负担来而不往
13. 乐趣往而不来
14. 子女来而不往
15. 咒骂往来
16. 拳脚往来
17. 律师信往来
18. 和事老往来

19. 传票往来

20. 法庭往来

21. 辩驳往来

22. 赡养费往而不来

23. 债务来而不往

24. 断绝往来

文章1—7是写初恋的热烈，一见钟情，一往情深；8—10是写聘娶迎亲，柔情似水，佳期如梦；11—16则是写负担沉重，感情破裂，春梦随云散，飞花逐水流；17—24则是写对簿公堂，断绝往来。当爱已成往事，才知道爱我的人伤我最深。

最有意思的是，此文还以“往来”二字，一词贯穿，中间稍稍变化，妙趣横生；廿四史，大词小用，放在马拉松的爱情等待、婚姻折磨中，也是意味深长。

这种互文式的参读，非常有意思。但我决不想仅仅于此。“士之耽兮，犹可说也；女之耽兮，不可说也”，“言既遂矣，至于暴矣”，历经数千年的岁月风云，我们还能听到那个女子幽怨的叹息和沉重的悔愧。难道我们不应该从她的悲剧人生中，有所挖掘，有所借鉴？

至少我们也应该告诉学生，如何观察一个人，审视一个人，悲剧如何避免，一旦不幸真的发生了，又该如何面对？

回到文章中，女孩子的择偶标准是“重德不重貌”。氓没有高大的外表、英俊的面容，所有的只是“氓之蚩蚩”。“蚩蚩”是忠厚老实的样子，女孩子以为这样的人，终身可托，未来可期。谁料想，结果却是这样。

反观氓，却是“重貌不重德”，当初的氓，看到女孩子如桑叶一样润泽美丽，就苦苦追求，死缠烂打。等到人家女孩子人老珠黄，容颜老去，“桑之落矣，其黄而陨”，马上就“至于暴矣”，家庭暴力就来了。氓实在可鄙、可怜、可恨。王尔德说：“一个人只有不付账单，才能期望活在商家的记忆里。”男人也是这样，女人只有不付账单，才能期望活在男人的记忆里。

其实，氓对女孩子的感情是有变化的，假如女孩子能够聪明一点，细心一点，警惕一点，说不定这个悲剧就可以避免。本来是蚩蚩的氓，但当女孩子解释“非我愆期，子无良媒”之时，一定是氓开始责怪女孩子不信守诺言；而当女孩子说“将子无怒，秋以为期”，则明显可以看出氓对女孩子发怒了。由蚩蚩的讨好，到无端的责怪，再到怒不可遏，再到最后的施暴，氓的发展过程一目了然，可惜女孩子被爱情迷惑了，最终不顾媒妁之言，义无反顾地走上了一条凶险的私奔之路。

上到这里，面对那么多女生，我突然有感而发，说了下面一段话：

同学们，我们现在跳出来，我不是在和你们说文章，我是在和你们谈人生。女孩子最大的毛病是喜欢比较，喜欢虚荣。希望男孩子对自己区别对待，最好自己喜欢的那一个，对待其他任何一个女人，都要粗鲁、无礼、冷酷、无情，只喜欢自己这一个，只在自己一个人面前温文尔雅。殊不知，要真正观察一个人，不单要观察他如何对待自己，更需要观察他如何对待别人。而如何对待别人，很可能才是他真正的面目，人总是在无所求的情况下，袒露出自己的本性。

因此观察一个男人，最好是观察他的朋友，物以类聚，人以群分。观察他的家庭，他的父母就大致决定了他的修养、境界和喜好。这都是好办法，尤其注意的是，最好不要选择商人，因为商人重利轻情，很难不染铜臭味。

“生活中有两个悲剧，一个是得不到想要的，另一个是得到了。”由此看来，《氓》中女孩子的失去，未尝不是一个喜剧，只是演出的代价过于沉重，如此而已。

士为知己者死，女为悦己者容

——从崔莺莺的长亭嘱托看中国的弃妇文化

这几天在上《诗经》中的《氓》，一个很忧伤的爱情故事。女主人公宁可做弃妇而不做怨妇的决绝，让人心生钦佩。妻子竟然回想起十多年前，我教这篇课文的场景。我用“一”字贯穿全篇，概括女主人公，震惊全场。

一见钟情—— 一往情深—— 一意孤行—— 一去不回头—— 一声叹息——一刀两断。

于是又想起我对中国弃妇文化的思考。

莺莺的嘱托

读《西厢记》中的“长亭送别”，屡屡被莺莺的一片真情打动。这个大胆追求爱情、忠贞不渝的女人，在暗夜如水的封建时代，闪烁着逼人的光芒。

“待月西厢下，迎风户半开。”莺莺爱情的袒露，如此诗意盎然，如此风姿绰约，尽管后来欲说还休，偶有反复；但最终还是冲破封建礼教的栅栏，与张生“有情人终成眷属”。

长亭送别中，因为恋爱关系的确立，莺莺扔掉了女子的羞涩，和张生真情相对。在她的心目中，金榜题名只是“蜗角虚名，蝇头微利”，她嘱咐张生道：“此一行得官不得官，疾便回来。”并且忍痛口占一绝：

弃掷今何在，
当时且自亲。
还将旧来意，
怜取眼前人。

这首诗假设自己被抛弃而张生又另有新欢之后的情境，如果真有那么一天，她想让张生用今天对待自己的情感，好好对待将来的那个人。小诗哀而不怨，委而多讽，让人忧伤丛生。普希金说，但愿那个人也像我一样爱你。而莺莺却让张生爱别人像爱自己这样。因为懂得，所以慈悲。

莺莺还对张生说，你休忧“文齐福不齐”，我只怕你“停妻再娶妻”。你休要“一春鱼雁无消息”！我这里青鸾有信频须寄，你却休“金榜无名誓不归”。

说什么功名富贵，说什么戒律清规，在莺莺的眼里都是废土烂泥。莺莺最主要的嘱托，都只在担心张生停妻再娶。

尽管是已故相国家的小姐，尽管瘦死的骆驼比马大，尽管拔一根汗毛比张生的小腰还要粗，尽管张生还只是一个白衣书生，没有任何功名和爵位，可是，贵为金枝玉叶的莺莺，也只能把自己整个儿托付给张生，眼巴巴地看着张生离去。

女人用情之后，等待，就是她们唯一的名字。爱情之所以是莺莺的全部，是她生命中不能承受之轻，实质上反映了那个时代妇女权利的致命缺失，这是女人不能左右命运的悲哀和无助。美丽的女人不能例外，相国家的小姐也不能例外。

嘱托的背后

莺莺的这种嘱托，揭示了一种社会弊病。甚至这种弊病还跨越了东西方文化的鸿沟，获得了高度的大同。那就是女人把爱情变成了宗教，男人是她们的拜物神，一旦被神所遗弃，女人就无法自主，罪孽深重。这是东西方女人共同的悲剧。

西蒙·波娃在《第二性——女人》中这样阐释：

> 女人一直从孩提起就拘束地生活于亲情之中，命运属于男人，习惯于对男人的仰视崇拜；这个女人如果还有梦想要出人头地，使她自己和她敬仰的男人合而为一，她唯一的办法是奉献自己的身体和灵魂，对她而言他代表绝对的权威和重要性。由于她命定是要依赖他人，她不愿去对她的专制的父母、丈夫，或者保护者服从宁可为神的服务。她希望变成一个奴隶的感情是如此地热烈。她完全消极地去接受这个环境，变成一个附属物去超越她的环境。通过她的肉体，感觉和行为她崇拜他像一个皇帝：在他面前她谦卑地认为自己完全没有价值。她把爱情变成一种宗教。

于千万年之中，在时间的荒野里，不同地方的女人们，以同样的方式演绎着“痴心女子负心汉”的悲剧。美国学者 D. L. 卡默迪认为：“一个妇女通常得依附于某个男人——作为某个父亲的女儿，或者某个丈夫的妻子，或者某个儿子的母亲——才能获得其自身的地位。实际上，几乎在任何文化当中，即使是结婚和离婚这种事，都无须妇女的同意。”这段话与中国妇女“在家从父，出嫁从夫，夫死从子”的要求，何其一致！

也就是说，坚不可摧的男权意识制约了女性，女人形象要么是白雪公主，要么就是巫婆，就是没有正常、适度的女人。男性的功利欲望无情地压制着女性的情爱需求，不管女性如何柔情似水，如何曲意逢迎，仍然一不小心就被扫地出门。

但中国女人尤为悲惨。她们嫁鸡随鸡，嫁狗随狗，从一而终，根本没有选择性。一旦被抛弃，就只能默默终老。一些年轻守寡的妇女，为了打发孤寂的漫漫长夜，在房子里扔满铜钱，然后在黑暗中一个一个地摸起来，有时候，要摸整整一个晚上。这是真的。这个经验还广为流传。

西方女人当然也要依附男人，但她们却有更多的选择。严格地来说，她们那种依附不叫依附，而叫寄生。最重要的是，她们还可以自由选择寄生的地方。《茶花女》中的玛格丽特，周旋于好几个男人之间，依附他们，尽管她也被选择、被冷落、被抛弃，本质上也是弃妇，但别忘了，那是因为她多病和老去，只要容颜还在，美丽还在，她就不怕没有买家。

但是由于意识形态，由于女人自我的角色定位，就算是西方的女性，也很少能够从男性世界中挣扎而出，最终只能沉沦于一隅。最典型的就是弃妇美狄亚，她曾经有一段经典的内心独白："在一切有理智、有性灵的生物当中，我们女人算是最不幸的种类。首先一层，我们得用重金来争购一个丈夫，他反而变做了我们的主子；但若不去购买丈夫，那简直是一件更可悲的事情。那最大的冒险还是看到我们得到了一个好丈夫，或是一个坏东西。离婚对于我们女子是一件不名誉的事，我们又不可离弃我们的丈夫……当一个男人住在家里被他的妻子烦恼了时，他可以到外边去消散他心里的积愁（不去找朋友就去找女人）；可是我们女人就只能望着一个丈夫……"

美狄亚的独白，相信能够打动世界上很多弃妇的心。鲁迅说，"娜拉的出走，不是堕落，就是回来。"女人只要经济上不能独立，就只能永远附庸于男人。

弃妇文化

顾名思义，"弃妇"就是指被抛弃的妇女。抛弃的本意就是"扔掉"，只有从属于自己的"东西"，我们才能把它扔掉。从这个角度上来说，女人就是从属于男人的一种工具。女人的被抛弃，不管是男人始乱终弃，或是不得已而为之，总归都是弃妇，总归都要受伤害。

弃妇的产生有深刻的社会原因，并不仅仅是男人的失德。

首先，是专制的男权社会。

这种以男性为轴心的一夫多妻的家庭形式，是父系氏族代替母系氏族的必然产物。男人不仅用法律的形式保障一夫多妻制，而且拥有对女性的绝对权利。男人可以三妻四妾，女人却只能三从四德。而且"在家从父，出嫁从夫，夫死从子"这种腐朽思想，还深入人心。

西晋王戎和妻子的感情非常好。妻子常称他为"卿"，而且还常常亲吻他，王戎限于当时的夫贵妻贱，劝妻子不要这样张扬。王妻回答他说："亲卿亲卿，是以卿卿。我不卿卿，谁复卿卿？"这就是成语"卿卿我我"的来历。要知道，"竹林七贤"之一的王戎，吟啸竹林，清谈玄理，最不拘礼法，如此妙人儿尚且如此，其他人可想而知。

封建宗法制规定了男人的特权，封建礼教又从道德和法律上确定了女人的奴隶地位。女人稍不小心，就要被抛弃，从此成为贱民，一辈子不得翻身。

《大戴礼记》规定有“七出”：“不顺父母，为其逆德也；无子，为其绝世也；淫，为其乱族也；妒，为其乱家也；有恶疾，为其不可与共粢盛也；口多言，为其离亲也；盗窃，为其反义也。”

这些规定都具有很大的随意性，事实上导致婆家和丈夫可以随意处置娶回家的女人，女人的悲剧可想而知。

其次，是经济地位的低下。

母系社会，实行群婚制，血缘关系的纽带只能依赖母亲。在社会分工上，女人们采摘野果，男人们出外狩猎。狩猎经常一无所获，而采摘的野果却数不胜数。经济基础决定上层建筑，女人因此掌握了社会的主导权。然而，随着农耕生活的到来，也就是韩非子所说的“上古争于气力”时代的到来，男人成为“田”里的绝对劳“力”，女人因为性别上的天然因素，体能和力气的不足，使她们很快失去了家庭控制权。生产力的落后是造成女性失去自主命运的关键。男人们因为掌握了家庭的经济来源，从而获得对女人的控制和支配。从西方的宗教来看，夏娃也只不过是亚当身上的一根肋骨，这就从宗教层面上，规定了女人对男人的皈依。

最后，是奴性心理。

封建等级制带来的最恶劣的影响是，奴性心理的形成和成熟。鲁迅说，中国人只有两个时代；一个是暂时做稳奴隶的时代，一个是想做奴隶而不得的时代。回到女人的身上，这句话简直是不刊之论。几千年的封建礼教的压迫，已经彻底锻造了女人的奴性心理。这种依赖主子的心理，造成了女人的自我禁锢和放逐，饿死事小，失节事大。连祥林嫂这样刚烈的女人，都要拼死来维护自己的清白，好从一而终。

由于社会因素，造成女人的奴性，而女人的奴性又支撑了社会的道德体系。女人逐渐成了一种圈养的动物，成了家里劳作和传宗接代的工具。为了讨得男人的欢心，她们往往使尽浑身解数，因为她们一生的幸福都寄托在唯一的男人身上。很多女人一辈子都诚惶诚恐，在忧惧中度过，一旦被抛弃，就天崩地裂，上天无路，入地无门。很多人责骂鲁迅娶许广平，却一辈子不和朱安离婚。就是没弄明白，那个时代，女人一旦被驱逐回家，是何等的凄惨和羞愤。

当然还有男人的喜新厌旧。男人这种动物最好喜新厌旧，女人如墙上的土坯，去了一层还有一层。由来只有新人笑，从来不听旧人哭。著名小说家古龙就曾振振有词：朋友如手足，女人如衣服。

远的不说，就是中国革命尚未成功之际，有多少功业卓著的人，还守着过去的糟糠之妻呢？绝大多数还不是娶了资产阶级的小姐，要不就是赶赴延安的女大学生们。

妇女被抛弃是中国社会的普遍现象。也就是说，“弃妇”首先是社会现象，然后才是文学现象。

中国的弃妇文化从《诗经》开始，蔚为大观，波澜壮阔。

《卫风·氓》中，那个痴情的女子，经历了一见钟情，一往情深，一去不回头，然后是一声叹息，一刀两断。其中的控诉可谓血泪之声。“士之耽兮，犹可脱也。女之耽兮，不可脱也。士也罔极，二三其德。”这种控诉，揭示了她所托非人的痛悔，但一旦生米煮成熟饭，女人就突然贬值。

《谷风》中，那位妇女初来夫家时，家境贫困，于是夫妻二人，白手起家，终于走上致富道路，可是，男人有钱之后，立马停妻另娶，竟凶狠地把妻子赶走。这类诗歌基本上都是写实，展示了女人的屈辱和不幸，砸碎了爱情浪漫的花环，揭开了婚姻的狡诈与虚伪，也撕开了爱情温情脉脉的面纱后的贪婪与私欲。

《诗经》中的弃妇形象基本模式是女子痴情，男子负心，女人哀叹。即便是伟大的浪漫主义诗人屈原，他在《山鬼》中所刻画的弃妇形象，也没有办法摆脱命运的捉弄。只能为红颜所咏，为红颜所泣，为红颜所悲。汉魏文人拟作中，思妇、弃妇则完全以贞顺自守的面貌出现，即使被弃，也只是自伤自怜、逆来顺受、怨而不怒，表现了一种有节制的情感。

当然也偶有例外，譬如汉乐府的《有所思》：

有所思，乃在大海南。何用问遗君？双珠玳瑁簪，用玉绍缭之。闻君有他心，拉杂摧烧之。摧烧之，当风扬其灰。从今以往，勿复相思！相思与君绝！鸡鸣狗吠，兄嫂当知之。妃呼狶！秋风肃肃晨风飔，东方须臾高知之。

这样敢爱敢恨的女子形象，毕竟不可多得。但我们不要高兴得太早了，女人的激烈和愤怒，恰恰还是建立在不平等的基础之上。

同时，我还注意到两个聪明的弃妇的故事，用自己的灵性秀质，挽回了渐行渐远的婚姻，让人唏嘘不已。

东汉有个女人，她的丈夫到外游学，照例由过客变成归人，沉湎于温柔富贵乡，不想回家了，于是给妻子写了一封无字书。聪明的妻子当然猜到了这封信背后的潜台词。但是，她仍然装作不知道，给丈夫写了一首诗：

碧纱窗下拆缄封，一纸从头彻尾空。
料想郎君无别意，忆人常在不言中。

妻子的大度和善意，勾起了丈夫的美好回忆，让丈夫良心发现，终于没能下起狠心，一个准弃妇惊险回归。

还有卓文君的故事，想当年文君私奔，净身而出，而且被父母遗弃。为了丈夫读书，文君还当垆卖酒，简直成了白酒西施。可是等到司马相如功成名就，很快就想遗弃卓文君。卓文君因此悲愤地写下《白头吟》：

皑如山上雪，皎若云间月。
闻君有两意，故来相决绝。
今日斗酒会，明旦沟水头。
躞蹀御沟上，沟水东西流。
凄凄复凄凄，嫁娶不须啼。
愿得一人心，白头不相离。
竹竿何袅袅？鱼尾何簁簁。
男儿重意气，何用钱刀为。

随信还附有《诀别书》：

春华竞芳，五色凌素，琴尚在御，而新声代故！锦水有鸳，汉宫有水，彼物而新，嗟世之人兮，瞀于淫而不悟！朱弦断，明镜缺，朝露晞，芳时歇，白头吟，伤离别，努力加餐勿念妾，锦水汤汤，与君长诀！

文君的血泪之声，使得司马相如大为不忍，想起两人当年的柔情蜜意，缱绻风流，终于收回花花肠子，和文君重归于好。

很多人认为这两则故事是千古佳话，皆大欢喜，我只觉得彻骨的悲凉。假如这两个不是聪明的女人，不是才华卓著的女人，可想而知她们的命运究竟是什么。可是世上只有一个卓文君啊！在这两个女人的背后，有多少个被遗弃的冤魂？

就算女人过了丈夫这一关，也并不保险。《孔雀东南飞》的刘兰芝，陆游的妻子唐琬，都深得丈夫宠爱，但最终还是卷铺盖出门。伤心桥下春波碧，曾是惊鸿照影来。过去的一切欢爱，如烟云散去。所谓的幸福，只能是一种传说。

人世几回伤往事，山形依旧枕寒流。就算过了婆婆这一关，女人还是不能高枕而卧。《琵琶记》中的蔡伯喈尽管不想抛弃发妻赵五娘，但金榜高中之后，在封建名利观和等级制度的重重压迫下，最终还是忍痛休妻，这种因强权压迫而违心抛弃妻子的人还不在少数。蔡伯喈负心无疑有令人同情的一面，他自己就这样唱道：

> 比拟我做个负心亏义台馆客，倒不如守义终身田舍郎。白头吟记得不曾忘，绿鬓妇何故在他方？书啊，我只为其中有女颜如玉，反教我撇却糟糠妻下堂。还思想，毕竟是文章误我，我误妻房……

这样看来，最可贵的倒是东汉的宋弘，皇帝做媒，但他还是对发妻不离不弃。

光武帝刘秀的姐姐新寡，小寡妇看上了宋弘，于是托弟弟帮忙。刘秀让姐姐躲在屏风后面，然后把宋弘找来，问他说："贵易交，富易妻。人情乎？"宋弘回答说："贫贱之交不可忘，糟糠之妻不下堂。"光武帝回头对姐姐说："事不谐矣。"

这个故事，让我感到些许温暖，宋弘难能，光武帝更加可贵，如果光武帝执意要把姐姐嫁给宋弘，宋弘又能怎么样？最重要的是，光武帝在问这个问题之前，宋弘并不知道光武帝的意图。这唯一的一点星光，也禁不起深究。

为了保住一个不被抛弃的位子，女人们简直要过五关斩六将，渡尽劫波之后，终于有一天安全了，可是红颜老去，美人白头矣。

逐臣文化

虽然弃妇文化汹涌澎湃，但其真正的创作者却很少是女人。就算一开始是女人，在流传的过程中，也不断有文人加工润色。这一点，越往后发展越为明显。

一方面，女子无才便是德，女人没文化，想写也写不了；另一方面，女人就算才华横溢，谁敢写那些劳什子？涉及爱情的不敢写，涉及遗弃的不便写。宋代特立独行的李清照，只写过一些健康的爱情诗词，就遭到很多卫道士的围攻。所以，真正进行爱情和弃妇诗歌创作的往往是一些男人。他们站在女人的立场，揣摩女人的情思，表达女人的幽怨，写出了很多传情的小词。《花间集》中有十几个作家，竟然没有一个女性作家。那么，男人们为何乐此不疲，这背后究竟有没有什么寄托？

古语中有两句话非常有意思。一个是“忠臣不事二主，烈女不嫁二夫”。还有一个是“士为知己者死，女为悦己者容”。两个地方都把“士”和“女”比对，不能不令我们深思。因为中国的礼教主张“君为臣纲，父为子纲，夫为妻纲”，君与臣之间，君有生杀予夺的大权，皇帝金口玉言，臣子可以被任用，可以被贬谪，可以被斩首。男子与女子之间，选择权却在男子那里，男人欢喜谁就是谁，女子可以被宠爱，可以被冷落，可以被抛弃。“昨日黄土陇头埋白骨，今宵红绡帐低卧鸳鸯。”这就是男人的德行，关键这还是被允许，被提倡，被道德和法律保护的。祥林嫂尽管被婆婆强行带走，卖掉，鲁四老爷也只能骂一声“可恶”。尽管“可恶”，但婆婆并没有错，她只不过在行使夫权而已。

在封建的伦理中，女人和士人有太多的相似之处。女子描眉涂粉，修饰容貌，楚楚可人，是为了得到男人永远的宠爱；士人发愤读书，修养才德，怀瑾握瑜，是为了得到君主的重用。女人学好女红，练习好礼仪，打扮得娇艳艳，只为嫁一个好男人，绿水绕着青山转。士人，学而优则仕，修身齐家，是为了最后能够“治国平天下”。女人花，一辈子只为一个男人开放，士人才志的出售，也只为皇帝老儿一家，别无分店。

这就是为什么那个卞和失去了两条腿，还要执著地献玉，玉在古代是才德的象征，卞和哪里是在献玉，他是要把自己的才华贡献给帝王家而已。难怪文人们都在卞和的惊天一哭中，写下“满纸荒唐言”，流下“一把辛酸泪”。文人们一旦不被选择，不被重用，报国无门，学无所用，或者骤然失宠，流放他乡，成为迁客骚人，他们人生的支柱就会坍塌，内心的失落可想而知。

但面对皇权的威严，他们自然不敢公然反对。还有读书人的那股子酸劲，男子汉的那点自尊心，都不允许男人直抒胸臆。于是，士人的目光在急切地寻找，或许在同病相怜中，士人们突然发现，“弃妇”是一个很好的文学意象，最有利于表达自己的内心，那种在帝王和男人们的无上权威下产生的永恒的无力感，使得失落的士人与弃妇心态形成同构。怀着对政治的无可奈何，怀着对兵荒马乱的厌恶，怀着对自己壮志难酬的郁闷，文人们开始以现实的弃妇去展现自己内心深深的失落。由男性作家的弃妇诗形成的弃妇意象，透露出一种奴性化了的附庸意识，它潜在地隐喻了古代男性知识分子对皇权的人身依附。

文学中的弃妇现象是以曲折笔法表达自己政治意见的手法。最有代表性的自然就是曹植。他的《七哀诗》塑造了一个很好的弃妇形象。

明月照高楼，流光正徘徊。上有愁思妇，悲叹有馀哀。借问叹者谁？言是宕子妻。君行逾十年，孤妾常独栖。君若清路尘，妾若浊水泥。浮沉各异势，会合何时谐？愿为西南风，长逝入君怀。君怀良不开，贱妾当何依！

这首诗，是曹植借弃妇的形象来写自己在政治上的失意。诗人还常常借助弃妇、思妇、盛年不嫁的美女形象来寄抒自己被猜忌、被迫害、怀才不遇、壮志难酬的孤独怨念悲凉的情绪。

李商隐有一首《无题》诗说：

八岁偷照镜，长眉已能画。十岁去踏青，芙蓉作裙衩。十三学弹筝，银甲不曾卸。十四藏六亲，悬知犹未嫁。十五泣春风，背面秋千下。

女孩子不断追求，不断修饰，可是到了十五岁，还没有找到理想的男人，更得不到男人的宠爱。所以，当春风吹来时，自然伤心流泪。可关键是，李商隐哪里是在写女孩子，分明是在诉说自己的悲慨！自己少小读书，修德修能，才华出众，但却仕途失意，得不到皇帝的赏识，他的热泪实在是因此而来。

这种借助女性心理的手法一旦展开，就呈现出文学的多姿多彩。

唐代诗人朱庆馀所写的《闺意》，就是模拟新婚的女孩子拜见公婆前的忐忑不安，以此表达自己的寄托。

洞房昨夜停红烛，待晓堂前拜舅姑。
妆罢低声问夫婿，画眉深浅入时无？

作为张籍的门生，朱庆馀为了避讳和尴尬，自然不好意思询问老师，自己参加科考的把握如何；可是，不问又按捺不住。于是借助女性视角，用象征的手法，写出流传一时的佳作。

诗人以“新妇”自比，以“舅姑”比主考官，以“画眉”比自己的诗文，以“夫婿”喻指当时在诗文上颇有名气，而且又乐于提拔后进的张籍。通过优美的诗韵，巧妙地表达了一名应试举子，在面临关系到自己仕途的一场考试前，那种特有的不安和期待心情。

聪明的张籍以《酬朱庆馀》做了唱和诗：

越女新妆出镜心，自知明镜更沉吟。
齐纨未足时人贵，一曲菱歌敌万金。

张籍的诗中同样以“明艳”、“越女”类比来自越州的朱庆馀，以这位出自镜湖湖心美女的歌喉抵得一万金，比喻朱庆馀的诗文功夫了得，以此打消他“入时无”的顾虑。

豪放派的苏轼则干脆把皇帝比成佳人，“渺渺兮余怀，望美人兮天一方”，表达了自己缠绵悱恻的思慕之情。还有“墙外行人，墙里佳人笑。笑渐不闻声渐悄，多情却被无情恼”的名句。

“墙外行人，墙里佳人笑”。一堵围墙，挡住了视线，却挡不住美的飞扬，也挡不住诗人对美的向往。而“多情却被无情恼”，不仅写出了情与情的矛盾，更写出了情与理的矛盾。苏轼对皇帝一片忠心，但却忠而见疑，信而被谤。作者借墙里、墙外、佳人、行人，一个无情、一个多情的故事，寄寓了他的忧愤之情。

弃妇和逐臣的同构

“童子解吟长恨曲，胡儿能唱琵琶篇”，这是白居易的经典作品在当时所获得的巨大声誉。

实质上，弃妇和逐臣获得高度同构的就是白居易的《琵琶行》。想当初，琵琶女和白居易，一个是“五陵年少争缠头”的绝色美人，一个是“长安居易”的新锐诗人。可是，光阴飞逝，岁月如歌，女人一旦年长色衰，就“门前冷落”，最终只能嫁给商人。而商人重利轻情，自然弃绝而去。由此看来，琵琶女是广义上的弃妇形象。而白居易批龙鳞，逆圣听，最终落得“谪居卧病浔阳城”，则是一个典型的逐臣形象。一个弃妇，一个逐臣，借助凄惨的琵琶之声，互相倾诉，相互观照，都从对方的骨子里看到了自己的凄惨人生，两人由此获得了高度的认同。难怪白居易高呼：“同是天涯沦落人，相逢何必曾相识”。

也难怪白居易在听完琵琶女第二次琵琶之后，“座中泣下谁最多？江州司马青衫湿”，我敢断定，这眼泪不仅是为弃妇而淌，更多的还是为逐臣而流吧。

其实，弃妇和逐臣可以同构，还有哲学和心理学上的支撑。

那么多的男人，运用女性意识和情调，唱至少表面上女人的歌。这就形成了一种有趣的“双性”现象。自然之神安排给了我们一个躯体，那躯体上都或多或少打上了性别的标记。但是，我们对性别的概念有多少是来自自然，又有多少是来自社会呢？女人是被造就的，男人何尝不是如此？也许每个人本身就是雌雄同体。

《圣经》上说，女人就是男人的肋骨。无论是水做的骨肉，还是泥做的骨肉，泥水本来就是不分家的。难怪张贤亮的小说就叫《男人的一半是女人》。

正因为这种“雌雄同体”，男人写女人之情写到极点时，便会流露出一种最幽微隐约难言的哀怨惆怅，这种感觉很微妙，甚至不是作者明意识里要表达的，而是潜意识的无意流露，但这种无意识流露的潜意识，给了读者多义联想的可能性。因为事实上的“双性”，使得诗歌内容左右摇摆，好像有所寄托，但又似有若无。可是，这种感觉又不可坐实，一坐实就很笨，这种“好像有所寄托”的词，反而是好词。

“双性”还是哲学里最高的一个层次。在我们中国的历史上和传统中，也一直是主张阳刚与阴柔相辅相成的。王朔有本小说就叫《一半是火焰，一半是海水》。

从人自身来说，每个人身上的善与恶常常是并存的。所以，才有一失足成千古恨，才有“人性本善”与“人性本恶”的世纪辩论。谚语中有“每个人身上都有猛虎在嗅着蔷薇”，就是这个道理。

中国儒家强调中庸之美。“不偏之谓中，不易之谓庸。”是谓中庸之道也。中国道家的太极图，一边是白，一边是黑，白中有黑，黑中有白，那就意味着阴阳的结合。中国的书法讲究刚柔和方圆的相济，如果你的形方就要神圆，形圆就要神方。很多事情都是这样，只有当阴阳相辅相成的时候，才是一种美。

回到我们的主题上来，诗言志，词言情；诗庄词媚；诗之境阔，词之言长……

一言以蔽之，诗是男性的，壮阔的，言士人之志。词是女性的，柔媚的，言女人之情。而“以诗入词”，实质上就是一种“双性”的达成，用小女人之词来抒发大丈夫之志，用弃妇之言抒发逐臣之悲，在潜意识之中两者不知不觉地就达成了微妙的结合，形成了一种双性的人格和双性的品质，所以才使得词产生了丰富的意蕴，难怪“词之言长，言尽而意不尽”。

有我之境和无我之境

——《人间词话》的一种解读

若论中国的词学，王国维是绕不过去的一个人物，《人间词话》是绕不过去的一座大山。

在《人间词话》中，王国维建立起了以“境界说”为核心的词学理论，巍巍乎高山，洋洋乎流水，仰之弥高，流之弥远。

一、界定

王氏认为：“词以境界为上。有境界自成高格，自有名句。”“能写真景物、真感情者，谓之有境界。”

那么，何谓“真景物、真感情”呢？

真景物和真感情需要满足三个条件。第一，情景须真，真是基础，无真一切皆空；第二，境界是“真景物与真感情”的统一；第三，真感情、真景物还要能够鲜明地表达。

由此看来，王国维的境界说，乃是指真切鲜明表达出来情景交融的艺术形象。主要侧重于作者的感受、作品的表现和读者审美。“隔与不隔”的概念，即是从读者审美的角度来加以补充。

当然最为重要的是，王国维还引入西方的美学观念，对境界作了“造境”和“写境”、“有我之境”和“无我之境”的分类，为意境的内涵注入了新的血液。

本文拟就“有我之境”和“无我之境”进行辨析。先来看看王国维是怎么阐释“有我之境”和“无我之境”的。在《人间词话》三中，王国维说：

有有我之境，有无我之境。“泪眼问花花不语，乱红飞过秋千去”，“可堪孤馆闭春寒，杜鹃声里斜阳暮”，有我之境也。“采菊东篱下，悠然见南山”，“寒波澹澹起，白鸟悠悠下”，无我之境也。有我之境，以我观物，故物皆著我之色彩。无我之境，以物观物，故不知何者为我，何者为物。

《人间词话》四中，王国维又补充：

无我之境，人惟于静中得之。有我之境，于由动之静时得之。故一优美，一宏壮也。

由此看来，无我之境的观物方式是“以物观物”，“于静中得之”，给人的美感是“优美”；有我之境的观物方式是“以我观物”，“由动之静时得之”，给人的美感是“宏壮”。

我们可以得出两条结论：第一，有我之境和无我之境是根据观物方式的不同以及由此而产生的美感性质的不同来区分的。第二，如果能区分出美感性质的“优美”和“宏壮”，就应该能区分出“有我之境”和“无我之境”。

解铃还须系铃人，王国维恰好在《红楼梦评论》中对“优美”和“壮美”有过界定。

而美之为物有二种：一曰优美，一曰壮美。苟一物焉，与吾人无利害之关系，而吾人之观之也，不观其关系，而但观其物，或吾人之心中无丝毫生活之欲存，而其观物也，不视为与我有关系之物，而但视为外物，则今之所观者，非昔之所观者也。此时吾心宁静之状态，名之曰优美之情，而谓此物曰优美。若此物大不利于吾人，而吾人生活之意志为之破裂，因之意志遁去，而知力得为独立之作用，以深观其物，吾人谓此物曰壮美，而谓其感情曰壮美之情。

王国维说“一切景语皆情语”，就是说他认为绝对的“无我”是不存在的。那么，“无我之境”的“无我”，并不是一般意义上的“无我”，乃是审美主体“我”，“无丝毫生活之欲存”，“与外物无利害之关系”，审美时以“吾心宁静之状态”，自然而然地融入外物之中，与外物俱化，因而“不知何者为我，何者为物”。

而在“有我之境”中，首先在于我的意志清醒，我的感情强烈，我的个性鲜明，“我”带着“我”的意志观物，常与外物处于对立状态。“外物大不利于吾人，而吾人生活之意志为之破裂”，我最终经历了一个“由强力摆脱了自己的意志及其关系而仅仅指唯心于认识的过程”。这样的作品带着欲望和意志的色彩，当然表现为“有我之境”。

二、随想

“有我之境”和“无我之境”没有优劣之分，却有难易之别。

叔本华认为：“人莫不有生活之欲，受意志之支配。”因此能够做到绝灭欲念，达到物我两忘境界之人，本来就不多，而同时具备这样一种人生境界，又能塑造“无我之境”之人，当然就少之又少。对于王国维的“有我之境”和“无我之境”，我们或许还可以从三个方面去理解。

比与兴

“赋比兴”是中国诗最大的特色所在，“赋”更多的是指向诗歌的形式，“比兴”则指向诗歌的内容，乃是核心中的核心。

叶嘉莹先生根据比兴的特点，指出“比兴”实质上体现了“心”与“物”的两种关系。

“兴”是借物起兴，是由物及心。见物起兴，就是说，看见你看到一个物象，自然而然地引起了内心的一种感发。

“比”则是由心及物，以此及彼。也就是说，你内心中有一种情感，想要借助外在的物象来传达。诗歌贵在含蓄，作者常常要把抽象的情感和具体的物象联系起来，才能引起读者的感发。

由此看来，“兴”是随物起兴，自然而然；“比”是深思熟虑，有意为之。“兴”是纯粹的直接的感发，“比”是理性的选择和托喻。“兴”让人感觉到外在的“优美”，“比”让人感觉到内在的“宏壮”。

这样看来，“兴”常常呈现为无我之境，“比”常常呈现为有我之境。

儒与道

儒家和道家是中国文化上的两座高峰，双峰并峙。儒家文化是阳性文化的代表，道家文化是阴性文化的代表，这两者在中国文化史的走向上，彼此转化、彼此消长，犹如硬币的两面，共同成就了中国知识分子的文化人格。

我们不敢想象，如果没有儒家文化，我们将会怎样？如果没有道家文化，我们又将会怎样？但不论是儒家，还是道家，在乱世征伐之中，他们都处在怎样的一种落寞和无奈、挣扎和尴尬之中，尽管他们都坚守自己的一份朴素的理想。

“天行健，君子以自强不息”，儒家强调自强不息，刚健有为，入世担当，继往开来。它秉承着超越于理想的尺度，不堕为现世的功利主义、虚无主义。哪怕“累累若丧家之犬”，依然“以天下为己任，明知不可而为之”，从审美上来说，儒家是金刚怒目式的，是激越勃发的，因而也是典型的“有我之境”。

道家主张道法自然，自然而然，无为而治，弃圣绝智，逍遥任性。他们认为“天下滔滔，所在皆是也”。举世混浊，到哪里能够寻找到一方净土？世人皆醉，到哪里才能寻找到清醒的人？与其如此，避人不如避世，“躲进小楼成一统，管他春夏和秋冬”。吟啸山林之中，我即是物，物即是我，万物齐一，物我交融，物我两忘。这是典型的“无我之境”。

隔与不隔

从读者的角度看，王国维提出了“隔”与“不隔”的概念。在《人间词话》四十和四十一中，王国维这样表述：

四　十

问“隔”与“不隔”之别，曰：陶、谢之诗不隔，延年则稍隔矣。东坡之诗不隔，山谷则稍隔矣。“池塘生春草”，“空梁落燕泥”等二句，妙处唯在不隔。词亦如是。即以一人一词论，如欧阳公《少年游·咏春草》上半阕云：“阑干十二独凭春，晴碧远连云。二月三月，千里万里，行色苦愁人。”语语都在目前，便是不隔。至云：“谢家池上，江淹浦畔”，则隔矣。白石《翠楼吟》：“此地，宜有词仙，拥素云黄鹤，与君游戏。玉梯凝望久，叹芳草萋萋千里。”便是不隔。至“酒祓清愁，花消英气”，则隔矣。然南宋词虽不隔处，比之前人，自有浅深厚薄之别。

四十一

“生年不满百，常怀千岁忧。昼短苦夜长，何不秉烛游”。“服食求神仙，多为药所误。不如饮美酒，被服纨与素”。写情如此，方为不隔。“采菊东篱下，悠然见南山。山气日夕佳，飞鸟相与还”。“天似穹庐，笼盖四野。天苍苍，野茫茫，风吹草低见牛羊”。写景如此，方为不隔。

“隔”与“不隔”的关键在于作品是否表达了“真景物和真感情”。境界全出的作品，一定不隔；无境界的作品，一定隔。具体来说，不论写景还是写情，凡能直接给人一种鲜明、生动、真切感受的，语语都在目前的，则是不隔。反之，矫揉造作，浮而不实的情景，难免让人雾里看花，水中望月，产生隔靴搔痒之感，当然无话可说。

那么，从这个角度来看，我以为大多“不隔”的词句，常为“无我之境”，而“隔”的词句，绝大多数则是“有我之境”。

未知生，焉知死

——由《兰亭集序》说开去

一叶凋零
森林就缺了一角
一石流失
欧罗巴就缺了一角
一人死去
人类就缺了一角

这个单元，是生命主题，所有的生命都和死亡有关。

王羲之在兰亭最快乐的时候，突然间就被死亡挟持，发出“死生亦大矣”的感叹。因为有聚必有散，有盛必有衰，有荣必有枯，有生必有死，因而由欢乐之短暂，聚会之寥寥，想到人生之短促，死生之悬隔，不由得悲从中来。但悲叹并非作者之要旨，死亡也不过是一个幌子，灵感的火花在暗夜里闪烁，生命的热流在心中涌动。在死亡的感慨中，暗含着王羲之对人生的眷念，对生命的执著，这在魏晋时代尤为难能。在司马氏的高压之下，当时“一死生，齐彭殇”的消极厌世思想极为流行。王羲之确是真的猛士，敢于直面死亡的缱绻，敢于正视淋漓的鲜血，对个体生命价值如此强烈关注，对空谈玄谈的人生虚无思想未尝不是一大矫正。

这里还有一个旁证：王羲之的妻子，曾经对儿子王献之的书法进行评论，说："吾儿磨尽三缸水，只有一点似羲之。"而恰恰那一点就是羲之加上去的。如此磨砺自己的孩子，这种昂扬向上的精神风貌，就是羲之人生观的写照。王献之得乃父真传，写尽十八缸墨水，终于成为历史上著名的书法大家，和其父并称二王。生命当养浩然之气，但生命中毕竟有死亡，有最终我们难以避免的船沉海底。

那么，死亡究竟给我们带来什么？人生何以才更有意义？

夫子曰："恶，不可察与！夫哀莫大于心死，而人死亦次之……"孔子厌恶死亡，一辈子拒绝谈论死亡，拒绝谈论我们尚未确知的一切。生当事功，何以虚为？因此，当子路问事鬼神，子曰："未能事人，焉能事鬼？"曰："敢问死。"子曰："未知生，焉知死？"

庄子则好谈死亡："孰知死生存亡之一体者，吾与之友也。"因此，妻子死去，他照样击缶而歌。因为："死生，命也。其有夜旦之常，天也。人之有所不得与，皆物之情也。"

对于死亡的理解，我想不外乎三个方面。

一、死亡是什么

死亡是什么呢？

死亡就是我们醒着时所看见的一切，睡眠就是我们梦中所看见的一切。在我们身上，生与死，醒与梦，少与老，始终是统一的东西。后者变化了，就是前者的东西，前者再变化，又成为后者。这就是生死同一。德谟克利特就认为："逃避死亡，就是在追逐死亡。"生活中不是有很多人都在逃避灾难，但恰恰灾难来临。古希腊神话中有很多英雄人物都概莫能外，所以命运悲剧由此兴盛。

当人们说，人是要死的，似乎以为人之所以要死，只是以外在的情况为根据。但实际上，生命本身就具有死亡的种子。"你活着的每一天都从生命中盗取；你以消耗生命来生活。你生命无间歇的工作便是建造死。你在生的时候便已在死。"生命因死亡而珍贵。孙悟空之所以不断把自己的脑袋割下来，就因为他没有死亡，他的脑袋如韭菜，割了还可以重来。

唯有自由的人绝少想到死亡，因为他的智慧，不是死的默念，而是生的沉思。

二、死亡的恐惧

死亡是否可怕，首先涌现在我们脑海里的是伊壁鸠鲁的诡秘之言："死并不可怕。因为我们在，死就不在；死在，我们就不在。"死亡是一件与我们毫不相干的事情，一切善恶古凶都在感觉中，而死亡不过是感觉的消失。认识到这一点，自然没有给人生增加无尽的时间，但还是可以把我们从不死的渴望中解脱出来。一个人如果正确地了解到终止生命没有什么可怕，对于他而言，活着也就没有什么可怕的。人生岂不是因此获得更大的勇气。生活中很多人都谈死色变。实质上真正可惧怕的不是死亡和痛苦，而是对痛苦和死亡的恐惧。

苏格拉底说，追求好的生活远胜过生活本身。因此，当他面对死亡的时候，就多了超然。其实，死亡无非是两种境界：或者是全空，死者毫无知觉；或者如世俗所云，灵魂迁居彼岸。如果是全空，那就是人没有知觉，一如人睡而无梦，那岂不是人生的大幸？而从此岸迁居到彼岸，从无聊痛苦破碎的人生酸楚中，迁居到理想的没有世俗疼痛的彼岸世界，把自己交给神灵去关怀。这样绝妙的安排，我们还怕它作甚？尤其是古往今来迁居彼岸的人，从来没有一个旅人偷着跑回来，也可知彼岸之美妙。

培根说，与其愚蠢而软弱地视死亡为恐怖，倒不如冷静地看待死——把它看成人生必不可免的归宿，看做对尘世罪孽的赎还。我们应该懂得，人类的感情并非真的如此软弱，以致不能抵御对死的恐怖。人有很多感情，其强度足以战胜死亡——仇忾之心能压倒死亡，热烈爱情敢蔑视死亡，荣誉感使人献身死亡，巨大的哀痛使人扑向死亡。唯独怯懦软弱使人在还没有死亡之前就先死了。所以，与其说如何战胜死亡的恐惧，不如说如何战胜我们自身的懦弱。

最重要的，死亡还是最坚定的共产主义者，它使百万富翁与乞丐，皇帝与无产者，都一律平等。我们孜孜追求平等的人，当平等真正安静到来的时候，我们为什么不能抛弃那一具臭皮囊，和平等的死亡来一个快乐的拥抱。

三、死亡的价值

死亡是什么并不重要，死亡不是什么才重要。

司马迁在《报任安书》中这样告诉我们："人固有一死，或重于泰山，或轻于鸿毛，用之所趋异也。"正因为如此，苏州的老百姓在魏忠贤作乱之时，发愤一击，“亦已明死生之大，匹夫之有重于社稷也”。

逃避死亡不难，逃避罪恶却难得多。彭波那齐在《论灵魂不死》中说，“一个会死亡的人不应当去向往不死的幸福，因为不死的东西是不适宜于会死亡的人的。”

苏格拉底则说，“稍有价值的人不会只计较生命的安危，他唯一顾虑的只在于行为之是否，心灵之善恶。”与其卑劣地、愚蠢地、放纵地、邪恶地活着，不如轰轰烈烈地死。生而为人，我们有责任尽力使自己不朽。连陈胜都知道：“等死，死国可乎?”所以孔子说要杀身以成仁，所以孟子说要舍生以取义。

生命的价值并不在于它的长短，而在于我们怎么样利用它。你活得够与不够不在于你的年龄。有的人死了，他还活着，有的人活着，他已经死了。“但既然看到了我的生命在时间上是有限的，我当从分量上拓展它。我想借我所控制的速度，竭我所利用的活力，补偿它流动的急速来遏止它的飞行速度。在短促生命的范围内，我必须使它更加深刻，更加充实。”这就是聪明人的聪明选择。

贤者对于生命，正如同他对于食品那样，并不单单选多的，而是选择精美的；同样的，他享受时间也不是单单度量它是否最长远，而是度量它是否最合意。但不论合意与否，这一天终将到来，当这不可避免的时刻到来的时候，能够坦然离去是件伟大的事情。一个人没有死的意愿就没有生的意志。因为只有在死的条件下，我们才能够得到生。

萨特说，我相信一个人能够由于仇恨或者死亡而放出光芒。

爱是一种不容易疲倦的情感，恨也是如此。生是一种不容易厌倦的情感，死也是这样。不过人总得死得了无遗憾，庸人如此，伟人亦然。

狄德罗说：“如不能向恶毒的敌人正当复仇，我死不瞑目。如不竖立一座丰碑，我死不瞑目。……如不能在世上留下时间无法消灭的若干痕迹，我死不瞑目。”

也就是说，你要想长生，就得准备去死。你若想死得长久，你必要生得伟大。

边缘人物的胸中丘壑

——《廉颇蔺相如列传》的一种读法

《廉颇蔺相如列传》上完了，可能很多老师都会关注廉颇和蔺相如的人物形象，以期窥探《史记》中人物形象刻画的艺术特色。这自然是我们教学的要点，但是故事中两个边缘人物常常被我们忽视，殊不知这恰恰是司马迁写人的功力之所在，太史公三言两语，举重若轻，人物形象立马呼之欲出。

先来看看缪贤，我一直认为他是《廉颇蔺相如列传》中最为光彩夺目的人物形象！司马迁用如椽巨笔，给一个太监唱了一曲颂歌，可能因为自己尴尬的遭遇，司马迁不便于大书特书，所以才欲说还休，但我们又岂能熟视无睹呢？

可以说，作为太监，身心受到摧残，人格经受侮辱，人性横遭扭曲，少有心理不变态的，他们常常仇视社会，仇视正常人，惯于在阴暗的角落里算计别人。中国历史上宦官专权、宦官误国的比比皆是。就连司马迁这样的人，在惨遭宫刑之后，也是九死一生。在《报任安书》中，他这样写道："虽累百世，诟弥甚耳。是以肠一日而九回，居则忽忽若有所亡，出则不知其所往。每念斯耻，汗未尝不发背沾衣也。"在给好朋友的信中，司马迁才彻底袒露内心——受辱之心，千疮百孔，乡党耻笑，绝望如灰。

然而，就是这个缪贤，就是这么一个太监，在赵王"求人可使报秦者，未得"的时候，在面临国家遭受屈辱之际，他用自己的残缺之躯，担起了本该不是他担起的责任，极力向赵王保荐蔺相如。而且这还不是一般的保荐，可以称得上是以死保荐。为了打动赵王，缪贤以自己私下里结交燕王，在自己犯罪之后，准备叛国逃跑到燕国为佐证，贬抑自己褒扬蔺相如，为了给赵国举荐人才，缪贤甘冒叛国灭族的弥天大罪。想一想，伴君如伴虎，假如赵王雷霆一怒，缪贤就会死无葬身之地，就算赵王在国家危难之际，能够体谅缪贤的荐贤之心，对缪贤不予追究，也难保以后不对缪贤生出二心。可想而知，一个小小的太监，如果失去了皇帝的宠幸，何以自托于赵？

在你死我活的宫廷斗争中，缪贤不可能不知道个中厉害，但是，在国家利益面前，缪贤终于抛却个人的安危，挺身而出。苟利国家生死以，岂因祸福趋避之。缪贤，一个残缺的人，站在历史的风口浪尖，唱出了历史的最强音。可以说，没有缪贤，就没有蔺相如，就没有完璧归赵，没有渑池会，没有将相和。

第二个人物是赵王。赵王实在也不是等闲之辈。首先，当缪贤保荐蔺相如的时候，赵王既不因为蔺相如是宦官的舍人，就戴着有色眼镜轻视他，也不因为缪贤是自己的宠幸，就昏了头，说好好好，是是是。而是亲自对蔺相如进行面试，“秦王以十五城请易寡人之璧，可予不?”是骡子是马，得牵出来遛遛！最终经过自己的考核，赵王“不拘一格用人才”！把一个宦官的舍人，提拔为国家的使者，此非有大眼光、大胆识、大魄力，如何能做得到?

当蔺相如完璧归赵，“使不辱于诸侯”，赵王在实践中坚信了自己的判断，于是，当机立断，把相如提拔为上大夫。

当秦王约请赵王参加渑池会时，老实说，赵王害怕秦王，实在不想也不敢去，因为“秦自穆公以来二十余君，未尝有坚明约束者也”。如此“虎狼之国”，又如此不讲信用，赵王的生命确实没有保障。但是，赵王还是想听听大臣的意见，当廉颇和蔺相如都认为：“王不行，示赵弱且怯也。”当个人的生命和国家的尊严摆到了一起，赵王选择的天平马上就偏向了国家，毅然决定去赴“鸿门宴”！一个封建诸侯王，能以千金之躯，捐躯赴国难，视死忽如归，千载之下，犹令人感佩不已。

风萧萧兮易水寒，壮士一去兮不复还！在边境之上，赵王和廉颇诀别。廉颇提出：如果赵王如期不还，请立太子，以绝秦望！人们往往只看到廉颇以社稷为重，非大忠勇不能任其事，却看不到赵王才是廉颇敢说并被认可的主要原因。要知道，一旦廉颇立太子为王，既是绝秦王之望，何尝不也是绝赵王之望啊！想想历史上的宋高宗赵构，之所以对岳飞极为不满，一个很重要的原因，就是岳飞一心要“直捣黄龙，迎请二圣还朝”！岳飞真是傻蛋，他也不好好想一想，二圣回来了，他赵构怎么办?你要威胁人家的龙椅，就难怪人家要扭掉你的脑袋！

如果说第一次蔺相如完璧归赵，“使不辱于诸侯”，赵王是耳听为虚；此次渑池相会，“以秦王之威，相如廷叱之，辱其群臣”，赵王则是眼见为实，所以，回国之后，以相如功大，立马拜他为上卿，位在廉颇之右。由此看来，赵王的用人术，确实非同寻常。其实作为一国之君，不一定非得有万夫不当之勇，只要能以国事为重，知人善任，不拘一格用人才，仍然可以作为一个明君青史留名。

司马迁写人非常有讲究，写廉颇则突出其武功，突出他“以勇气闻于诸侯”。秦国在和氏璧和渑池会上，虽然没有占到便宜，但始终不敢对赵王胡来，其原因之一就是忌惮廉颇之勇；另外，正因为廉颇勇猛过人，所以他才会居功自傲，对蔺相如位居自己之上，耿耿于怀。写蔺相如则突出了他出身低贱，以此衬托他的大智大勇、忠勇爱国！再结合缪贤和赵王，所有写人的重点都凝聚在爱国上。蔺相如顾全大局，以国家前途和命运为重，忍辱负重。廉颇最后之所以负荆请罪，既是为蔺相如所感动，也未尝没有考虑到国家的利益。另外缪贤的拼死举荐，赵王的虎穴探险，都淋漓尽致地突出了爱国精神。

为君谈笑净胡沙
——《烛之武退秦师》解读

为《春秋》作注的《左传》，继承了春秋笔法的特点，叙事简练，尤工记言，许多外交辞令简而精，曲而达，婉而有致。这就是人们所说的“行人辞令之美”。

秦晋和郑国交战中的烛之武，就是一个杰出的典型。草根出身的烛之武，凭借三寸不烂之舌，谈笑间说退百万雄兵，成为春秋争霸中一个杰出的典型。

还是回到故事的起点。

公元前637年，晋国公子重耳流亡在外。途经郑国时，重耳请求入城，躲避风雪。郑文公认为，重耳逆父叛国，逃亡在外，此种不肖之人，郑国坚决不能接纳。叔詹听说此事后，就对郑文公说：“重耳是一位贤人，他尊重贤才，体恤百姓，追随他的都是英雄豪杰，我们应该以礼相待。”郑文公却不以为然，叔詹又建议：“如果主公不能以礼相待，就请下令杀了重耳，不然日后将生祸端。”郑文公说：“重耳和我无恩，我为何要接待他？重耳和我无仇，我为何要杀害他？”就这样，重耳被拒门外，在风雪中走投无路。这直接引发了两个人的矛盾。

重耳后来又逃往楚国，楚成王对重耳非常好，重耳也承诺，将来两国交战，愿意退避三舍。

公元前636年，在秦穆公的帮助下，重耳返回晋国继承王位，是为晋文公。

后来晋国真的和楚国开战，这是两大军事集团的战争，一方是晋文公率领的晋、宋、齐、秦四国军队，另一方是以楚国为主的楚、陈、蔡、郑四国联军。结果城濮之战以楚国的失败告终。虽然郑国及时求和，并与晋国结盟和好，但是晋文公的心头之恨却是无法消除的。

公元前630年，为了洗雪当年郑国不接待他的旧仇，还有郑国联合楚国对付自己的新恨，重耳联合秦穆公出兵，一起讨伐郑国。秦晋两国势如破竹，很快就把郑国的国都团团围住，郑国危如累卵，危在旦夕。

这个背景特别重要，郑国和秦国往日无冤，近日无仇。秦国之所以出兵，既是和晋国有秦晋之好，更重要的是秦国也有争霸的需求，也有向外扩张领土的需要，所以，晋秦一拍即合，联合围攻郑国。但实际上这两个国家在争霸的过程中，也必然有矛盾，并非铁板一块。从两军攻打郑国并非合兵攻打，而是分兵行动，可窥一斑，这就为烛之武的游说提供了可能。

穿过历史的风尘，今天我们仍然可以看到当年的硝烟弥漫，触摸到当年的惊心动魄。

在国家危难之际，佚之狐隆重推出烛之武。“国危矣，若使烛之武见秦君，师必退。”佚之狐一针见血地指出，只有抓住晋、秦的矛盾，离间秦君，才能让郑国转危为安。一个“必”字，突出了佚之狐的识人之明。但让人奇怪的是，既然佚之狐对烛之武如此洞明，为何到现在才推荐他？“国危矣”是一个特定的情境，也许佚之狐过去也常常推荐，但郑伯就是不听，现在国难当头，郑伯无可奈何，也只能铤而走险，死马当做活马医了。烛之武就此走上历史舞台，并用一己之力，挽狂澜于既倒，扶大厦之将倾。这就是所谓的时势造英雄。

但烛之武还是有话要说。“臣之壮也，犹不如人；今老矣，无能为也矣。”这句话表面上是谦虚，实际上是指责郑伯一直不任用他，埋没了他的才能。这里有委屈，有牢骚，有不快，更有愤懑。

老奸巨猾的郑伯直接把话挑明：“吾不能早用子，今急而求子，是寡人之过也。然郑亡，子亦有不利焉。”主动承认自己的过错，这与上文我们对佚之狐的猜测相呼应。接着指明利害关系，实际上是用国家利益来鼓动士人。聪明如烛之武岂能看不出郑伯的用心。他又哪里是为自己的不利而努力，士为知己者死，学而优则仕，修身是为了持家，持家是为了治国，能够治国，进而才能平天下，这是每一个读书人的理想，所以，最终烛之武才能尽弃前嫌，挺身而出，用血肉之躯去蹚龙潭虎穴。不知道夜缒出城的烛之武心里有何感想。

全文的中心是烛之武游说秦穆公。说辞仅 125 字，却委婉曲折，波澜起伏，扣人心弦，总共表达了五层意思。

第一层：“秦、晋围郑，郑既知亡矣。”烛之武坦言“郑国亡”，向秦国示弱，以满足强敌的骄横心理，让强者产生相容心理，这就为说服提供契机。

第二层：从反面指出“亡郑”对秦无益。“越国以鄙远，君知其难也。”秦在西，郑在东，中间隔着晋国，秦要跨越晋国，把郑国的土地纳入自己的版图，作为自己的边邑，这是很难办到的。“亡郑”之后，郑国的土地不为秦所得，就要为晋所有。这是从反面推理，告之“邻之厚，君之薄也”。亡郑只对晋国有利，对秦大大不利。

第三层：从正面指出“舍郑”对秦有利。若秦舍郑，郑国愿作秦国“行李之往来”的东道主，“供其乏困”。这明明是诱之以利。烛之武却对秦伯说“君亦无所害”。从来没有人分析这一句，须知这一句才是经典中的经典，明明是秦国有利可图，烛之武却换了一种说法，说“对秦国没有什么害处。”这就是辞令，虽然春秋无义战，都是一个利字，但烛之武却要时时保护秦伯的自尊，不能让秦伯感觉到他自己是一个逐利之人。处处为秦说话，处处为秦打算，才能打动人心。

第四层：回顾往事，指出“帮晋”对秦无益。从秦晋的历史关系入手，说明晋国过河拆桥，忘恩负义，不择手段，“朝济而夕设版焉，君之所知也”，更是引起了秦伯的痛苦回忆。

第五层：探测未来，指出“亡郑”对秦有害。指出晋国向东灭郑之后，必然向西“阙秦”。两个反问句，一个揭示晋君贪得无厌的本质，一个揭示晋国扩张的必然趋向，让秦伯惊出一身冷汗。“两虎共斗，势不俱生”，谁敌谁友，一目了然。转眼间，风云突变，久有争霸野心的秦伯审时度势，立马作出决断，不仅让秦军撤出战斗，而且和郑国结盟，让杞子、逢孙、扬孙等人帮助郑国来抵抗晋国。其实，这也是秦伯布下的一个局，既帮助了郑国，同时，也实现了在郑国安下内应，对晋国则是两面夹击，为将来的争霸占得先机。但不论如何，烛之武用自己的智慧挽救国家于水火，充分展示了春秋士人的辞令之美和爱国之切。

面对突发事变，老谋深算的晋文公也只能以“不仁”、“不知”、“不武”三条理由退兵。其实，“不仁”只是冠冕堂皇的借口，真讲“仁义”，就不会大动干戈。“不智”才是实质。这个“智”应该是理智，就是对现实客观分析，对动武后果的冷静判断。“以乱易整，不武”，胜负之数，难以意料。晋的退兵，说到底，还是一个“利”字。既然冒着危险，还无利可图，那还打什么仗啊，不如回家洗洗睡吧。

备注：又过了几年，晋国又攻打郑国。郑文公慌忙派使臣携重礼出城求和。晋文公知道叔詹是郑国举足轻重的重臣，就说：“当年郑国失礼于我，叔詹作为大臣，没有劝说国君认清道理，如果郑国献出叔詹，我就撤兵回去。”郑文公得知重耳要自己拿股肱之臣叔詹来交换，他怎能舍得。叔詹却劝郑文公说：“主公舍我一人，却拯救了一国百姓，这是很值得的事。而且，为国尽忠是我的夙愿，请主公把我交给晋君吧。”重耳见到叔詹以后，架起油锅，要活烹了叔詹。叔詹面无惧色，他手扶油锅，从容高呼道：“我叔詹料事能中，智也；尽心为国，忠也；临死不惧，勇也；杀身赎国，仁也。像我这样的大臣却要被烹，从今后，为臣者不要再学叔詹！”说完，叔詹神色坦然地就要往油锅里跳，他的忠心和大无畏精神让重耳十分敬佩，重耳命人拦住叔詹，款待之后把他送回了郑国，并撤兵走了。

祥林嫂的呐喊和鲁迅的彷徨

——《祝福》解读

一直以为，中国文学画廊里最凄惨的形象，不是冷冷清清，凄凄惨惨戚戚的李清照，也不是凭儿子打老子走向世界的阿 Q，而是无路可走的祥林嫂。只不过因为祥林嫂的悲剧太中国化了，虽然切入中国女子的骨髓，却未能在世界性格上获得共鸣而已。

一、原型

鲁迅笔下有三个苦人儿，一个是有名无姓的阿 Q，一个是有姓无名的孔乙己，还有一个则是无名无姓的祥林嫂。可见祥林嫂悲苦到了什么程度。

祥林嫂的原型有三个。其一是单妈妈，她是个寡妇，却又有同居的男人；

其二是乌石山上看坟的女人，儿子在门口剥豆被马熊拖去吃了；其三是宝姐姐，山里人来抢亲，宝姐姐逃走，失足落水，被捞起带走。

鲁迅把这三个原型综合在一起，层见错出，惊心动魄，更集中、更概括、更深入地揭示了封建思想的悖谬和吃人的本质。20 世纪 20 年代，正是中国新文化运动的发展时期，新文化运动的口号是“民主、科学”，而阻碍中国赢得“德先生和赛先生”的最大障碍，就是中国两千多年所遗留下来的腐朽、愚昧的封建思想，中国妇女则是封建思想最大的受害者。鲁迅首先选择妇女题材，对活在封建社会最底层、最易被迫害、最易被侮辱的中国妇女的悲剧命运，进行了广泛而深入的解剖，深刻揭示了礼教的流弊和余毒。

麦子说：“大凡中国的悲剧，从女人身上看去，总能看得个一清二楚。女人是整个世界的死穴，是宇宙中最软弱的一角。”

二、两难选择

祥林嫂最大的悲剧，在于她所有的选择都是两难选择。

祥林嫂丈夫死后，按照夫权，祥林嫂要守节，但封建族权却又逼着她改嫁，逼着她失节。

丈夫死后，祥林嫂来到鲁镇做工，这个可怜的女人希图用自己的勤劳，来换取“从一而终”的资本。你看她“食物不论，力气不惜的……到年底，扫尘，洗地，杀鸡，宰鹅，彻夜的煮福礼，全是她一人担当，四婶竟没有添短工”。然而祥林嫂反而满足，“口角边渐渐的有了笑影，脸上也白胖了”。这个时候的祥林嫂是“暂时做稳了奴隶”，简直从奴隶中发掘出美来。鲁迅说，中国人向来只有两种境遇：一种是“暂时做稳了奴隶”，一种是“想做奴隶而不得”。

祥林嫂最终是“想做奴隶而不得”，婆婆恃凭着族权和夫权的威势，把她抓回去，卖到贺家墺，在花轿上，“她一路只是嚎，骂，抬到贺家墺，喉咙已经全哑了。拉出轿来，两个男人和她的小叔子使劲的捺住她也还拜不成天地。他们一不小心，一松手，阿呀，阿弥陀佛，她就一头撞在香案角上，头上碰了一个大窟窿，鲜血直流……”终于，祥林嫂依了，失节了，于是，祥林嫂的世界坍塌了，她从此成了一个不干不净的人，任谁也要唾弃的。

这个时候，神权和政权粉墨登场了，他们要惩罚一个不能守节的坏女人。祥林嫂再嫁，虽非自愿，有她头上的窟窿为证，但毕竟再嫁了，再嫁，就是不守节，不守节就是大逆不道，罪孽深重。神权是决不会宽恕这些罪人的，鬼鬼祟祟的柳妈告诉祥林嫂，死后要受刑，阎罗王将她锯开，分给前后两个男人。这个就是神权的惩罚，不仅生前挨骂，死后更要受刑。

鲁四老爷是政权的化身，在祥林嫂捐了门槛让千人踩万人踏之后，仍然坚决不容许祥林嫂参加祭祀，实际上就是剥夺祥林嫂做人的权利，给祥林嫂精神上致命的打击。祥林嫂最终被扫地出门，神经错乱，在寒冷的凄清的除夕祝福中死去。

封建礼教强大，但又互相悖谬。夫权要她守节，族权又不允许她守节，政权和神权又惩罚她的"不守节"。这深入骨髓的苦楚，使祥林嫂落入求生不得、求死不能的境地。

阿毛死了的意象，意味深长。阿毛被狼叼走了，豆子满地都是，篮子还紧紧捏在手里。而祥林嫂被婆婆塞进船舱里抢走，米撒得满地都是，淘米篮被丢在地上。两个场景，何其相似也。阿毛被凶残的狼吃掉，这是一个偶然的悲剧，而封建礼教这条恶狼吞噬祥林嫂，这一定是必然的悲剧。

关于"魂灵有无"的回答，我以为这不仅是"我"的逃避，也实在是祥林嫂的两难选择的悖论。既然生而不能生，祥林嫂于是就关切起死来，她是多么渴望魂灵的有啊，因为有魂灵，她就可以再见到那个可爱的很听话的会剥豆的阿毛；但假如要有魂灵，那么，也就该有贺老六和祥林了，也就该有阎罗了，有地狱了，有用锯子锯成两半分给两个男人的酷刑了。呜呼，这就是祥林嫂，生不能生，死也不能死，古往今来，还有比这更加凄惨的人生吗？

其实祥林嫂也有反抗，表现为四个不甘于。一是祥林嫂不甘于受婆家虐待，逃到鲁镇做工；二是祥林嫂不甘于被人强逼改嫁，用生命来抗婚；三是祥林嫂不甘于受人歧视，"捐门槛"以"赎罪"；四是祥林嫂不甘于死后受阎王惩处，临死时怀疑灵魂的有无。

不甘于被族权和夫权虐待，却逃到封建政权的卵翼之下，须知它们是一丘之貉；拼死反抗改嫁，恰恰是对封建节烈观的愚忠和坚守；捐门槛反抗自己的命运，恰恰又是对封建神权的膜拜；而怀疑魂灵的有无，恰恰又是建立在封建迷信的基础之上。

三、看与被看

鲁迅作品中的看客是一种重要的文化现象。看与被看，实际上对应着吃与被吃，鲁迅曾经借狂人的口说："中国整个一部历史，就是一部吃人史。"

我们不妨研究几个场景。

1. 祥林嫂的再嫁

婆婆为了儿子的婚事，理直气壮地就把媳妇卖掉，为什么卖到深山里去，因为要多卖钱，而深山里狼多，祥林嫂的悲剧已经埋下伏笔。

祥林嫂被捆走，四叔四婶很光火，但也仅仅是面子问题，更多的是不要给自己惹麻烦。而最牛的是小叔子，为了自己的婚事，和别的男人强按着嫂子的头拜堂。

2. 阿毛遭狼

男人毫无同情心，听了这悲惨的故事，没趣走开；老女人特意寻来，叹息一番，就满足地去了，祥林嫂的伤心事只是她们无聊生活的谈资和调料罢了。而当阿毛的故事不再新鲜时，她们剩下的就是烦厌。

3. 祥林嫂头上的疤

鲁镇的人产生了新的兴趣，生活又有了调剂，而这个调剂因为有了性的介入，更显得诱惑和绯闻十足。祥林嫂说阿毛故事时，还希望鲁镇人善良，现在她已经绝望了，瞪眼，不说一句话，头也不回。这是被吃的人对吃人者的反抗。

4. 祥林嫂的死

祥林嫂最终还是死了，带着绝望的虚妄和鲜血淋漓的恐惧。对于她的死，鲁四老爷是愤然，短工是淡然，“我”尽管悚然，但很快也就释然……如此而已。

四、线索

祝福是一条线索，几次祝福，场面越写越大，越来越热闹，而祥林嫂却每况愈下，终于，在祝福的热闹中，在福神给鲁镇赐福中怆然死去。更使人感受到喜者之荒唐，悲者之痛苦。

“我”也是一个线索人物，“我”作为一个旁观者、参与者，亲历或转述了祥林嫂的故事。“我”在鲁镇的故事，祥林嫂的故事（抗婚故事、阿毛故事、捐门槛的故事）融合在一起。

卫老婆子也是一个线索人物，祥林嫂第一次到鲁四老爷家做工，就是卫老婆子介绍来的，祥林嫂被卖掉，由卫老婆子补叙，祥林嫂第二次到鲁四老爷家，仍然由卫老婆子陪同来的。通过这个线索人物，整个回忆部分的情节有机联系起来了。这个就像三进大观园的刘姥姥，通过她的眼睛，目睹整个贾府的缓缓没落。

总之，一言以蔽之，祥林嫂的呐喊，实际上就是鲁迅的彷徨。

也谈小说作法

——被监护人情结

继续读纳博科夫的《文学讲稿》，非常有收获。

第一章节谈的是《曼斯菲尔德庄园》，作品塑造了一对可爱的青年男女。范妮出身于贫困人家，十岁时被伯特伦爵士夫妇收养。来到姨父姨妈家后，虽然受到二表哥埃德蒙以外的众人的冷落，但她始终“有一颗温柔亲切的心，想要表现得体的强烈愿望”。尤其难能可贵的是，她始终能明辨是非，知人知心。大表哥汤姆等人要在家里排演有伤风化的情节剧，家里只有她一人加以反对和抵制。她早就看清了克劳福德兄妹的自私和轻浮，因而当克劳福德死死纠缠她时，她丝毫不为所动，始终不渝地暗恋着埃德蒙；当克劳福德小姐对埃德蒙“旧情复发”的时候，她告诫表哥不要上她的当。最后，她的高尚人品赢得了托马斯爵士的器重，也赢得了埃德蒙的爱，两位年轻人终于结成伉俪。

在这里，纳博科夫提到了一个被监护人情结，突然间电光石火，有很多东西，在我头脑里逐渐清晰起来。

为什么东西方的作家都钟情于被监护人的角色呢？

盖因这个角色有几大优势。

第一，被监护人因为处于绝对的弱势地位，往往能够激发读者的同情心，而被监护人的慢慢长大，这种成熟过程，也是情节发展的一种必须。

第二，被监护人既是家庭的参与者也是绝佳的旁观者，这种视角正是作者所需。

第三，被监护人因为朝夕相处，还常常和主人家的儿子，演绎出浪漫的爱情故事。这样一来，门第、豪门、阴谋和爱情纠缠在一起，故事自然惊心动魄，扣人心弦。

第四，被监护人的爱情故事，无论怎么发展都是讨好的，如果成功了，这是一个现代版的灰姑娘和王子的故事；如果失败了，悲剧把人生有价值的东西毁灭给人看，也会震撼人心。

如此来看中国的《红楼梦》，林黛玉就是一个被监护人，惹人怜人，并且和贾宝玉恋爱，最终演化成催人泪下的悲剧故事。

西方著名的《简·爱》，原先简就是一个被监护人，在亲戚家长大，最后又被寄宿到教会学校，九死一生，但也最终磨炼了她。最后到罗切斯特家担任家庭教师，我认为家庭教师应该是被监护人身份的一种延展。表面上她是监护孩子，其实，在那个权势的家庭中，她自身就是一个被监护的弱者。而且，她也能作为这个家族的旁观者和参与者，并且还能和主人演绎惊世骇俗的爱情，从而成就一段灰姑娘的故事。但夏洛蒂·勃朗特的创新在于她把这个原型颠倒了，王子变成了青蛙，而灰姑娘则成为了公主，这种爱情显得更加动人，但本质上还是一样。

别管作家千变万化，最美妙的是，我们能做一个糊涂者，伴随着精彩的故事流淌好了。面对伟大作品，我们只能如此，别无选择。

寻找被流放的安宁

——加缪《鼠疫》解读

在《小说的艺术》中，米兰·昆德拉这样说："小说考察的不是现实，而是存在；而存在不是既成的东西，它是人类可能性的领域，是人可能成为的一切，是人可能做的一切。"

《鼠疫》就是如此，在它的扉页，加缪引用达尼尔·笛福的论断："用别样的监禁生活再现某种监禁生活，与用不存在的事表现真事同等合理。"

加缪毫不讳言，整部《鼠疫》意在言外。

把人物打入第二情境

"用别样的监禁生活再现某种禁生活"。意味着在鼠疫的监禁生活中，作者试图再现人们内心中的隐秘的不被别人甚至也不被自己所觉察的另一种情感趋向。

且看别样的监禁生活。

奥兰城市平常丑陋，毫无色彩。既没有鸽子，也没有树木，也没有花园。甚至连春天的到来，也只能坐实于市场上出售的鲜花。

这里的人们，工作既狂热又心不在焉；不得不相爱又不知道在相爱；生病只会让人倍感孤独，死亡则更加令人乏味。他们既没有学会相爱，也没有学会死亡。

一切都在平庸之中，甚至连美不胜收的大海，奥兰也背对着它建造。更要命的是，人们忘却了思考，习惯了平庸，习惯了平庸生活中的功利，并且从平庸的生活中打捞出悠闲自在，然后，昏沉沉睡去。

这就是奥兰的城市生态。但加缪一定要颠覆这种状态。

如何颠覆呢？答案是“用别样的监禁生活”，即孙绍振所说的“把人物打出正常轨道”。

在正常的情况下人的知觉、感情、意志、欲望是一个相当稳定的多层次结构，你只能看到它的表层。只有把人物打出正常轨道之外，使人“处于别样的监禁生活中”，在动态、动荡的情况下，人物内心深处就会一览无余。小说的艺术就在于冲击人物静态的感觉、知觉，使之发生动乱，失去平衡，从而解剖出人物真实的内心情感，深层的心理结构，以及刹那间显露出来的心灵秘密。

这种所谓的“别样监禁生活”，就是突然到来的鼠疫，鼠疫把奥兰的人打出了正常轨道，并彻底颠覆了人们的世界观。人们由起初的惊异逐渐转为恐慌、疑惧和怀疑。与此同时，人们开始了思考，直到死亡成了冷冰冰的数字。

这种心理的变迁很好地诠释了加缪的存在主义。作品是一种经常意在言外的哲学拷问，是这种哲学的图解和完成。

鼠疫是真实的荒谬

加缪说鼠疫是一个不存在的事，他不过要用它来表现真事。但这丝毫不影响我们在鼠疫中读出了真实，读出了多层含义。

首先，鼠疫就是鼠疫，绝不仅仅是一种思想的附属物。作为一个独立体，它有自己的进程，真实的发展趋向，能够自足存在。不能独立存在的寓言故事是很难存活的。

小说开头便以“编年史主题的奇特事件”强调了小说的纪实性。

作者先从鼠疫诞生的恶劣环境写起。“整个夏天，太阳像火一样烧灼这干燥之极的房屋，给墙壁盖上一层灰色的尘土，人们只能在关得严严实实护窗板的保护下过日子。”

再到对一只硕大老鼠之死的细节描摹。“一只硕大的老鼠突然从黑暗的走廊尽头爬出来，步态不稳……原地转了个圈，轻轻叫了一声，终于扑到地上，从半张的双唇间吐出血来。”

再有就是鼠疫到来之后人们真实的心理变化。

市民们“呆在路角上，咖啡馆里，或是朋友家里，静悄悄的，心不在焉，眼里带着如此厌倦的神情，以致整个城市有了这样一群人在里面就像一间候车室”。

身陷鼠疫中的人们，迷惘和绝望使得他们变得疯狂：极端冷漠、花费竞赛、情感敏感。

最后就是鼠疫症状的显现，高烧，妄语，呕吐，淋巴结一触就痛，稍一动弹就窒息而亡。

面对这样恐怖的场景，相信谁都会战战兢兢，汗不敢出。

杜勃罗留波夫在《黑暗王国中的一线光明》中写道：“真实是作品的必要条件，远不能算作品的优点；对于优点，我们是凭着作者的眼光之远大，对他所涉及的现象的理解之正确和描写之生动来判断的。”

为了写作这部小说，加缪翻阅了众多医学书籍，对鼠疫的疫症表现、发病规律、治疗手段，鼠疫的可怖性，鼠疫来临时人的复杂心理，都了若指掌，举重若轻，但更为重要的是作者的眼光之远大。

加缪曾说：“我希望人们在几种意义上阅读《鼠疫》，但它最明显的内容是欧洲对纳粹主义的抵抗。”作者明显是用鼠疫的猖狂暗喻纳粹的猖獗。小说真实地描写了人们的恐惧、焦虑、痛苦、挣扎和斗争……法西斯思想就像鼠疫病菌那样吞噬着千万人的生命，疯狂、野蛮、非理性，无孔不入，让人窒息。

鼠疫还是荒谬生活的象征。里厄、朗贝尔、塔鲁、科塔尔、格朗，各自代表了不同的生活态度，但相同的是，他们都生活在悖谬之中，常常循着自己的方向，走向生命的无常。

鼠疫还是安宁的被流放，正常的生活是健康的，安宁的，充满希望、同情和爱的。而鼠疫则是对这些东西的破坏。鼠疫是不健康的、浮躁的、功利的、自私贪婪的，是适应了恐惧的麻木，是习惯了死亡的病态。

鼠疫的本质是被流放，被荒谬的生活所流放。起初，人们诅咒、挣扎；然后，接受、共处，并被格式化。当人们适应了这种环境，就成了“鼠疫患者”。鼠疫的真正到来并非死亡的接踵而至，而是人们在鼠疫之中建立起的道德大厦的重新倒塌，在恐慌之中唤起爱的渴望再次逝去，当人们重新习惯了平庸和麻木，这才是真正的“鼠疫”。

从这个角度来说，真正的“鼠疫”存在我们内心深处，是人性之中的恶。脚下那些小动物的尸体，“仿佛承载我们房屋的大地正在清洗使它感到重负的体液，让一直在它身体内部折磨它的疮疖和脓血升到表面来。”

其实，在瘟疫来临之前，鼠疫已经不止一次肆虐。而真正的瘟疫到来，不过是“疮疖和脓血”升到了表面而已。

塔鲁说：“人人身上都潜伏着鼠疫，世界上没有任何人能免受其害。健康、廉正、纯洁，可以说是意志作用的结果，而这种意志作用是永远不该停止的。”细菌是自然存在的，一旦意志作用的东西停止了，鼠疫就会突如其来。

流放让人清醒，失落让人清醒，死亡让人清醒。

反抗荒谬的西西弗斯们

里厄和塔鲁，一个是人道主义者，一个是虚无主义者。里厄对英雄主义和圣人之道都不感兴趣，他所感兴趣的是做一个真正的人，因此“他有意识地站在受害者一边。爱在一起，吃苦在一起，放逐在一起”。在他看来，这个世界是否荒诞并不重要，重要的是我们深爱着它，在荒诞中奋起抗争，在绝望中坚持真理和正义。

但在和鼠疫的抗争中，理性主义逐渐导致了里厄的麻木。胜利之后，里厄感叹“一个人能在鼠疫和生活的赌博中所赢得的全部东西，就是知识和记忆”。然而，知识和记忆依然逃不出牢笼。理性主义的里厄，竟然染上了些许虚无主义的色彩。

塔鲁则是一个虚无主义者，一个精神上的圣徒，为了放弃杀人，他永恒地流放了自己。当鼠疫到来之时，所有的人都被流放，塔鲁却用通往安宁的同情心找回了自己。他避开政府单独组织起了一个志愿救护队。如果说鼠疫是在人们的心中，那么，圣人也该在人们心中。塔鲁用实际行动表明：一个人不信上帝，照样可以成为圣人。

但是他很快明白，在自己满怀圣洁的同情心与鼠疫斗争中，自己却一直是个鼠疫患者，一个谋杀的同盟者。塔鲁说：“当鼠疫患者是非常累人的。但要想不当鼠疫患者更累人。”在城门打开前夕，塔鲁成了鼠疫最后的殉葬品。荒谬性在这里表现得淋漓尽致。

神甫和朗贝尔。一个是英雄主义者，一个则是个人主义者。但神甫的英雄主义，只建立在上帝的基础之上，他的慷慨激昂的演说背后，浮现的是上帝阴郁的面孔，他最终被上帝抛弃，也被信徒抛弃。这是神甫的荒谬。

朗贝尔是一个个人主义者，个人幸福就是他的信仰。为了自己的情人，千方百计地逃走。但在逃走的那一刻，却选择留下来，因为“不管我愿不愿意，我就是这城里的人了，灾难一旦降临，就不是个人的痛苦，而是集体的遭遇”。一个极端英雄主义反对者，最后却成为一个事实上的英雄主义者。

科塔尔和格朗。一个是鼠疫的同谋犯，一个是典型的受害者。科塔尔犯了罪，活在深深的恐惧之中。一个正常的社会对他而言，就是“鼠疫”。当鼠疫到来之后，科塔尔身上的恐惧突然间被消解。他异常活跃，走私稀缺商品，大发横财。当鼠疫结束之际，属于科塔尔的“鼠疫”真正到来了。他发了疯，对社会而言，科塔尔自身就是“鼠疫”。

作为志愿者的格朗一直是个小人物，职位不能转正，妻子与人私奔，不幸的生活就是格朗的“鼠疫”。但他依然有自己的理想，写一部让出版商在办公室里脱帽致敬的书。他不断地修改自己的句子，就是不断地在修改生活，修改自己的命运。这也是反抗，小人物的反抗。格朗在对荒谬生活的反抗中获得了快乐和意义。

格朗遭遇了鼠疫，然而他顽强活过来了，他的痊愈是疫情发展的转折点。这正好体现了加缪的人道主义关怀，虽然生活本身是荒谬的，没有意义和答案可循，但是我们必须坚守和抗争。像格朗一样坚持修改句子，用所有的爱来抗争。

格朗的活下来，代表着一种希望，真正的英雄人物就是小人物，在荒谬的生活面前，他们的反抗，能够拯救大多数人的苦难。

由荒诞的出发点，萨特走向焦虑和不安，而加缪则走向幸福。

其实，每个人都是西西弗斯，推着石头上山，承担无意义的责任，呼告无门，孤立无援。但加缪固执地认为，西西弗斯是幸福的。能够在永无止境的责罚中感受到幸福，这恰恰是人的尊严所在。

如何感受到幸福？势必要用伟大的同情心找回自己，寻找被“鼠疫”流放的安宁，然后用意志力坚守住自己的高贵。

出 版 人　所广一
责任编辑　代周阳　欧阳国焰
版式设计　沈晓萌
责任校对　贾静芳
责任印制　曲凤玲

图书在版编目（CIP）数据

我行我素教语文／王开东著．—北京：教育科学出版社，2012．10
（新生代语文名师·立场书系）
ISBN 978－7－5041－6924－2

Ⅰ．①我…　Ⅱ．①王…　Ⅲ．①中学语文课—课堂教学—教学研究 ②小学语文课—课堂教学—教学研究　Ⅳ．①G633．302

中国版本图书馆 CIP 数据核字（2012）第 186206 号

新生代语文名师·立场书系
我行我素教语文
WOXINGWOSU JIAO YUWEN

出版发行	教育科学出版社		
社　　址	北京·朝阳区安慧北里安园甲 9 号	市场部电话	010－64989009
邮　　编	100101	编辑部电话	010－64989441
传　　真	010－64891796	网　　址	http://www.esph.com.cn
经　　销	各地新华书店		
制　　作	北京金奥都图文制作中心		
印　　刷	保定市中画美凯印刷有限公司	版　　次	2012 年 10 月第 1 版
开　　本	169 毫米×239 毫米　16 开	印　　次	2012 年 10 月第 1 次印刷
印　　张	17．25	印　　数	1—6 000 册
字　　数	291 千	定　　价	34．80 元

如有印装质量问题，请到所购图书销售部门联系调换。